KB235578

헌법과 정치

송석윤

景仁文化社

서 문

1987년 6월 민주화운동의 성과로 제정된 현행헌법 하에서 우리는 모범적인 민주헌정국가로 한걸음씩 나아가고 있다. 지난 20년 동안 우리는, 민주주의가 단지 형식적 의미의 헌법에 의해서, 또는 국가권력에 의해서 작동하는 것이 아니며 깨어서 참여하는 성숙한 시민사회가 존재할 때 비로소 가능하다는 사실을 직접 경험하였다. 한국의 민주주의는 세계에 내놓고 자랑할 만한 것임에 틀림없다. 하지만 반성적으로 되돌아볼 때 그 역동적인 변화에 비해 제도화의 정도는 아직까지 미흡하다고 보인다. 민주주의는 시민사회와 국가사이의 활발하고 지속적인 의사소통이 보장될 때에 비로소 가능한데 이를 보장하는 안정적인 장치를 마련하는 일은 우리가 지니고 있는 숙제이다. 한편으로는 아래로부터 국민의 의사가 형성되어 이것이 국가정책에 반영되는 민주적 정치과정을 막는 권위주의시대의 제도적 잔재가 여전히 존재한다. 이러한 문제는 헌법제도의 입헌주의적 정상화를 통해 해결해 나갈 수 있을 것이다. 하지만 우리는 동시에 우리의 역사적 경험과 현실에 적합한 민주적 제도를 만들어나가는 전인미답(前人未踏)의 길을 개척해야 한다. 문자 그대로 한국헌법학이 필요한 시기인 것이다.

이 책에서 모은 글들은 새로운 밀레니엄의 시작과 세계화의 물결, 평화적 정권교체와 참여민주주의의 성장 등 시대적 상황과 직간접적으로 호흡하고 있다. 관심의 초점은 주로 다원적 민주헌정국가의 정착을 위한 헌법제도의 입헌주의적 정상화에 맞춰져 있다. 글의 내용 중 시대의 변화, 특히 실정법률의 변화에 따라 달라진 부분을 가능한 그대로 둔 것은 집필하던 때의 상황을 그대로 드러내기 위함이다. 책의 말미에 붙인 '수록된 글들의 본래 제목과 게재지'를 통해 글을 쓴 시점을 알 수 있게 하였다.

제1부는 국가의 역할과 대표의 개념에 대해 헌정사적으로 성찰한 두 개의 논문으로 구성하였다. "국가역할의 역사적 변천"은 사회과학의 패러다임이 새천년의 시작과 세계화의 물결에 도취된 상황에서 근대국가의 역할과 임무를 되돌아보고 변화된 상황에서 민주적 국민국가가 지니는 좌표를 생각해보았다. "대표제개념의 헌법사"에서는 개념사적 방법론을 전제로 대표개념의 역사적 근원을 추적한 후 다원적 민주헌정국가에서 대표개념이 확대될 필요가 있음을 지적하였다.

다원적 민주헌정국가의 정부는 넓은 의미에서 정당정부일 수밖에 없다. 우리사회에서 정당의 미성숙과 정당체제의 불안정은 우리의 헌정이 역동적인 민주화에도 불구하고 아직 안정적인 기반을 마련하고 있지 못함을 보여준다. 제2부의 글들은 한편으로는 민주적인 정당체제를 구성해야 하고 다른 한편으로는 국민의 관점에서 이를 통제해야하는 이중의 과제를 동시에 해결해야하는 고민을 담고 있다. "독일헌법상 정당조항과 그 한국적 이식"에서는 우선 비교헌법연구의 방법론으로 비교법사회학적이고 비교법사학적인 접근의 필요성을 강조한 후 독일헌법의 정당조항이 1962년의 헌법제정에 왜곡되어 이식되는 모습을 고찰하였다. 현대 정당법학의 주요관심사는 정당재정의 문제이다. 그 배경에는 정치자금에 대한 헌법적 통제야말로 정당체제의 민주성을 담보하는 중요한 수단이라는 인식이 놓여 있다. 하지만 우리나라의 정치자금 문제는 그 현황을 파악하는 것조차도 쉽지 않은 형편이다. "정당재정의 헌법적 통제"에서는 정치자금에 대한 독일의 헌정사적 경험을 살피고 헌법에 정당재정에 관한 조항이 도입되는 배경을 밝혔다. 이어서 "정당의 국고보조에 대한 독일연방헌법재판소의 판례"에서는 정당국가의 위기라는 문제의식이 팽배한 상황에서 이를 적극적으로 반영한 1992년의 정당재정결정을 분석하였다.

제3부에서는 우리사회에서 진행되는 역동적인 민주화의 과정과 교감하고 고민하면서 쓴 글들을 차례대로 모았다. "정치체계의 신진대사와 정치관계법"에서는 이른바 낙천·낙선운동이 실정법질서와 충돌하는 현실을 보면서 헌법이 보장하는 정치적 표현의 자유를 엄격히 제한하는 실정법질서의 뿌리에는 배제와 순치의 메커니즘이 작동했던 권위주의시대의 관헌국가적 전통이 놓여있음을 확인하였다. "헌법의 관점에서 본 정치개혁"은 민주정부의 등장에도 불구하고 정치개혁 작업이 매우 더디게 진행되는 상황을 비평하고 동원형 정당구조의 문제점을 지적한 후 사전선거운동의 금지가 참여민주주의의 확산, 특히 당시의 이른바 국민참여경선과 충돌하는 모습을 분석하였다. 이러한 연구를 통해 서구입헌주의국가에서는 찾아보기 어려운 사전선거운동 금지라는 제도가 어디서 온 것인가라는 의문은 커져갔다. "선거운동 규제입법의 연원"에서는 사전선거운동 금지를 중심으로 하는 규제중심의 선거법제도의 뿌리가 1925년에 치안유지법과 함께 제정된 일본 보통선거법과 군부파시즘체제하인 1934년의 개정법률에 있음을 지적하고 이것이 우리나라로 유입되는 배경을 분석하였다. 제3부에 실은 세 개의 글은 동일한 문제의식이 심화되면서 쓰여졌다. 따라서 부분적으로 중복되는 내용이 있지만 각 글이 지니는 독자적인 체계를 존중하여 가능한한 원래의 모습을 유지하였다.

필자는 현재 미국 워싱턴DC의 조지타운대학에서 연구년을 보내고 있다. 그동안의 연구를 되돌아보고 미래를 위해 충전할 수 있는 소중한 기회가 아닐 수 없다. 서울대학교 법과대학의 호문혁학장님을 비롯하여 선배 및 동료교수님들의 배려와 후원에 감사의 인사를 전한다.

독일에서의 7년간의 유학생활은 필자가 학자로 성장하는 데 중요한 기초가 되었다. 특히 지도교수인 디터 그림(Dieter Grimm)교수님으로부터 입은 학은은 형언하기 어렵다. 학위를 마치고 귀국한 후에도 한국과 독일에서 자주 만나면서 서로의 관심사에 대해 토론할 수 있었던 것은 항상 커다란 자극이 되었다. 빌레펠트대학과 베를린 훔볼트대학에서의 헌법학자와 대학교수로서의 임무 이외에도 독일 연방헌법재판소 재판관(1987~1999), 베를린 한림원(Wissenschaftskolleg zu Berlin) 원장(2001~2007)으로 봉사했으며, 유럽학술원(Academia Europaea) 및 독일 베를린—브란덴부르크 학술원(Berlin-Brandenburgische Akademie der Wissenschaften)의 회원이고 미국학술원(the American Academy of Arts and Sciences)의 명예회원인 그림교수가 올해 5월 11일에 70세의 생일을 맞이하셨다. 무거운 공직의 부담에서 벗어나 이제는 휴식을 취하실 만도 하건만 고희의 나이에도 독일과 유럽의 각국은 물론 신대륙의 예일, 프린스턴, 뉴욕, 토론토대학 등을 오가며 세계의 입헌주의가 해결해야 할 현안과 씨름하고 있는 선생의 모습을 보면서 나이는 단지 숫자에 불과함을 실감한다. 부디 건강하시어 당신이 원하시듯 학자로서 항상 현역의 자리에 머무시기를 기원하는 바이다.

연구년을 맞아 해외에 체류하면서 이 책을 출판하는 것은 서울대학교 법과대학 대학원에 재학 중인 조교들이 편집 및 교정 작업을 함께 했기에 가능했다. 이번에 박사학위를 취득하는 김주영조교 및 석사과정의 양태건조교와 김성수조교의 학문적 성취를 기원한다. 마지막으로 이 책의 출판을 맡아주신 경인문화사 분들의 수고에 감사의 말씀을 드린다.

2007년 8월
저 자

목   차

○서 문

제1부 국가와 대표

국가역할의 역사적 변천 —근대국가의 미래와 관련하여— **3**

대표제개념의 헌법사 **31**

제2부 정당과 민주헌정

독일헌법상 정당조항과 그 한국적 이식
─비교법사회학적 접근─ 63

정당재정의 헌법적 통제 ―독일의 경험을 중심으로― 109

헌법의 관점에서 본 정치개혁 —정당개혁을 중심으로— 201

선거운동 규제입법의 연원
─1925년 일본 보통선거법의 성립과 한국 분단체제에의 유입─ **231**

제1부

국가와 대표

국가역할의 역사적 변천
—근대국가의 미래와 관련하여—

I. 머리말

2001년을 맞이하면서 당분간은 미래라는 단어가 존재하지 않을 듯
하다. 오랫동안 우리에게 미래를 상징하던 21세기가 현재로 되었기 때
문이다. 이는 동시에 그 동안 새로운 밀레니엄에 대한 예언적 논의들이
구체적 "현재"에 직면하였음을 의미하기도 한다.

지난 세기말 이래로 짧게 잡아도 약 5백년에 걸친 근대국가의 프로
젝트가 종말을 고하고 있다는 주장이 대두되고 있다. 이러한 주장에 동
의하는 것과는 별개로 적어도 20세기 후반부터 근대국가가 근본적으로
새로운 상황을 맞이하고 있는 것은 부정하기 어려운 현실이다.[1] 과학기
술의 발전으로 인하여 교통과 정보통신의 영역에서 혁명적인 변화가
일어나고 있으며 이는 지구촌이라는 표현이 상징하듯이 기존의 지리적

---

1) 이에 관한 논의로는 강정인, 『세계화, 정보화 그리고 민주주의』, 문학과지성사,
1998 ; 김경원・임현진 공편, 『세계화의 도전과 한국의 대응』, 나남, 1995 ; 김
호기, 『한국의 현대성과 사회변동』, 나남, 1999 ; 마틴 카노이 등, 『정보화시대의
지구경제와 국가』, 일신사, 1998 ; 안병영・임혁백 공편, 『세계화와 신자유주의』,
나남, 2000 ; 임혁백, 『세계화시대의 민주주의』, 나남, 2000 ; 타나까 아끼히꼬,
『새로운 중세』, 지정, 2001 ; 하영선 편, 『탈근대 지구정치학』, 나남, 1993 ; 한
배호 편, 『세계화와 민주주의』, 세종연구소, 1996 ; 한스 피터 마르틴・하랄드
슈만, 『세계화의 덫』, 영림카디널, 1997 등을 들 수 있다.

인 공간개념을 무의미하게 만들고 있다. 이러한 변화 속에서 국민국가의 차원에서는 해결하기 어려운 공적 과업들이 다양한 형태로 나타나고 있다. 근대국가는 또한 대내적으로도 수많은 어려움에 봉착하고 있다. 산업사회의 진행으로 인하여 기존의 공동체가 붕괴됨으로써 국가에게 맡겨진 공적 과업이 감당하기 어려울 만큼 폭발적으로 증가하였다. 이러한 상황 속에서 새로운 행위주체들이 등장하여 때로는 국가와 협력하고 또 때로는 경쟁하는 상황이 관찰되고 있다. 이러한 변화들을 구체적으로 들여다보면 근본적으로 새로운 것은 아님을 알 수 있다. 하지만 그 속도가 워낙 빠르고 또한 광범위하게 일어나고 있기 때문에 이것이 근대국가의 종언과 새로운 시대의 시작을 알리는 징표로 주장되고 있다고 보인다.

헌법학의 관점에서 근대국가의 현재와 미래에 관심을 갖는 것은 근대 입헌주의헌법이 근대국가를 전제로 형성되었고, 그 변천에 상응하는 변화를 경험하여 왔기 때문이다. 따라서 국가의 미래는 헌법의 미래와 뗄 수 없는 관련을 맺고 있다. 이러한 관심에도 불구하고 이 글은 국가의 미래를 본격적으로 논의하는 것을 목표로 하고 있지는 않다. 공동체의 구체적인 질서와의 연관 속에서 사물을 바라보는 법률가의 입장에서는 오히려 근대국가의 형성과 전개, 그리고 국가와 그 법이 변화하는 환경에 대해서 지녀온 적응능력에 대한 정확한 평가가 전제되지 않은 상태에서 그 운명을 논의하는 위험성에 주목하게 된다. 근대국가는 그 자체가 지니고 있는 다양한 모습에 상응하여 여러 가지 관점에서 관찰될 수 있을 것이다. 이 글에서는 근대국가가 수행하여 온 역할의 변화를 되짚어 보면서 오늘날 국가에 요구되는 역할과 이를 충족시킬 방안을 생각해 보려 한다. 근대국가는 자연발생적으로 형성된 유기체적 존재가 아니라 인간의 필요에 따라서 인위적으로 만들어진 조직체이며, 따라서 근대국가의 형성과 변천은 국가에게 기대하였던 역할이 무엇이었고 국가가 이를 어떻게 수행하여 왔는가와 밀접한 관련을 맺어왔기 때문이다.

이 글에서는 우선 근대국가를 역사적으로 이해할 필요성을 제기하면서 국가역할(Staatsaufgaben)이라는 담론이 지니는 함의를 제시할 것이다. 이어서 근대국가의 형성·변천과 함께 국가의 역할이 변화하는 모습을 살펴 본 후 새로이 대두되고 있는 국가의 역할을 분석하면서 이것이 근대국가성과 관련하여 지니는 의미를 생각해 볼 것이다.

II. 두 개의 관점: 근대국가의 역사성과 국가의 역할

1. 세계화 논의와 근대국가의 역사성

우선 근대국가의 미래와 관련된 사회과학적 논의들을 비평해 볼 필요가 있다.

1) 용어정리의 필요성

근대국가의 운명과 관련하여 나타나는 다양한 견해를 살피면서 받는 첫인상은 근대국가란 무엇인가에 대한 충분한 논의가 전제되어 있지 않다는 점이다. 한편으로는 영토국가 또는 국민국가라고 하고, 경우에 따라 근대 주권국가[2]라고 하며, 나아가 근대 민족국가[3]라는 용어도

---

2) 예를 들어 임혁백, 앞의 책, 72면.
3) 세계화논의의 중요한 논객 중의 한 명인 데이비드 헬드와의 대담제목을 "국제자본 도전으로 **민족국가** 주권은 갈수록 약화"(강조: 필자)라고 뽑은 신문기사를 그

사용되고 있다. 이러한 용어들은 각기 다른 의미내용을 함축 내지 표상하고 있다. 우선 영토국가 또는 국민국가는 근대국가가 배타적인 지배권을 행사하는 경계와 그 경계 내에 거주하는 사람들인 국민이 형성되는 것을 의미함으로써 근대국가의 사실적 특징을 나타내고 있다. 이에 비하여 주권국가라는 표현은 지배권이라는 사실적인 표현과는 달리 법적이고 이데올로기적인 함의를 지닌다. 즉 주권국가라는 표현은 근대국가가 새로이 형성된 영토에 대한 배타적인 지배권을 행사해야 함을 정당화하는 일종의 개념인 측면이 강하다. 나아가 민족국가라는 틀은 후술하는 바와 같이 적어도 프랑스혁명 이후에 19세기를 거치면서 형성된 것으로 앞의 표현들과는 전혀 다른 맥락에 놓여 있다.[4]

세계화와 관련된 논의에서 주권국가라는 표현은 일반적으로 대외적 측면에서의 변화를 강조하는 맥락에서 사용되고 있다. 그런데 세계화 논의를 정리한 "세계화의 도전과 한국의 대응"이라는 책의 제목이 보여주듯이 한편으로는 국제관계에서 주권국가이외의 행위주체들의 활동이 늘어나는 것에 주목하면서 다른 한편으로는 이에 대한 국가의 대내적인 대응이 필요함을 역설한다면 근대 국민국가는 약화되는 것인가 아니면 강화되는 것인가. 국가의 대외적 배타성과 대내적 최고성 및 독점성은 동전의 이면에 불과하다.

예로 들 수 있다(『조선일보』 2001.4.25., 9면).

4) 민족국가라는 단어는 통합의 과정에 있는 유럽연합의 미래와 관련해서는 매우 중요한 의미를 지닌다고 할 수 있다. 하지만 유럽에서 민족국가의 종말이 근대국가의 종말이 될 지 아니면 근대국가의 다른 유형인 다민족국가로의 전환이 될 지는 열려 있는 문제이다(M. R. Lepsius, *Beyond the Nation-State: The Multinational State as the Model for the European Community*, in: *The State: Critical Concepts vol. 3*, ed. J. A. Hall(London: Routledge, 1994), 564~579면 ; E.-W. Böckenförde, Die Schweiz—Vorbild für Europa?, in: Böckenförde, *Staat, Nation, Europa*, 2. Aufl., Frankfurt a. M. 2000, 25~33면 등 참조).

2) 근대국가의 지나친 정형화

이처럼 근대국가의 현실적 측면과 개념적 측면, 근대국가의 형성과정에서 나타난 징표와 전개과정에서 나타난 징표가 용어상 혼용되는 이유가 단지 무지에서 기인한다고 보이지는 않는다. 세계화와 근대국가의 종언이라는 패러다임의 변화가 사실을 보는 관점의 변화에 그치지 않고, 한편으로는 근대국가를 지나치게 정형화하고 다른 한편으로는 그에 합치하지 않는 현실의 변화를 강조하고 있다는 인상을 받는다. 이는 상대방을 링 한가운데에 묶어두고 권투시합을 벌이는 것과 다르지 않다. 근대국가는 어느 날 갑자기 완성된 모습으로 태어나서 그대로 머무른 것이 아니며, 수 백 년의 세월동안 점진적으로 형성되어 계속적으로 주변 환경의 변화에 대응해 온 것이다.

(1) 근대국가와 절대주의

세계화와 관련된 논의에서 흔히 발견하게 되는 근대국가의 정형화의 예로 우선 근대국가의 형성과 절대주의, 그리고 주권사상이 동일시되고 있다는 점을 들 수 있다.[5] 물론 절대군주가 지배기구를 중앙집권화하고 중간 권력들을 배제하려고 노력함으로써 근대국가성의 형성에 적지 않은 역할을 하였음은 사실이다. 하지만 절대주의체제는 신분국가에서부터 시작되어 절대주의를 넘어 입헌주의국가로 나아가는 근대국가시대의 일부를 형성하고 있을 뿐이다. 또한 절대주의가 지배적이던 시대에도 절대주의와 주권사상은 일치하지 않았다. 주권의 문제에서 군주와 신분대표라는 이원주의를 특징으로 하던 신분국가가 언제 하나의

---

5) 이러한 문제점은 여러 곳에서 발견되는데 "절대군주라는 근대 주권국가는 관할권을 통일하기 위해 법체계를 정비하였고 …"(임혁백, 앞의 책, 72면)라는 식의 표현이 전형적인 경우라고 할 것이다.

통일된 지배 권력으로 융합되었는가는 중요한 문제가 아니다. 왜냐하면 절대주의의 전성기에도 모든 유럽국가가 절대군주의 지배 하에 있었던 것이 아니며 그러한 국가들도 당시에 주권을 지닌 것으로 인정되었기 때문이다.[6] 근대국가는 절대주의의 형태로만 형성된 것이 아니며 절대주의시대에도 절대군주국만이 주권국가였던 것은 아니다. 적어도 역사적인 의미에서의 근대국가는 권력분립 또는 지방분권과 모순되는 존재가 아니다.

(2) 근대국가와 주권개념

또한 근대국가와 주권개념의 관계도 문제가 된다. 주권사상이 근대국가의 전개에 심대한 역할을 하였음은 분명하다. 하지만 이러한 주권사상이 근대국가의 불가결한 요소인가의 여부에 대해서는 적지 않은 논란이 있어 왔다. 주권개념에 대한 문제제기는 결코 새로운 것이 아니다. 연방국가의 주권문제와 관련하여 이미 19세기 말에 라반트(Paul Laband)는 주권은 국가개념의 본질적인 징표가 아니며 독립된 국가, 즉 완전한 국가권력의 특징일 뿐이라고 하였고, 나아가 프로이스(Hugo Preuss)는 주권문제를 국법학의 도그마에서 완전히 배제할 것을 주장하였다.[7] 또한 20세기 초 다원주의자들의 문제제기를 예외적인 현상이었다고 말하기에는[8] 그 이론적 영향력이 적지 않았다. 최근에 들어서도

---

6) 절대주의시대의 유럽에는 영토국가 형태의 절대군주국만이 존재했던 것은 아니다. 공화국도 있었고, 도시국가도 있었으며, 일종의 조합적 공동체도 존재하였다. 주권사상은 절대군주국에서 뿐 아니라 이러한 형태의 국가들에서도 관철되었다(H.-P. Schneider, 토론문, in: R. Mußgnug(Hg.), *Entstehen und Wandel verfassungsrechtlichen Denkens*, Berlin 1996, 91면 참조).

7) G. Haverkate/H. Boldt, Staat und Souveränität, in: O. Brunner u.a.(Hg.), *Geschichtliche Grundbegriffe Bd.6*, Stuttgart 1990, 1~154면, 147면 이하.

8) D. Held, Democracy, the Nation-State and the Global System, in: *Modernity vol.*

이른바 세계화 논의와는 무관하게 주권개념의 헌법적 유용성에 대한 문제제기가 이어져 왔다.9) 주권사상은 근대국가를 정당화하는 이데올로기였을 뿐 반드시 그 실체와 일치하지 않으며, 따라서 양자를 구별하여 근대국가성을 부정하지 않으면서도 주권개념을 극복할 수 있다는 주장10)은 얼마든지 가능한 것이다.

2. 국가역할의 담론

세계화와 관련된 논의에서 발견되는 이러한 문제들에도 불구하고 근대국가체제가 커다란 전환기를 맞고 있음을 부정하기는 어렵다. 이러한 변화가 무엇을 의미하며 이러한 변화의 결과가 근대국가의 종말이라면 이후 어떠한 체계가 어떠한 방식으로 국가의 공적 역할을 대체하게 될 것인가. 이 글은 이러한 문제 상황 속에서 근대국가의 과거와 현재를 국가역할이라는 관점에서 살피려 하고 있다. 다시 말하자면 공동체의 공적 과업 중 국가가 담당하여 온 일은 무엇이고 이 일을 맡아서 할 수 있는 국가 이외의 주체가 등장하고 있는가를 구체적으로 평가해 보자는 것이다.

국가의 역할이라는 담론과 비슷한 방식으로 논의되는 것으로 국가목적과 국가기능을 들 수 있다. 국가목적은 정치공동체가 국가라는 형태로 존재하는 것을 정당화하는 논거를 제시하여 왔는데, 국가목적론은 논의가 지나치게 추상적인 수준에서 이루어지고 있어서 현존하는 국가의 실체를 파악하는 데에 별 도움이 되지 못한다.11) 또한 국가기능의

IV, ed. M. Waters(London: Routledge, 1999), 411~445면, 414면.

 9) M. Stolleis, Die Idee des souveränen Staates, in: R. Mußgnug(Hg.), 앞의 책, 63~85면, 84면 참조.

10) H. Boldt, 토론문, in: R. Mußgnug(Hg.), 앞의 책, 93면.

측면에서 국가기관들이 수행하는 수많은 업무들을 분석하는 것은 지나
치게 구체적이어서 종합적인 결론을 도출해 내는 데에 어려움이 있다.
국가의 역할이라는 관점은 이 양자를 연계하여 근대국가의 변화를 파
악하는 적절한 기준을 제시한다고 보인다. 즉 국가역할론은 한편으로는
논의가 지나치게 당위일변도로 흐르는 것을 방지하면서 동시에 현실적
으로 국가가 수행하는 기능의 합계라는 차원에 머무르지 않는다. 달리
표현하면 국가목적론과는 달리 국가의 능력이라는 현실적인 측면을 감
안하면서 또한 국가가 마땅히 해야 할 일에 대한 규범적인 논의도 간과
하지 않는다는 것이다.

Ⅲ. 근대국가와 국가역할의 변천

국가역할은 근대국가의 변천과 함께 다양한 모습으로 전개되어 왔
다. 카우프만은 국가역할의 변화를 경찰국가(Polizeistaat), 법치국가
(Rechtsstaat), 사회국가(Sozialstaat), 유도국가(Steuerungsstaat)의 네 단계

---

11) 국가목적론은 정치공동체를 신의 위임 등 선재하는 규범으로 설명하는 것이 더
이상 가능하지 않은 상황에서 국가를 정당화하는 기능을 하였던 바 계몽주의 이
후의 국법학과 국가학에서 핵심적인 의미를 지녔다. 국가목적론은 통시적이며 개
념적으로 불가결한 국가목적을 찾아내려고 하였는데, 국가의 초헌법적인 정당성
을 굳이 찾으려하지 않고 국가의 정당성을 헌법에 귀결시키려는 오늘날에는 큰
의미를 지니지 못하고 있다. 그렇다고 하여 현대국가가 더 이상 목적지향적이지
않다고 이해하는 것은 잘못된 일이다. 전통적인 국가목적론의 쇠퇴는 현대국가가
더 이상 선재하는 불변의 목적에 기속되지 않고 목적설정에 있어 자율성을 지니
게 되었다는 이유로 설명되어야 할 것이다. 현대국가는 정치과정 속에서 목적을
스스로 설정하고 변경하며 이러한 의미에서 국가목적이 실정화된 것이다(F.-X.
Kaufmann, Diskurse über Staatsaufgaben, in: D. Grimm(Hg.), *Staatsaufgaben*,
Baden-Baden 1994, 15~41면, 18면 ; N. Luhmann, *Zweckbegriff und Systemrationalität*,
Tübingen 1968, 71면).

로 나누어 설명하는데 이는 근대국가의 형성, 입헌주의의 등장, 이의 사회국가적 변용 그리고 최근 새로이 요구되는 국가역할에 대한 대응방식에 상응하는 구분이다.[12] 빌케는 경찰국가와 법치국가가 모두 물리적 강제력의 독점에 근거하고 있다고 보아 그 역할을 억제(Repression)라는 개념으로 통합하고, 사회국가와 유도국가에 상응하여 재분배(Redistribution)와 예방(Prävention)이라는 개념을 제시하고 있다.[13] 여기서는 카우프만의 구별을 기준으로 국가역할의 변화를 경찰국가, 입헌주의적 법치국가, 사회국가의 순으로 살펴보려 한다. 유도국가 또는 예방국가로 불리는 마지막 단계는 장을 달리하여 다루게 될 것이다.

1. 경찰국가

근대국가의 형성은 특정한 영역에 대하여 자율적이고 배타적인 지배권이 정착되는 과정이었다. 이 과정은 권력행사수단의 중앙집중과 이의 정당화, 사경제와 국가재정의 분리, 그리고 조직된 국가행정 등의 현상을 동반하였다. 즉 근대국가는 지배자의 인격과는 구별되는 특정 영토에 대한 지배권이 집중되고 조직되며 또한 정당화되는 과정 속에서 형성된 것이다.

새로운 지배권을 정당화하는 데에 있어 가장 중심적인 역할을 한 것은 주권론이었다. 이는 애초에 신을 대상으로 형성된 최고의 절대권력에 대한 사고방식이 국가의 지배권을 형이상학적 차원에서 정당화하는 데에 동원된 것이었다. 국가권력을 정당화함에 있어 이러한 세속화된 정치신학만으로는 충분한 설득력을 지닐 수 없었고 이는 국가의 구체

---

12) Kaufmann, 앞의 글, 19면 이하.

13) H. Willke, Die Steuerungsfunktion des Staates aus systemtheoretischer Sicht, in: Grimm(Hg.), 앞의 책, 685~711면, 688면 이하.

적인 역할과 관련된 논의를 통하여 보완되었다.14) 국가는 무엇을 하며 해야 하는가 라는 국가역할의 문제는 국가의 목적으로부터 도출되었는데 국가목적에 대한 논의에서는 안전, 복지, 행복 등과 같은 단어가 두드러졌다.15) 이들 중 가장 핵심적인 것은 안전이었다. 근대국가가 형성되는 중세말과 근세초기에는 이 단어는 안전과 평화라는 식으로 사용되어 무엇보다도 대외적인 위협으로부터 생명과 재산을 보장한다는 의미를 지녔다. 이후 근대적 국가권력이 정착되면서는 대외적인 안전과 대내적인 안전이 구별되었다.

근대국가 형성의 단초가 나타났던 시기를 12·13세기로까지 소급하더라도 국가가 안전을 보장하는 역할을 적극적으로 수행하기 시작한 것은 어느 정도 시간이 지나서였다. 유럽이 기후악화에 따른 기근과 흑사병 등으로 인하여 대재앙을 겪었던 14세기에 당시 이미 단초를 보이던 근대국가가 이러한 재앙에 대해서 적극적인 역할을 수행하였다는 증거는 보이지 않는다.16) 하지만 16세기에 이르면 국가는 적극적인 입법활동을 통하여 새로이 등장하는 공적인 업무를 폭넓게 담당하게 된다. 예를 들어 독일의 근대국가에서는 일련의 통치명령(Polizeiordnung)17)을 반포하였는데 이러한 통치명령의 내용은 상업, 수공업, 보건(약국과 식료품거래 등) 뿐 아니라 급료, 상품의 가격제한에 대한 규정, 나아가 신성모독, 음주, 지나친 사치 등을 금지하는 공공도덕에 관한 규정

---

14) 이는 프랑스의 절대군주들이 "짐이 곧 국가"라는 식으로 자신의 권력을 정당화했던 반면에 프로이센의 절대군주들은 "국가의 봉사자"를 자임했던 데에서도 나타난다.

15) Kaufmann, 앞의 글, 20면.

16) H. Boldt, *Deutsche Verfassungsgeschichte Bd.1*, 2.Aufl., München 1990, 140, 209면 참조.

17) Polizei라는 단어는 그리스어에서 도시국가(polis)의 헌법체제를 의미하는 politeia에서 유래하는 단어이다(Boldt, 앞의 책, 162면).

및 신분에 따른 의복착용과 같이 신분질서를 확립하는 규정 등 다양하였다. 이는 초기근대국가의 활동영역의 확대를 보여주고 있다. 독일어에서 국경(Grenze), 외국(Ausland), 신민(Unterthan)이라는 단어가 나타난 것도 16세기부터였음[18]은 우연이 아니었다.

국가가 사회의 안전을 보장한다는 것은 국가가 그 구성원의 생명과 재산을 보호함을 의미하였다. 이를 위해서 국가는 입법을 함으로써 국가의 법질서와 법질서에서 도출되는 권리를 보장하려 하였다. 이러한 권리는 아직 국가권력 그 자체에 대하여 보장받을 수 있는 것에는 미치지 못하고 다른 사인에 대한 것으로 이해되었지만 이를 보장하기 위해서 국가권력은 정당한 강제력의 행사를 독점하려 하였다. 즉 국가는 명령하고 강제하는 힘을 확보함으로써 사회의 안전과 평화 및 구성원의 권리를 보호함을 추구한 것이었다. 이를 위해서 전제되는 것은 국가와 구성원의 사이에 어떠한 매개권력도 존재해서는 아니 된다는 것이었다. 근대국가권력은 따라서 국가와 국가구성원의 사이에 존재하는 봉건적인 권력관계를 배제하고 평등한 신민들을 직접적으로 지배하는 것을 추구하였고 구성원 각자의 생활영역으로까지 자신의 영향력이 관철되도록 노력하였다.[19] 이러한 노력은 물론 점진적으로 그 성과를 거두어서 19세기의 민족국가 단계에 이르러서야 완성되었다고 볼 수 있지만 근대국가가 5백여 년의 역사를 통하여 일관되게 추진한 프로젝트라고 할 수 있다.

---

18) Stolleis, 앞의 글, 67면 이하.

19) W. Reinhard, *Geschichte der Staatsgewalt. Eine vergleichende Verfassungsgeschichte Europas von den Anfängen bis zur Gegenwart*, München 1999, 407면 이하.

2. 근대국가의 입헌주의화와 민족국가화

절대주의로 상징되는 입헌주의 이전의 근대국가는 한편으로는 사회에 대한 국가의 지배권이 집중되는 과정이었지만 사회의 내부에서는 여전히 봉건제적이고 신분제적인 질서가 온존하였다. 입헌주의국가의 탄생은 한편으로는 사회에 대한 절대적인 지배권을 추구하던 국가권력을 법적인 기속 하에 두는 것이며 동시에 신분적 기속으로부터의 해방과 함께 법적으로 평등한 국민이 형성되어 국가의 주인으로 등장하는 과정이었다.

절대주의적 지배질서에 대항하여 국가권력을 법적으로 제한하려는 시도의 배경에는 새로운 사회모델이 놓여있었다.[20] 이에 따르면 국가는 국민의 공적이고 사적인 생활에 있어 실체적인 덕목을 만들 권한이 없으며, 단지 각 개인들이 자유롭고 평등하게 공존할 수 있는 조건을 만들어서 스스로 원하는 생활을 영위하고 자율적인 사회관계를 형성하도록 하는 데에 그쳐야 했다. 개인과 시민사회의 자율성을 실현하기 위해서는 국가의 역할에 대한 구체적인 통제가 불가피하였다. 하지만 국가의 모든 역할을 법적인 기속 하에 두었던 적은 역사 이래에 없고 이는 근대입헌주의 국가의 경우에도 마찬가지였다. 근대시민혁명을 주도하였던 시민계급은 자신들의 관점에서 가장 중요하다고 생각했던 부분을 법적인 통제 하에 두려하였다. 입헌주의적 법치국가에서는 개인의 자유와 재산에 대한 간여에 있어서는 법적인 근거가 필요하도록 되었는데, 이는 한편으로는 복지와 정의는 국가의 간섭이 없는 상태에서 개

---

20) 시민적 사회모델에 대한 논의에 대해서는 D. Grimm, Der Wandel der Staatsaufgaben und die Krise des Rechtsstaats, in: Grimm(Hg.), *Wachsende Staatsaufgaben — sinkende Steuerungsfähigkeit des Rechts*, Baden-Baden 1990, 291~306면, 292면 이하와 그곳에 소개된 글을 참조할 것.

인의 자유에 기초하여 실현되며, 다른 한편으로는 이러한 자유가 물질적인 보장과 밀접하게 관련되어 있다는 시민계급의 생각에 근거한 것이었다.

이러한 배경 하에서 기존에 국가의 역할로 이해되던 사회적 안전의 개념으로부터 공공복지를 분리하여 이를 국가의 역할에서 제외하였다. 하지만 입헌주의시대의 국가 역할을 단지 이데올로기적이고 법적인 측면에서만 살피는 것은 충분하지 않다. 이념은 현실과 일치하지 않고 또한 국가권력이 행사되는 모든 측면이 법적인 통제 하에 놓이지 않았기 때문이다. 자유주의가 지배하던 시절의 국가 역할에 관한 논의에서 강조되었던 것은 국가 세입의 관점이었지 국가조직의 관점은 아니었다. 시민혁명 이후 국가와 시민사회를 분리하여 국가권력을 제한하려 하였던 시도는 경제영역에서의 국가과업의 범위를 줄인 것은 사실이지만, 기타의 영역 특히 국가행정은 계속 확대되었다. 자유주의적 국가이론이 국가의 업무를 양적으로 감소시키기보다는 국가권력을 상호간에 견제하도록 하여 국가의 행위를 법적인 통제 하에 두려고 했던 것은 이를 보여주고 있다고 할 수 있다.21) 프로이센의 경우를 분석하면서 국가가 가능한 한 폭넓은 경제적 자유를 보장하려 했던 것이 결코 국가가 경제 및 사회정책에서 완전히 거리를 두었다고 이해되어서는 안 된다는 입장은 주목할 만하다. 괴츠 란트베어(Götz Landwehr)는 18세기의 계몽절대국가와 19세기의 입헌주의국가의 역할은 수단의 측면에서는 구별되지만 목적의 측면에서는 근본적인 차이가 없다고 본다. 19세기의 자유주의 국가 역시 여전히 법과 안전의 보장 뿐 아니라 공공복지를 자신이 추구해야 할 과제로 보았지만 국가 자신이 이에 직접적으로 간여하는 것보다는 간접적으로 환경을 조성하는 것이 더욱 효율적이라고 판단했다는 것이다. 따라서 국가는 시장이 제대로 기능할 수 있는 법적이고

---

21) Kaufmann, 앞의 글, 22면.

제도적인 조건을 만들고 철도를 건설하며 직업학교를 세우는 등 사회의 인프라를 구축하는 데에 주력했다는 것이다.[22]

입헌주의가 실현되는 과정 속에서 국가의 역할에 대한 법치주의적 통제장치가 부여된 한편 민족적으로 결속되고 신분적으로 평등한 국민이 형성되어 국가와 국민은 직접 만나게 되었다. 그 대표적인 징표로 국민개병제의 도입과 학교교육에 대한 국가의 통제를 들 수 있다.[23] 프랑스혁명과 함께 도입된 국민개병제는 프랑스군대의 군사적인 성공과 함께 널리 확산되었다. 이러한 국민개병제의 등장과 확산은 새로이 발흥하는 민족주의적 열정과 무관하지 않았다. 개개의 인민들은 무기를 손에 들고 자신을 희생할 자세를 보이는 민족의 성원으로서 자신이 주인임을 주장할 수 있게 되었기 때문이다. 학교교육에 대한 국가의 통제가 강화된 것도 비슷한 맥락에서 볼 수 있다. 이전에는 사적 자치의 영역에 있거나 교회에서 관할하던 학교교육이 국가에 의하여 직접 실시되거나 국가의 법적 통제 하에 놓이게 되고 나아가 의무교육제도가 일반적으로 도입되는 것 역시 18·19세기의 현상이었다. 국가의 구성원들이 신분제적 질서로부터 벗어나서 법적으로 평등한 자유를 향유하게 하려면 그에 상응하는 성숙한 인격을 지녀야 하고 이는 교육을 통한 사회개혁으로 이루어져야 한다는 것이 당시의 분위기였다.[24]

경찰국가에서 입헌주의국가로의 변화라는 측면만을 주목하면 국가의 역할이—특히 경제영역에서는—적지 않게 감소되었다고 볼 수도 있지만, 이에 수반된—국가에서 민족으로의 전환(vom Staat zur Nation) 또는 근대국가의 민족국가화라고 부를 수 있는—변화 속에서 각각의

---

22) Reinhard, 앞의 책, 461면 이하.

23) Reinhard, 앞의 책, 359면 이하, 448면 참조.

24) Reinhard, 앞의 책, 403면 이하 ; M. Kraul, *Das deutsche Gymnasium 1780~1980*, Frankfurt a. M. 1984, 28면 이하.

인민들이 자신의 일상을 지배하던 신분제적 구속으로부터 벗어나서 국가공동체의 주체로 나서면서 동시에 국가권력이 그 구성원의 일상생활로 침투해 들어왔다는 점을, 국가의 역할이라는 담론으로 국가의 형성·전개과정을 보려는 관점에서는, 간과할 수 없다. 입헌주의적 법치국가의 등장과 함께 국가는 시장으로부터 후퇴하였지만 시장의 주체가 되는 시민들의 교육에 적극적으로 간여하기 시작하였고 또한 공동체의 대외적 안전에 대한 책임의 범위가 자유의 확산에 상응하여 확대되었다. 이는 근대국가 고유의 법에 의한 명령과 강제라는 수단이 그 지배영역 내에서 보다 깊이 침투하게 되었음을 의미한다.

3. 사회국가

입헌주의시대에 국가의 역할이 전면적으로 축소되었다고 보는 것이 반드시 역사적 사실에 상응하지 않음은 앞에서 살핀 바와 같다. 하지만 경제사회에 대한 국가의 포괄적인 개입이 이루어진 것은 산업사회에서 나타나는 사회적 문제들이 표면화되고 그 심각성이 더해지면서였다. 개인의 자유가 보장될 때에 시장메커니즘에 따라서 가장 정의로운 상태에 이르게 된다는 시민적 사회모델은 말 그대로 현실이 아닌 모델이었다. 사적 자치 하에서도 사회정의가 실현되려면 자유가 실질적으로 평등하게 보장되어야 했지만 이러한 상황은 처음부터 존재하지 않았다. 하지만 시민계급은 시민혁명을 통하여 자신에게만 특수하게 적용되는 자유가 아닌 보편적인 자유를 선포하였고 따라서 이러한 자유가 현실적으로 보장되어야 하는 요구를 받게 되었다. 시민혁명이 선포한 인간의 보편적인 자유와 이것이 특수한 계층에 국한되어 향유되는, 이념과 현실간의 괴리는 산업혁명을 겪으면서 더욱 심화되었다. 산업혁명과 함께 생산수단을 소유한 자와 그렇지 못한 자간의 불평등이 점차 계급대립으로 전화되고 또한 격화되었다. 이러한 사회적 불평등의 문제는 노동운동에 의해 적극적으로 제기되고 또한 선거권의 확대와 함께 정치적인 문제로 변하였다.[25]

19세기말 이래로 국가는 점차 시장에 적극적으로 개입하여 산업사회에서 나타나는 여러 가지 문제들을 해결하도록 요구받게 된다. 시민사회가 자율적으로 공공복리의 문제를 해결할 수 있다는 믿음이 사라진 것에 상응하여 국가에게 이러한 역할이 다시 주어지게 된 것이었다. 국가가 경제영역에 적극적으로 개입하게 되었다는 것은 시민적 사회모델이 제시하였던 국가와 사회의 분리가 상대화되었음을 의미하기도 하였다. 사회국가에 이르면 물리적인 강제력의 행사가 국가의 역할을 수행하는 수단으로서 지니는 의미가 감소하게 된다. 사회국가는 그 정책의 목표를 금전이나 이에 상응하는 급부를 제공함으로써 실현하려 한다. 물론 사회국가에서도 급부에 필요한 재원을 마련하고 또한 이것이 제대로 쓰여지는 것을 통제하기 위해서, 그리고 사회보장체계에 국민들을 편입시키기 위해서는 국가의 강제력이 불가결의 요소이다. 하지만 사회국가의 목적은 질서와 안전을 유지하는 경우와는 달리 강제력을 동원하는 것으로 직접 달성되는 것이 아니다. 다시 말하면 강제력의 동원이 사회질서 유지를 위해서는 목적달성을 위한 직접적인 수단이었다면 사회국가의 목적을 위해서는 그 전제조건을 마련하는 수단이라는 간접적인 의미를 지닌다. 즉 급부를 통하여 물질적 욕구를 해결하는 사회국가의 과제를 충족시키는 데에 있어 국가의 강제력은 그 전제조건을 마련하는 데에 동원되고 이를 직접 해결하는 것은 재원인 것이다.[26]

---

25) Kaufmann, 앞의 글, 23면 이하 ; D. Grimm, Der Wandel der Staatsaufgaben und die Zukunft der Verfassung, in: Grimm(Hg.), *Staatsaufgaben*, 613~646면, 621면 이하 등.

사회국가로의 전환으로 인하여 이제 근대국가는 시민사회를 넘어 노동조합을 비롯한 다양한 단체 및 폭넓은 조직을 지닌 대중정당 등으로 조직화된 대중사회를 기반으로 하게 되었다. 국민국가가 특정한 계층에 국한되지 않고 모든 계층을 사회적으로 통합하기 위해서는 국가의 역할이 빠르게 증가하였다.27) 이는 동시에 국가가 모든 국민을 총체적으로 동원할 수 있는 전제조건을 갖추었음을 의미하기도 하였다.

IV. 유도국가

1. 사회의 복지와 안전에 대한 총체적 책임

사회국가의 출현으로 비롯된 국가역할의 본격적인 증가는 제2차 세계대전 이후에도 계속되었다. 이제는 산업화에 따른 사회문제를 해결하는 것을 넘어 한 사회에 잠재하는 모든 가능한 차별을 극복하는 것이 국가가 해야 할 일로 인식되었다. 여성, 아동, 장애인 등의 권리보호 등은 그 전형적인 예라고 할 수 있다. 또한 사회가 고도로 분화됨으로써 효율성이 향상된 반면에 전체사회가 사회의 작은 영역에 의존되는 정도가 높아졌다. 현대사회는 점차, 작은 부품이 하나만 고장이 나도 가지

---

26) D. Grimm, Staatsaufgaben—eine Bilanz, in: Grimm(Hg.), *Staatsaufgaben*, 771~785면, 777면 이하.

27) 이는 사회보장을 위한 국가의 재정지출이 증가한 것으로 나타나는데 이는 모든 서구 입헌국가들에 공통적이었다. 계산방식에 따른 다소간의 차이가 있을 수 있겠지만 한 연구에 의하면 일인당 국민소득에서 국가지출이 차지하는 비율이 1872년에 18.5%였던 것이 1972년에는 39.8%로 되었다고 한다(H. Schulze-Fielitz, Staatsaufgabenentwicklung und Verfassung, in: Grimm(Hg.), *Wachsende Staatsaufgaben-sinkende Steuerungsfähigkeit des Rechts*, 11~47면, 18면).

않는 시계처럼 되어가고 있는 것이다. 이러한 상황 속에서 국가는 전체 사회가 마비되는 것을 방지하기 위하여 사회의 각 영역이 제대로 기능하도록 하는 책임을 지고 전문화된 부분영역의 이해관계를, 이에 대해서 관심도 없고 알지도 못하는 기타영역의 이해관계와 조정해야 하는 역할을 맡게 된다. 국가는 이제 전체사회의 존속과 발전을 위해서 모든 관점에서 총체적인 책임을 지니게 되는 것이다.[28] 현대국가는 심지어는 출생률의 높고 낮음에 대해서도 관여하지 않을 수 없는 상황에 이르게 되었다. 현대국가는 구성원의 생로병사의 모든 과정과 무관할 수 없고 또한 당연히 전제되어 있던 가족제도가 해체되는 것에 대한 대책을 세우도록 요구받고 있다.[29]

이처럼 국가의 역할이 확대되어 공동체의 현재와 미래에 대한 총체적인 책임을 지게 되는 상황은 과학기술의 발전으로 인하여 새로운 차원을 맞이하고 있다. 원자핵에너지의 개발과 사용, 컴퓨터정보기술의 눈부신 진보, 유전공학의 대두 등은 인간생활을 크게 변화시키고 있지만 동시에 새로운 유형의 위험을 동반하고 있다. 과학기술의 발전으로 인하여 나타나는 위험들은 작은 원인들이 축적되어 시간이 경과된 후에 심각한 결과를 가져 올 수도 있으며 원인이 발생한 지역과 결과가 발생한 지역이 전혀 다를 수도 있는 등 원인과 결과사이에 시간적·공간적 인과관계가 분명하지 않다. 또한 그에 대한 경험이 축적되지 않았기 때문에 해로운 결과가 발생하는 여부와 그 정도를 예측하기 어렵지만 위험의 잠재력은 인류전체의 존립을 좌우할 수도 있는 특성을 지닌다. 따라서 새로운 위험에 적절하게 대처하려면 근본적으로 새로운 방

---

28) D. Grimm, *Der Wandel der Staatsaufgaben und die Zukunft der Verfassung*, 625면 이하.

29) 이에 대해서는 한국가족학회 편, 『현대가족과 사회』, 교육과학사, 1994 ; 한국여성개발원, 『열린사회와 가족』, 1994 ; 한국여성개발원, 『최근 가족해체 실태 및 복지대책』, 2000 등을 참조할 것.

안을 마련할 것이 요구된다. 이러한 상황에서 개별국가는 한편으로는 과학기술의 발전을 촉진함으로써 국제경쟁력을 유지하여 자신에게 요구되는 총체적 책임을 수행하면서 동시에 그로 인한 위험에 대해서 통제력을 확보해야하는 모순된 상황에 봉착하게 된다.[30]

국가의 역할이 폭발적으로 증대되는 상황은 현대국가의 헌법전에도 반영되고 있다. 1975년에 제정된 그리이스헌법은 교육을 국가의 기본과제로 설정하고 그밖에도 스포츠, 모성 및 아동, 노숙자, 자연적이고 문화적인 환경 등을 국가의 특별한 보호대상으로 삼으며 완전고용을 통한 노동의 보호도 이 범주에 포함하고 있다. 이러한 경향은 그리이스에 국한되지 않고 1970년대 이후에 제정 또는 개정된 포르투갈, 스페인, 네덜란드, 스위스의 칸톤들의 헌법전도 비슷한 유형의 헌법조문들을 포함하고 있다.[31] 우리나라 헌법이 규정하고 있는 평생교육의 진흥(제31조 제5항), 여자, 노인, 청소년 및 신체장애자 등의 보호(제34조 제3, 4, 5항), 재해의 예방 및 그 위험으로부터 국민보호(제34조 제6항), 환경보전(제35조 제1항), 모성보호(제36조 제2항), 소비자보호(제124조) 등도 유사한 맥락에 놓여있다. 이러한 헌법조항들은 대부분 국가의 역할이 확산되는 것을 사후적으로 반영한 것이며 또한 국가역할의 한계를 규정한 것도 아니므로 그 성격상 국가역할의 완전한 실정법화일 수는 없고 그 규범적 효력에 대한 논의도 여전히 열려있는 상태이다.

---

30) 이는 헌법에 과학기술혁신에 관한 조항(헌법 제127조)이 있는 상태에서 환경보전을 위하여 노력할 의무(헌법 제35조 제1항)가 추가되고, 또한 생명공학육성법이 있는 상태에서 생명윤리기본법을 제정하려는 노력이 나타나는 상황으로 상징된다.

31) Schulze－Fielitz, 앞의 글, 23면 이하 ; P. Häberle, Sport als Thema neuerer verfassungsstaatlicher Verfassungen, in: Häberle, *Das Grundgesetz zwischen Verfassungsrecht und Verfassungspolitik*, Baden-Baden 1996, 715~749면, 717면 이하.

2. 근대국가의 새로운 경쟁자들

이러한 새로운 역할이 요구되는 상황에서 국가와 경쟁하는 새로운 주체들이 등장하는 것은 주목할 만하다. 근대국가가 사회국가로 변화된 것은 대중사회의 형성과 함께였고 그 배경에는 광범위한 대중조직을 지닌 정당과 이익단체가 있었다. 현대사회의 새로운 문제를 해결하기 위해서 새로운 행위주체가 등장하는 것은 당연한 일이라고 할 수 있다.

현대사회가 마주하고 있는 새로운 문제들은 그 원인과 결과가 개별 국가 단위로 국한되지 않는 특징이 있다. 따라서 이를 해결하기 위해서는 국제적인 협력이 강화되고 또한 초국가적인 주체들이 나타나게 된다. 이러한 상황에서 개별국가들은 이전에 자신의 권한에 속하던 부분들을 국제적인 협약이나 초국가적인 주체의 결정으로 이양하게 된다.[32]

국내적으로는 시민단체의 등장과 활약이 눈길을 끈다. 시민단체를 중심으로 하는 새로운 사회운동은 노동조합, 사용자단체 등처럼 사회의 재화분배에서의 당사자로서 개별이익의 실현을 위하여 국가의 정책결정에 압력을 가하는 활동을 하는 것이 아니다. 시민단체들은 —적어도 그들이 추구하는 목적의 측면에서는— 인권, 환경, 평화 등 공익의 대표자로서 국가와 경쟁한다. 이러한 시민단체들은 정치공동체에 활력을 불어넣어 기성의 정치체계가 국민으로부터 괴리되고 정체되는 것을 방지하는 순기능을 하고 있다. 하지만 시민단체가 공적인 문제를 결정함에 있어 행사하는 영향력에 대해 책임을 묻는 제도적 장치가 마련되어 있지 않다는 점은 간과할 수 없는 문제이다.

구체적인 행위주체의 문제는 아니지만 새로운 의사소통방식이 국가의 경쟁자로 나타나는 모습도 보인다. 정보통신기술의 발전과 함께 전

---

32) Kaufmann, 앞의 글, 30면.

자민주주의의 가능성에 주목하는 입장이 그것이다. 이는 규모가 큰 정치공동체에서는 구성원들간에 의사소통을 가능하게 하는 물리적 공간에 한계가 있어서 직접민주주의가 현실적으로 불가능한데 가상공간이 등장하여 구성원 상호간의 직접적인 의사소통이 가능해지므로 대표제 민주주의의 극복이 가능할 수도 있다는 취지로 파악된다.[33] 하지만 대표제 민주주의의 기술적 불가피성을 공간적 제약성에서만 찾는 것은 일면적이라는 점을 지적하지 않을 수 없다. 대표제가 불가피한 것은 직접민주주의가 공간적으로 불가능해서 뿐만이 아니다. 대표제에는 대표하는 자와 대표되는 자간의 분업이라는 기능적 관점이 놓여있다.[34] 이러한 분업의 측면은 사회 각 영역간의 역할분담이 빠른 속도로 전문화되고 복잡화되는 현대사회에서 더욱 강조될 수밖에 없다. 정보통신기술의 순기능을 잘 활용하면 대표제에 함축되어 있는 지배·피지배 관계를 희석시키는 데에 적지 않은 기여를 하겠지만 복잡다기한 공동체의 사안을 결정하는 권한을 위임해야 하는 불가피성이 극복될 것으로 보이지는 않는다.

　이처럼 새로운 행위주체와 의사소통방식으로 인하여 근대국가가 정치영역에서 지니는 위상에 적지 않은 변화가 있는 것은 사실이지만 이것이 국가의 역할을 대체할 수 있는 여부에 대해서는 조심스럽게 접근할 필요가 있다.

---

33) 자세한 내용은 강정인, 앞의 책, 215면 이하 ; 임혁백, 앞의 책, 181면 이하 참조.

34) 이러한 관점은 이미 시에이예스의 대표제사상에서 발견된다(E. Schmitt, Zur Zäsurideologie der französischen Revolution, in: Bosl(Hg.), *Der moderne Parlamentarismus und seine Grundlage in der ständischen Repräsentation*, Berlin 1977, 195~240면, 232면 이하 참조).

3. 새로운 행위방식: 정보제공과 설득을 통한 유도

국가에게 요구되는 새로운 역할들은 기존의 행위방식으로는 충분히 수행할 수 없다. 예를 들어 다음 세대의 노동력을 확보하기 위하여 출산을 장려해야 한다는 책임을 국가가 지고 있다면 또는 국제경쟁력의 유지를 위해서 정보산업을 육성해야 한다는 필요를 느낀다면 이는 근대국가의 고유한 수단인 명령과 강제로 가능한 것이 아니다. 국가는 한편으로는 법치국가적인 권리보호의 한계를 넘어설 수 없으며 또한 모든 업무를 스스로 하기에는 재원과 효율성의 한계에 부딪치기 때문이다. 또한 사회국가에서 요구되었던 역할처럼 사회적 부의 재분배가 문제된다면 빈곤계층의 물질적 수요를 충족하는 데에 풍족한 재원이 결정적인 역할을 하겠지만 여기서는 궁극적으로 사회적 행위주체들이 스스로 자신의 행동방식을 바꿔야만 국가가 원하는 목표를 이룰 수 있게 된다. 따라서 이러한 유형의 역할을 수행하기 위해서는 구성원에게 정보를 제공하여 설득을 통하여 행동양식을 바꾸도록 유도(Steuerung)하는 것이 불가피하게 된다.[35]

국가의지의 고전적인 관철수단인 명령과 강제를 동원하려면 규율대상에 대한 완전한 정보와 그것이 주변환경에 미치는 결과에 대한 예견가능성이 전제되어야 한다. 하지만 현대의 위험사회는 불확정성과 예측불가성이라는 특징을 지니고 있다. 이러한 상황에서 공공이익과 관련된 사안에서 개인이나 집단의 행위에 영향을 미치려면 사람들이 가지고 있는 정보의 내용을 바꿈으로써 그들의 선호도에 변화를 가져와서 다양한 선택의 대안들 속에서 스스로 바람직한 결정을 내리도록 하는 것

---

35) Grimm, 앞의 글, 627면 이하 ; Kaufmann, 앞의 글, 28면 이하 ; Willke, 앞의 글, 705면 이하 등.

이 최선의 수단이 될 수 있다. 국가에게 부여되는 새로운 역할을 수행함에 있어 전통적인 수단인 고권적 강제력의 행사를 대체하고 있는 정보와 설득을 통한 간접적인 유도라는 수단은 국가가 독점할 수 없는 성격을 지닌다. 따라서 이러한 영역에서 국가가 대내외적으로 등장하는 새로운 주체들과 협조하고 경쟁하게 되는 것은 당연한 결과라고 할 수 있다.

국가의 역할이 확대되면서 새로운 형태의 입법이 등장하고 있다. 명령과 강제를 통하여 도달하기 어려운 성격의 목표에 대해서 전통적인 방식의 규제적인 법을 제정하는 것은 합당하지 않다. 규제적인 법이란 구체적인 명령을 통하여 바람직한 행위를 요구하는 것인데, 그것이 헌법적으로 허용되지 않거나 규율대상이 강제력의 영향을 받지 않는 경우, 또는 규제적인 방식에 의하면 그 비용이 지나치게 높아지는 경우에는 효율적으로 목적을 달성할 수 없음은 이미 언급한 바이다. 전통적인 규제적 법률의 조항들은 대개 일정한 조건하에서 어떠한 제재가 가해진다는 형식을 띠고 있다. 하지만 유도적 국가역할을 수행하기 위한 법률들은 특정한 정책적 목표를 수행하기 위함을 표명하면서 이를 위한 여러 가지 지원방안을 제시하고 있는 경우가 많다. 우리나라의 법전을 개괄해 보면 보건의료기술진흥법, 중소기업진흥및제품구매촉진에관한법률, 평생교육법, 고령자고용촉진법, 국제회의산업육성에관한법률, 기술이전촉진법, 벤처기업육성에관한특별조치법, 소프트웨어산업진흥법, 정보화촉진기본법, 지역균형개발및지방중소기업육성에관한법률 등 이러한 범주에 속하는 수많은 법률들을 발견하게 된다. 국가역할의 현주소를 보여주는 단면이라고 하겠다.

4. 근대국가의 종말?

국가의 역할이 무한대로 늘어나는 상태에서 국가는 새로이 주어지는 역할을 더 이상 독점적으로 수행할 수 없는 상태에 이르게 되고 또한 비고권적인 방식에 의존하게 된다. 하지만 이를 근거로 근대국가의 종말을 선언하는 것은 성급하다고 보인다. 정보화의 예를 들어보자. 급격한 정보화의 물결에 직면하여 국가는 정보산업을 육성하는 업무를 담당하게 되고 이는 국가가 독점할 수 없는 전형적인 유도국가적 역할로 파악된다. 하지만 정보화사회라는 새로운 상황에서도 앞에서 경찰국가, 입헌주의국가, 사회국가로 구별한 바 있는 기존의 국가역할들이 여전히 요구되고 있다. 국가는 정보화와 관련하여 나타나는 개인간의 권리침해를 방지하는 질서유지기능을 수행하며 또한 개인의 정보가 공권력에 의하여 과도하게 침해되는 것을 방지해야 하며 나아가 정보화와 관련된 사회적 불평등의 심화를 조정해야 한다.[36]

문제는 국가역할이 이처럼 늘어나고 있는 원인이 무엇인가를 먼저 구명하는 일일 것이다. 물론 국가의 관료기구가 자신의 운동법칙에 의하여 공적 과업을 지나치게 독점하려 하고 그로 인하여 비효율적인 모습이 나타난다면 이는 시정해야 마땅한 일이다. 하지만 적어도 국가역할이 증대되는 보다 근본적인 원인은 사회에서 개별적으로는 해결하기 어려운 공적인 과업이 빠르게 증대되고 있는 데에서 찾아야 할 것으로 보인다. 이전에는 사적인 문제로 인식되던 사안들이 공동체의 일반적인 관심사로 되는 경우가 드물지 않다. 이미 언급한 현대국가의 가족정책은 그 전형적인 예가 될 수 있을 것이다. 현대국가가 이른바 결손가정

---

36) 전자거래기본법, 전자서명법, 정보통신망이용촉진및정보보호등에관한법률, 정보격차해소에관한법률 등이 규율하고 있는 내용들은 이러한 범주로 분류될 수 있다.

에 대한 정책에 고심하는 이유는 국가가 인간의 가장 은밀한 영역인 가정에까지 간섭하려는 전체주의적 의도 때문이라고 볼 수는 없다. 인간생활의 기본단위이자 인간공동체를 다음 세대로 이어주는 가족이 고도로 발달된 산업사회에서 전통적인 모습을 잃고 다양한 형태를 띠게 되는 변화를 겪는데 이러한 혼돈 속에서도 가족이 자신의 기능을 유지하도록 하는 것은 공동체의 주요한 공적 과업이 될 수밖에 없는 것이다.[37) 이러한 새로운 공적 과업을 국가가 독점할 이유도 없지만 이를 담당할 마땅한 대안이 없는 상태에서는 국가에게 그 책임이 돌아올 수밖에 없다.

V. 맺음말

근대국가가 최고 전성기를 지나고 있다는 관점에서 국가권력에 대한 비교유럽헌정사를 서술하고 있는 라인하르트의 저술은 주목할 만하다.[38) 그는 근대국가의 요소로 군주, 정부행정조직, 통치의 파트너(귀족, 교회, 사법), 권력수단(군사, 외교, 문화정책)을 분석한 후 근대국가가 현대화하면서 민주주의, 민족국가, 사회국가가 등장하지만 이것이 각각 독재, 통합적 민족주의, 총체국가로 급진화하면서 근대국가는 위기에 봉착하고 새로운 체제로의 전환이 불가피해 졌다는 견해를 피력하고 있다.[39)

---

37) 가족의 쇠퇴와 사회의 부상이 시기적으로 일치한다는 한나 아렌트의 지적은 의미심장하다(한나 아렌트, 『인간의 조건』, 한길사, 1996, 92면).

38) W. Reinhard, *Geschichte der Staatsgewalt. Eine vergleichende Verfassungsgeschichte Europas von den Anfängen bis zur Gegenwart*, München 1999.

39) 라인하르트의 입장은 "20세기의 70년대 이후로 국가의 세속적 성장은 종결된 것으로 보인다. 이는 일시적으로가 아니라 최종적이라고 보이는데 그 이유는 여기

라인하르트의 이러한 입장에 대해서는 몇 가지의 논평이 가능할 듯하다.

우선 라인하르트의 저술이 서술대상에 대하여 역사학적 연구가 요구하는 일정한 거리를 유지하고 있는가의 문제이다. 그는 자신이 국가권력이 근대로 전개되는 역사를 서술한 것이 근대국가가 이미 과거에 속하기 때문인가 라고 자문하면서, 자신이 중립적인 관찰자의입장에 서 있다고는 할 수 없으며, 편견 없이 서술했지만 열정 없이 쓴 것은 아니라는 식의 고백을 하고 있다.[40]

둘째로 라인하르트의 이러한 열정은 이미 서술의 대상을 선정하는 데에서 나타나고 있다. 유럽국가들의 권력의 역사를 서술한다는 것 자체가 유럽 차원의 정치문화적 정체성을 확보하려는 노력과 무관하지 않기 때문이다. 그가 "혹시 이전에 근대적인 권력국가 및 전쟁국가를 고안해 낸 유럽이 유럽연합으로 적어도 이것(국가들 스스로가 점차 국가 없는 정부에의 요구를 받아들이는 세계: 필자)이 평화롭고 어느 정도 유복한 세계가 될 수 있음을 보여 줄 수도 있지 않은가?"[41]라는 희망 섞인 낙관론을 배경으로 근대국가를 해체하는 과감한 시도를 할 수 있는 것은 유럽연합이라는 장기간에 걸쳐 준비되어 온 대안이 있기 때문에 가능하다. 하지만 이러한 대안이 그의 해체실험의 위험성을 감소시킬 수는 있을 지 몰라도 그 결과의 타당성을 담보하는 것은 물론 아니다.

서 정치문화의 근본적인 변화가 문제되기 때문이다. 국가의 형식적인 권한에는 변화가 없고 또한 근대국가의 정치체계 역시 여전히 기능하고 있다. 하지만 현실적으로 국가권력은 이미 자신의 대외적 주권을 국제조직과, 국내적 권한을 다양한 단체들과 공유하고 있다. 국가의 재원은 감소되어 엄청나게 확대되는 국가역할을 더 이상 온전하게 감당할 수 없다. 그리고 계속 형성되는 새로운 집단들이 국가에 대한 신민들의 충성심을 앗아가고 있다"는 것으로 요약될 수 있다 (Reinhard, 앞의 책, 26면).

40) Reinhard, 앞의 책, 29면 참조.

41) Reinhard, 앞의 책, 536면.

셋째로 라인하르트는 근대국가가 전쟁국가로 탄생하였다는 전제하에 근대국가의 억압성과 폭력성의 측면을 강조하고 있다.[42] 근대국가의 형성이 종교개혁으로 인하여 나타난, 이전의 질서로는 감당할 수 없는 혼돈상황과 밀접한 관련이 있다는 것과 근대국가의 전개과정에서 유례없는 강제력의 독점이 이루어졌음은 역사적인 사실이다. 그리고 이러한 근대국가의 억압성과 폭력성에 대한 문제의식은 충분히 공감할 수 있다. 하지만 근대국가권력의 형성이 그러한 전쟁상황 또는 내란상황을 종식시키고 평화와 안전을 확보하기 위한 노력과 무관하지 않음 또한 사실이고 근대국가성을 부정하고 극복함으로써 새로운 대안을 창출할 수 있는가는―유럽연합의 미래와 함께―여전히 열려있는 문제이다.

라인하르트와는 달리 슈톨라이스는 "정치적인 책임을 지고 행위하면서 사회적인 이해관계로부터 어느 정도 거리를 유지하는 국가기관을 형성하는 방법 이외에 도대체 어떻게 극도로 분업화되고 복잡화된 사회를 지도할 수 있는가?"라고 물으면서, 내란을 종식시키고 사적인 복수와 폭력을 억제하며 기본수요를 충족시킬 수 있는 인프라를 구축하기 위해서는 "무장한 리바이어던을 만드는 일"이 우선적인 과제이며 헌법국가를 통하여 이 "리바이어던을 길들이는 것", 즉 국가를 순수한 질서 및 평화유지기능을 위해서 탈신화화하는 것이 문명의 다음 단계라는 입장을 견지하고 있다.[43]

국가역할에 관한 논의를 통하여 적어도 근대국가성의 척도는 도출될 수 있을 듯하다. 근대국가의 역할이 끊임없는 변화 속에서 다양한 모습을 지녀왔음에도 불구하고 대내외적 안전의 보장 또는 질서와 평화의 유지라는 기능은 항상 기대되고 수행되어 왔다. 이러한 안전의

---

42) Reinhard, 앞의 책, 343면 이하, 467면 이하 참조.
43) Stolleis, 앞의 글, 63면 및 85면.

보장은 또한 사회규범을 정하고 이를 최종적으로 관철시키는 강제력을 국가가 독점함으로써 가능했다. 이렇게 볼 때에 대내외적 안전의 보장을 위한 강제력행사에 대한 권한과 통제권을 상실한 정치공동체는 더 이상 근대국가성을 지닌다고 보기 어려울 것이다. 하지만 어느 지점부터 이를 상실하였다고 판단할 것인지 역시 논쟁의 대상이 되는 문제이다.

미래의 역사가가 누구의 손을 들어줄 지는 알 수 없지만 적어도 현재 우리의 상황에서는 라인하르트를 경청하면서 슈톨라이스와 함께 노력해야 한다는 정도의 입장이 타당하다고 생각된다. 우리가 직면하고 있는 문제는 오히려 현대사회에서 나타나는 공적 과업들 중 기존 근대국가로부터 기대할 수 있는 역할의 한계선상에 놓여있는 과제를 어떻게 해결할 것인가 이다. 이를 위해 한편으로는 근대국가의 전통적인 행위양식을 변화·적응시키며 또한 동시에 국가 이외의 공적 주체를 가능한 한 제도화된 형태로 창출하는 노력을 기울여야 할 것이다. 근대국가가 종말을 고한다고 하더라도 이것이 정치적인 것과 공적인 것의 종말을 의미해서는 안 되기 때문이다.

대표제개념의 헌법사

I. 머리말

1. 연구의 목적

대표 또는 대의[1]의 원리는 주권론, 기본권론, 권력분립론 등과 함께 헌법학의 핵심원리를 이루고 있다.[2] 우리나라 헌법 제1조 제2항은 전

---

[1] 대표제의 원리가 헌법의 핵심원리를 이루고 있음에도 불구하고, 아니면 오히려 그렇기 때문에 대표의 개념에 대해서도 수많은 논의가 이루어지고 있으며 그 자체로서 매우 논쟁적인 개념으로 남아 있다. 대표제에 대한 이러한 논쟁적인 상황을 상징하듯이 우리헌법학에서는 representation이라는 단어를 한글로 어떻게 번역하는가에 대해서 통일된 입장이 형성되어 있지 않다. 서구의 헌법학, 국가학 및 정치학에서 전개되어 온 representation의 개념에 대한 논쟁이, 서구의 실정법 체계와 법원리를 수용하여 온 우리나라에서는 이미 단어의 선택에서부터 시작되고 있는 듯하다. 이 글에서 대의라는 단어 대신에 대표라는 단어를 선택하게 된 것은 대표라는 단어가 대의에 비해서 포괄적인 의미를 지닌다는 이유일 것이다. 이 글에서는 대표제의 개념이 근대입헌주의 보다 긴 역사를 지니고 있으며, 의회주의적 대표제의 형성과의 연관에서 머무르지 않고 근대적 의미의 지배·피지배 관계의 형성과 그 정당화, 즉 근대적인 영역국가의 형성과의 맥락 속에서 이해될 수 있음을 지적할 것이다. 대표라는 단어가 이러한 인식과 더 어울린다고 보아 이를 택하였음을 밝힌다.

[2] 대표제에 관한 우리나라의 논의로는 김철수, 『헌법학개론』, 박영사, 1999, 845면 이하 ; 권영성, 『헌법학원론』, 법문사, 1998, 632면 이하 ; 허영, 『한국헌법론』, 박영사, 1999, 613면 이하 ; 조병륜, "국민대표제의 연구", 서울대학교 법학박사

단에서 "대한민국의 주권은 국민에게 있고"라고 하여 국민주권의 원리를 선언하면서도, 곧이어 "모든 권력은 국민으로부터 나온다"고 하여 국민주권 하에서도 국가권력이 존재해야 할 불가피성을 간접적으로 인정하고 있다. 국가권력의 존재를 인정한다는 것은 지배와 피지배의 관계의 존속을 의미하는 것이고 국민주권 하에서는 이러한 관계가 민주적 정당성을 가지고 맺어져야 함을 강조하고 있을 뿐이다. 우리나라헌법 제40조 이하에서 규정하고 있는 국가기관들이 헌법체계상으로 헌법 제1조 제2항 후단에 근거하고 있다고 본다면 대표제의 원리는 헌법상의 통치기구와 정치질서의 근간을 이루고 있음을 알 수 있다.

1) 순수대표제이론의 한계

대표는 매우 논쟁적이고 정치적이며 역사적인 개념이다. 역사적으로 새로운 양상이 전개되고 이에 따라서 새로운 정치질서가 형성될 필요가 제기되면 대표의 개념에 대한 새로운 논쟁이 이루어지곤 하였다. 우리나라의 헌법이나 서구헌법의 통치구조는 그 기본구조에 있어 200여 년 전의 근대입헌주의 탄생당시와 근본적인 차이를 보이고 있지 않다. 하지만 국민의 의사가 국가의 정책결정으로 연결되는 메커니즘에는 그동안 커다란 변화가 있어왔다. 예를 들어 의회민주주의와 동시에 태어났다고 보아도 과언이 아닌 정당에 대해서 근대입헌주의적 순수대표제론은 이론적으로 준비되어 있지 않았고[3] 정치영역에서 정당의 역할이

학위논문, 1983 ; 정종섭, "대의제에 관한 비판적 연구", 연세대학교 법학박사학위 논문, 1989 ; 이병훈, "대표원리와 의회주의의 기능", 고려대학교 법학박사학위논문, 1988 등이 있다.

3) 정당의 형성과 정당국가의 형성은 구별되어야 한다. 다수의 의원이 모이는 의회에서 정파가 형성되지 않는 것은 "사회학적으로 불가능한 일"(G. Radbruch, Die politischen Parteien im System des deutschen Verfassungsrechts, in: Anschütz/ Thoma(Hg.), *Handbuch des deutschen Staatsrechts Bd.1*, Tübingen 1930, 285~294

확산되는 데에 대한 헌법이론적 대응도 충분치 못하였다. 또한 사회경제적인 이해관계에 따라 조직된 이익단체들이 정치영역에서 영향력을 확대해 나아가는 현상이 19세기말부터 나타나고 있는 바 이 역시 고전적 대표제개념의 이론적 설득력에 대한 의문을 제기하여 왔다. 일반적으로 다원주의화라고 불리는 이러한 상황의 배경에는 국가권력의 지배대상으로 여겨져 온 사회가 점차 조직화되고 정치화되어 온 현실이 놓여있다.

최근에 참여민주주의를 화두로 제기되는 새로운 시민운동들은 대표의 개념을 연구하는 데에 있어 새로운 도전인 듯하다. 이러한 움직임의 배경에는—정당이나 이익단체를 포함하여—기존의 제도화된 대표체들이 소비자, 노인, 장애인, 어린이, 미래의 세대 등과 같은 다양한 이해관계를 제대로 반영하고 있지 못하다는 인식이 놓여 있다. 사회구조와 인간의식의 변화에 따라 국민의사가 표출되는 새로운 통로들이 개설되고 있는 것이다.

경제적인 산업화가 오랜 동안 정치적인 민주화와 연계되지 않았던 우리사회에서는 앞에서 언급한 여러 가지 변화들이 중첩해서, 즉 서구의 기준으로 보자면 비동시적인 것들이 동시적으로 나타나고 있다. 비동시성의 동시적 존재는 근대적 국민국가의 형성기에 주권을 상실하고 해방이후에 근대적 입헌주의운동의 전통이 축적되지 않은 상황에서 헌정국가가 탄생된 우리나라의 경우에는 불가피하다고 보인다. 우리헌법학에서의 대표제의 논의의 중점은 대표제민주주의의 입헌주의적 실현에 두어져 왔고, 그러한 맥락에서 영국, 미국, 프랑스 등 근대적 대표제

면, 287면)이므로 근대적인 정당은 근대 의회에서 비롯된 현상이고, 정당국가는 단순화하여 표현하자면 이러한 정당이 정권, 특히 행정권을 장악하는 것을 의미한다. 독일에서 정당국가가 늦게 형성된 것은 정당이 없어서가 아니라 의회의 다수정파가 정부를 구성하는 것이 입헌군주제 하에서 20세기 초까지 오랫동안 봉쇄되었기 때문이다.

민주주의의 고전적 전형을 이루어 온 국가들의 경험을 우리나라에 도입하려는 데에 집중되어 왔다. 하지만 서구의 국가들이 순차적으로 경험했던 상황들을 동시적으로 해결해야 하는 우리의 현실을 고전적이고 입헌주의적인 대표제개념만으로 풀어갈 수 있을지는 의문이다. 대표개념의 근본적인 고찰과 재구성이 불가피해 보인다.

2) 대표제연구의 출발점 : 입헌주의헌법 하에서 지배·피지배구조의 존속

문제의 근원은 대표제는 그 본질상 의회주의 또는 민주주의로부터 비롯되는 개념이 아니라는 점에 있다. 대표라는 개념은 기본적으로 지배와 피지배관계의 존속을 정당화하는 기능을 해왔고 또 하고 있다. 대표라는 말 자체를 이해하기 위해서는 의회주의, 입헌주의 또는 민주주의 이전에 국가 또는 주권이라는 단어를 고민해야 한다. 우리가 상식적으로 아는 바처럼 군주주권에서 국민주권으로 이전한 것으로 인해서 지배와 피지배의 관계가 사라진 것이 아니었다. 달라진 것은 국가와 국민을 누가 지배하고 대표하는가였고 그 관계를 정당화하는 방식이었다. 대표제는 민주헌정국가의 탄생으로 형성된 것이 아니라 그럼에도 불구하고 존속한 것으로 보는 것이 정확하다. 대표제와 관련된 논의의 혼돈 상황의 중요한 이유는 역사적으로 이전부터 다양하게 존재했던 정치적 대표양식이 근대입헌주의헌법의 탄생기에 당시의 정치적 필요성에 의해서 순수대표제의 모습으로 형성되는 과정을 살피지 않고 이를 주어진 당연한 것으로 상정하고 출발점으로 삼아 온 것이라 생각된다. 이 글은 이러한 문제의식을 지니고 대표제개념을 근대입헌주의적 대표제사상이 탄생되기 이전으로 거슬러 올라가 살피려 한다. 이는 역사현실 속에서 대표라는 개념하에 나타난 다양한 모습을 살피는 것에 그치지 않고 현대민주주의에 나타나는 다양한 대표현상들을 헌법이론적으로 해결하는 기초작업이 되리라 믿는다.

2. 연구의 방법

이 연구는 개념사적 방법론을 도입하고 있다.[4] 개념사에 대해서 논하려면 우선 개념이라는 용어에 대해서 생각해 볼 필요가 있다. 개념은 단어와는 구별된다. 개념은 물론 단어를 통해서 표현되지만 그 단어에 의해서 개념이 내포하는 의미가 명료해지는 것은 아니다. 단어는 일의적일 수도 있고 다의적일 수도 있지만, 개념은 그 자체가 본질적으로 다의적이다. 법학에서 개념을 규정하려고 노력하는 것은 개념이라는 것이 원래 다의적이고 논쟁적이기 때문일 것이다. 이러한 개념의 다의성은 개념이 사회적이고 정치적인 맥락에 놓여있을 경우에는 더욱 복잡해지기 마련이다. 국가라는 용어를 예로 들어보자. 이 용어는 지배, 영역, 주권, 국민, 입법, 행정, 사법, 세금, 군대, 경찰 등등 수많은 의미를 포함하고 있다. 국가라는 단어를 통해서는 이러한 수많은 의미내용이 총체적으로 표현될 필요가 없지만 국가라는 개념은 모든 가능한 의미내용을 포괄하는 것이어야 한다.

개념사는 사회적이고 정치적인 의미를 지니는 개념의 형성과 변천을 그 관심의 대상으로 한다. 오늘날 우리가 사용하는 헌법학의 개념들 역시 특정한 역사적 환경 속에서 형성되어서 그 후 변천하여 왔다. 개념사를 단지 회고적 정취에서 연구하지 않고 현재 봉착한 과제를 해결하려는 문제의식에서 연구한다면 사상사적인 접근만으로는 충분하지

---

4) 개념사적 방법론에 대해서는 R. Koselleck, Einleitung, in: O. Brunner u. a.(Hg.), *Geschichtliche Grundbegriffe Bd.1*, 4.Aufl., Stuttgart 1992, XIII-XXVII면을 참조할 것.

않다. 우리가 현재 당연히 받아들이고 있는 특정한 개념이 어떠한 사회적 또는 정치적 환경 속에서 형성되었음을 밝혀 낼 수 있다면 그 개념이 변한 환경 속에서도 여전히 유효한가를 판단하는 데에 중요한 기준을 제시할 수 있기 때문이다. 개념사적 접근방법은 그것이 사회사적인 문제의식과 접목될 때에 풍부한 가치를 지니게 된다.

개념사적 연구방법을 헌법학에서의 개념을 연구하는 데에 적용하려는 것은 헌법학의 개념들이 구체적인 역사상황의 산물임에도 불구하고 고도로 이데올로기화되어 있다는 인식에서 출발한다. 이러한 이데올로기적 성격은 지배체제의 정당성과 밀접한 연관을 지니는 대표제의 개념에서 더욱 명료하게 나타난다. 근대적 대표제의 개념이 형성된 이후에 인류는 산업혁명을 경험하고 이전과는 다른 새로운 사회경제질서를 지니게 되었으며 20세기 이후에는 대중사회의 확산 속에서 살고 있다. 또한 우리사회는 이러한 과정을 최근 반세기 동안 집중적으로 경험하였고 현재는 지구화, 정보화를 전세계와 함께 겪고 있다. 이러한 상황 속에서 앞으로 다가올 사회가 어떠한 방식으로 정치적으로 대표되어질 것인가는 여전히 열려있는 문제이다. 대표제를 개념사적으로 연구하려는 이유는 과거에서 현재까지의 궤적을 살핌으로써 다가올 문제에 대비하려는 의도일 것이다.

3. 연구의 내용

제2장에서는 대표라는 개념에 접근하는 다양한 방식을 비추면서 논의를 개방하고 열린 눈으로 직접민주주의와 대표제민주주의에 대해서 생각해 본다. 제3장에서는 고대 이래로 다양한 의미로 사용되던 대표라는 단어가 초기근대 신분국가의 성립과 함께 정치적이고 헌법적인 의

미를 획득해 가는 과정을 살펴본다. 제4장에서는 상호 경쟁하던 대표제 개념들이 프랑스혁명을 통하여 근대입헌주의적 순수대표제로 형성되는 과정을 살피고 이것이 19세기초 독일의 상황에서 받아들여지는 모습을 알아본다. 제5장에서는 1920년대의 독일에서 대표제의 개념에 대한 논의가 부활되는 상황을 분석하면서 20세기의 다원적 의회민주주의 하에서 대표제를 좁게 개념 정의하는 것의 문제점을 살핀다. 마지막으로는 결론에 대신하여 대표개념의 재구성의 필요성과 방향을 언급한다.

II. 문제의 제기

1. 대표개념의 다양성

대표의 개념에 대한 흥미 있는 연구로 피트킨(H.F.Pitkin)의 작업을 들 수 있다. 피트킨은 하나의 사물을 여러 각도에서 촬영하듯이 대표의 다양한 측면을 분석하였다. 피트킨은 대표라는 개념을 형식적 관점, 내용적 관점, 행위적 관점이라는 세 가지 측면에서 바라보았다. 형식적 관점은 대표의 대상이 되는 내용이나 대표하는 행위보다는 대표가 되거나 대표에서 물러나는, 즉 대표의 시작과 끝에 주목하는 관점이다. 이러한 관점은 다시 대표체의 형성에 주목하는 권한위임의 관점(authorization view)과 그 종결에 주목하는 책임의 관점(accountability view)으로 분류되었다.5) 형식적 관점에서 선거는 권한위임에 의해서 대표가 형성되거나 기존의 대표가 책임을 지는 것으로 파악된다. 이에 대해서 대표의

---

5) H. F. Pitkin, *The Concept of Representation* (Berkley: University of California Press, 1967), 38면 이하.

내용에 주목하는 관점은 서술적 내지 기술적(descriptive) 관점과 상징적 (symbolic) 관점으로 대별된다. 기술적 관점은 대표자가 대표되는 대상을 얼마나 정확하게 반영(reflection)하는가에 주목한다.[6] 여기서는 대표체와 대표되는 자의 유사성의 정도(예를 들어 대표가 모사인가, 재현인가, 아니면 표본인가)가 문제된다. 상징적 관점은 대표라는 현상이 단지 대표하는 자와 대표되는 자의 관계에 국한되지 않음에서 출발한다. 대표는 대표되는 자를 수학적으로 정확하게 표현하는 것뿐만 아니라 공동체를 심리적이고 정서적으로 상징하는 제3의 그 무엇을 나타내는 것도 포함하고 있다는 것이다.[7] 내용적 관점이 반영 또는 상징과 같은 대표대상의 존재의 측면을 강조한다면 행위적 측면은 대표하는 행위의 규범 또는 행위기준을 문제삼는다. 이러한 측면에서 보면 대표하는 행위는 타인의 이익을 위하여(on behalf of) 행위하는 것, 단순히 대신 (instead of) 행위하는 것, 아니면 파견되는 것(being sent) 등으로 분류되며 이들은 각기 다른 행위규범을 지니게 된다.[8] 피트킨은 이처럼 다양한 관점을 전제로 하여 자유위임과 기속위임의 문제나 공익대표와 개별이익대표의 문제를 풀어가고 있다.[9]

　대표의 현상은 이처럼 다양한 각도에서 관찰되고 분석될 수 있다. 헌법학에서 논의되는 대표의 개념에서는 이들 중 몇 가지의 관점만이

---

6) Pitkin, 앞의 책, 60면 이하..

7) Pitkin, 앞의 책, 92면 이하

8) Pitkin, 앞의 책, 112면 이하.

9) 피트킨의 개념사적 작업을 전제로 버취(Birch)는 대표제의 논쟁사를 연구하였다 (A. H. Birch, *Representation* (London: Macmillan, 1972)). 그는 대표의 개념을 한 마디로 정의하려는 시도가 무의미함을 강조하면서 이를 역사적으로 논쟁되는 상황과의 연관 속에서 이해하려 한다. 버취는 대표의 근대적 개념을 대표제정부의 출현시기의 논의상황, 선거제대표와 선거권의 확대문제, 계급문제와 이익대표, 정당대표의 문제 등과 관련하여 분석함으로써 대표의 개념을 각 시대에서 정치적으로 제기되던 새로운 문제상황에 따라서 다양하게 인식하려는 시도를 하고 있다.

강조되어 왔음을 쉽게 알 수 있다. 피트킨의 분류는 헌법학에서 논의되고 있는 대표의 개념을 재검토하는 데에 있어 준거를 제시하고 있다고 보인다.

2. 직접민주주의와 대표제민주주의

대표개념의 다양한 측면을 염두에 두고 직접민주주의와 대표제민주주의에 대하여 생각해 보자. 직접민주주의와 대표제민주주의는 서로 화해할 수 없이 대립하는 개념쌍인가. 이러한 사고방식의 전형으로 칼 슈미트(Carl Schmitt)를 들 수 있을 것이다. 그에 의하면 동일성의 원칙과 대표제의 원리는 근본적으로 다른 것이며 이는 각기 민주주의와 의회주의를 기초한다는 것이다.[10] 이 두 가지의 원칙은 현실적으로 공존할 수는 있을지 모르지만 원리적으로 엄격하게 구별된다는 것이다.

동일성의 원칙에 기초한 민주주의의 이해나 순수한 대표개념에 기초한 의회주의의 이해로는 현대민주주의를 현실에 상응하여 설명하기가 어렵다. 직접민주주의라고 불리는 다양한 제도들도 정치적 대표체의 도움이 없이는 현실적으로 상정될 수 없다. 국민투표의 경우에도 국민은 직접 대답할 뿐이지 스스로 질문을 던지는 것은 아니다. 질문을 작성하는 것은 여전히 대표체이다.[11] 이는 직접민주주의의 고전으로 알려져 있는 그리스 아테네의 직접민주주의에서도 마찬가지였다. 고대 그리스에 대표제에 상응하는 단어나 개념이 있지는 않았지만 오늘날의 관점에서 대표제로 이해할 수 있는 현상은 당연히 존재했었다.[12]

---

10) C. Schmitt, *Verfassungslehre*, Berlin 1928, 204면 이하.

11) E. -W. Böckenförde, Demokratische Willensbildung und Repräsentation, in: Isensee/Kirchhof(Hg.), *Handbuch des Staatsrechts Bd.II*, Heidelberg 1987, 29~48면, 31면 이하.

애초에 민주주의를 치자와 피치자의 동일성으로 보는 것 자체가 현실과 맞지 않는다고 보인다. 지배·피지배관계가 있는 한 치자와 피치자 간에는 간격이 있기 마련이고 민주주의는 이를 가능한 최대로 줄이려는 노력이다. 있지 않는 동일성(Identität)을 있다고 전제하면 전체주의로 향하는 길이 될 위험이 크다. 민주주의는 치자와 피치자를 동일화(Identifikation)하려는 노력이라고 보는 것이 더욱 적절할 것이다. 이러한 관점에 서면 기존의 직접민주주의와 대표제민주주의의 구별은 상대적인 것으로 된다. 직접민주주의의 도그마를 포기하면서 얻는 것은 대표제민주주의의 민주화를 향한 개방성일 수 있다. 어차피 순수한 형태의 직접민주주의라는 것이 기술적으로 불가능한 것이라면, 결국은 기존의 대표제이론에서 주권자인 국민의 참여를 배제하는 논리형식들을 극복하는 것이 정치관계의 민주화에 구체적이고 생산적으로 기여한다고 보인다.

Ⅲ. 근대국가의 형성과 대표개념

헌법학에서의 대표제에 대한 기존의 논의는 시민혁명으로부터 출발하는 것이 일반적이다. 이는 근대 입헌주의헌법이 시민혁명에 의해서 탄생되었기 때문일 것이다. 하지만 앞에서 언급한 것처럼 대표제는 지

---

12) 아테네의 국민집회(ekklesia)에 참여하였던 사람은 아테네 민주주의의 전성기에도 전체 시민권자의 15~20%정도였고 이는 전체주민의 2~4%에 불과하여 현실적으로는 이들이 전체주민을 대표하였다고 할 수 있다. 또한 500인 위원회(boule)라는 일종의 대표기관이 있어서 국민집회의 진행을 담당하고, 나아가 항시적으로 열릴 수 없는 국민집회의 기능을 보완하는 역할을 하였다(아테네 민주주의의 대표제에 대한 보다 자세한 내용은 J. Kimme, *Das Repräsentativsystem*, Berlin 1988, 35면 이하 참조).

배·피지배관계와 관련되어 사용되는 용어이며, 근대적인 지배·피지
배의 관계는 입헌주의헌법의 대두로 비로소 형성된 것이 아니라 근대
국가의 형성과 그 궤를 같이 하고 있다. 대표의 개념은 그 자체로서는
국가권력의—그것이 군주제적이든 입헌주의적이든 또는 민주주의적이
든 간에—정당성과 밀접하게 연관되는 문제이다. 따라서 대표의 개념
을 입헌주의나 민주주의 등의 개념과 구별하여 시대적으로 이에 선행
하는 국가 또는 주권개념과의 연관성을 알아 볼 필요성이 있다.

1. 고대 및 중세의 용례

오늘날 헌법학에서 사용하는 대표(representation, réprésentation,
Repräsentation)라는 단어는 라틴어의 representatio에서 유래한다. 근대적
인 의미의 대표개념을 알아보기 전에 이 단어에 대해서 생각해 보자.
representatio는 단어 뜻 그대로 이해한다면 '다시 현재화하기'라는 의미
를 지니고 있다고 볼 수 있다. 하지만 이 단어는 실제로 매우 다양한
의미로 사용되었다. 호프만(H.Hofmann)이 기원전 1세기에서 기원후 2
세기에 걸친 고대로마시대의 사료들을 연구한 결과에 의하면 이 단어
는 한편으로는 시간적 견지에서 현재적이고 가시적인 현실, 가시적 현
상, 순간적 행위, 재현재화 등의 의미로 사용되었는데 이는 과거의 관점
과 현재의 관점에 모두 해당되는 것이었다. representatio는 다른 한편으
로 잡을 수 있을 정도로 가까운, 부재의 반대 의미로의 출석 등 공간적
인 근접성을 표현하기도 하였다. 나아가 이 단어는 보이도록 만드는 행
위라는 일반적인 의미로도 사용되었다.[13] 후기로마시대의 자료들을 보
면 representatio라는 단어의 용례가 더욱 다양화되는 것을 발견할 수 있

---

13) H. Hofmann, *Repräsentation*, Berlin 1974, 44면 이하.

다. 특히 유스티니아누스황제의 법전에서는 소송법적인 의미에서 법원에 출두함(se representare)이라는 의미로도 사용되었다. 어느 곳에 등장하다라는 상위개념에 포섭될 수 있는 이러한 용례는 중기중세까지 발견된다고 한다.[14]

대표의 개념이 기독교신학에서도 적지 않은 논란거리를 제공하였다는 점은 흥미 있다. 그리스어로 된 신약성서에 라틴어의 representatio에 상응하는 단어는 없지만 기독교신학에서는 대표의 개념이 핵심적인 신학논쟁의 출발점이 되기도 하였다. 신약성경에서 나오는 최후의 만찬에 대한 신학적 해석은 대표개념의 다양성의 한 예를 보여준다. 여기서의 논점은 최후의 만찬에서 예수가 제자들에게 나누어 준 빵의 의미를 어떻게 해석할 것인가의 문제였다. 이 빵이 예수를 대표하는데 여기서 대표의 의미가 예수와의 동일성을 의미하는지 아니면 예수와 상징적인 관계를 지니는 것인지가 논쟁되었다.[15]

이러한 용어사용례들을 통하여 우리는 representatio라는 단어가 애초에는 정치적으로 중요한 의미를 지니는 개념과는 무관하였음을 알 수 있다. 대표라는 단어가 지배권력의 행사와 그 정당성과 관련된 정치적인 의미를 지니게 된 것은 많은 시간이 지난 후였다. 적어도 중세 말에 이르기 전까지는 대표라는 단어는 정치적 의미를 지니지 않았다.

---

14) Hofmann, 앞의 책, 110면 이하 ; Kimme, 앞의 책, 32면 이하.

15) Hofmann, 앞의 책, 59면 이하 ; Kimme, 앞의 책, 30면 이하 참조.
   최후의 만찬에 대한 논쟁은 종교개혁 때까지 계속되었다. 당시 카톨릭교회의 성체변질론(Transsubstantionslehre)에 의하면 빵과 포도주는 예수그리스도와의 동일성을 의미하며, 루터와 캘빈은 이를 각각 체화(Vekörperung)와 현재화(Vergegenwärtigung)로 이해하였고, 쯔빙글리는 단지 상징(Symbol)으로 보았다(H. J. Wolff, Die Repräsentation, in: H. Rausch(Hg.), *Zur Theorie der Repräsentation und Repräsentativverfassung*, Darmstadt 1968, 116~208면, 119면 주3. 이는 Wolff, *Organschaft und juristische Person Bd.2 Theorie der Vertretung-Stellvertretung, Organschaft und Repräsentation*, Berlin 1934, 16~91면을 발췌하여 편집한 것임).

따라서 지금까지 살핀 representatio의 용례는 단순한 어의사(Terminolo-giegeschichte)적인 관심사에 불과하고 앞에서 밝힌 의미에서의 개념사의 연구대상이 아닐 수도 있다. 그럼에도 불구하고 간략하게나마 이 단어의 다양한 용례에 대해서 언급하는 이유는 현대헌법학의 대표개념에 적지 않은 영향을 끼치고 있는 대표적인 저작들이—때로는 잘못 또는 지나치게 협소하게 이해된—이 단어의 역사적 용례를 자신의 입장을 정당화하는 논거로 들고 있기 때문이다.16)

2. 근대국가의 출현과 정치적 대표개념의 형성

1) 초기근대 신분국가의 형성

근대국가의 징표는 조직적인 측면에서는 관료제도의 정착 등 근대적인 국가기구의 형성, 그리고 기능적인 측면에서는 이러한 국가기구가 입법을 통해 사회관계를 규율하는 것과 연결하여 이해하는 것이 일반적이다. 중세의 정치공동체와 구별되는 이러한 근대국가의 징표들은 초기근대국가에서부터 나타나기 시작하였다. 근대국가의 전개과정은 크게 신분국가로 특징지어지는 초기근대국가와 헌정국가 또는 입헌주의국가로 특징지어지는 전성기근대국가로 대별된다. 또한 초기근대국가의 전개과정을 세분하면 근대적 영역국가가 형성되는 단초가 보이는

---

16) 예를 들어 볼프(Wolff)가 진정한 의미의 대표(genuine Repräsentation)는 '다시 현재화하기', '등장하기', '체화' 등의 의미를 지니는 것이라고 하면서 이를 라틴어의 단어가 의미하는 바에서 도출하고 있는데(H. J. Wolff, 앞의 글, 118면), 이는 앞에서 살핀 용례의 극히 일부에 불과하다. 또한 라이프홀츠는 소송법상의 대표권을 대표의 개념과 혼동하여 온 것은 잘못된 것이라고 지적하는데(G. Leibholz, *Wesen der Repräsentation*, Berlin/Leipzig 1929, 33면 주2)) 호프만은 전술한 바처럼 중기중세까지도 이러한 용례가 있었던 전거(典據)를 제시하고 있다.

제1단계, 전형적인 신분국가적 제도가 기존의 지배구조를 누르고 번창하는 제2단계, 그리고 마지막으로 군주가 신분제적 정치질서를 완전히 제거하지는 못하지만 대체적으로 억누르는, 하지만 종국에는 전성기근대국가인 헌정국가로 수렴되는 절대주의시대인 제3단계로 나눌 수 있다.[17]

초기근대국가는 중세적 정치질서와 근대헌정국가사이의 이행기라고 볼 수 있는데, 이러한 초기근대국가를 중세적 정치질서나 이후 입헌주의국가와 가장 명백하게 구별하는 것이 바로 신분국가적 질서였다.

2) 신분의회의 형성

신분제도가 정치적인 의미를 지니게 되었다는 것은 사회 속에 신분구조가 존재하였음을 전제로 한다. 3신분제도는 이미 중세초기부터 형성되기 시작하였다. 식량을 생산하는 농민, 외적으로부터 사회질서를 보존하는 귀족 그리고 영혼세계를 돌보는 성직자라는 3개의 신분구조는 '기도하는 자, 싸우는 자, 일하는 자'의 조화로운 분업이라는 중세적인 세계관과도 일맥상통하는 것이었다.[18] 이후 중세중기에 도시가 부흥하면서 기존의 신분구조에 상업과 수공업에 종사하는 도시의 시민이 첨가되었고 이들은 이후에 제3신분으로 불리게 된다.[19]

이처럼 사회에서 행하는 기능에 의해서 규정되는 신분을 사회적 신분이라고 부를 수 있다. 그런데 이러한 사회적 신분이 근세초기에 나타

---

17) H. Boldt, *Deutsche Verfassungsgeschichte Bd.1*, 2.Aufl., München 1990, 149면 이하와 193면 이하.
　이러한 세단계가 전개되는 시기는 지역별로 조금씩 다른데 독일의 경우 1단계는 12세기에서 14세기, 2단계는 15, 16세기, 3단계는 17, 18세기에 해당하였다.
18) 중세의 신분질서에 관한 역사서술로는 조르주 뒤비, 『세 위계: 봉건제의 상상 세계』, 문학과 지성사, 1997을 참조할 것.
19) Boldt, 앞의 책, 178면 이하.

나는 신분국가에서 정치적인 역할을 담당하는 신분과 일치하는 것은
아니었다.[20] 정치적 신분들은 후기중세부터 제후 또는 국왕의 협상상
대로 나타났는데 이러한 협상이 이루어진 장소가 신분회의였다. 신분
회의는 국가단위 또는 영방단위에서 나타났다. 프랑스의 삼부회(estats
généraux)는 국가단위의 신분회의였고 독일의 영방회의(Landtag)는 영방
단위의 신분회의였다. 이러한 신분의회는 중세적 지배질서의 극복과 함
께 군주권이 강화되면서 역할이 확대되었다.

초기근대의 신분국가에서 다양한 형태로 존재하였던 신분의회가 대
표제적 성격을 지녔는가의 여부와 신분국가를 대표제라고 할 수 있는
가에 대해서는 적지 않은 논란이 있어왔다. 이러한 논쟁은 대표라는 개
념이 통일되지 않은 상태로 이루어졌으므로 더욱 복잡하였다.

3) 대표라는 단어의 정치화

어의사의 연구는 라틴어의 repraesentatio라는 단어가 어떻게 하여 정
치적으로나 법적인 중요성을 지니는 오늘날의 의미를 띠게 되었는가에
대해 해명하지 못하고 있다.[21] 호프만의 연구는 오히려 고대와 초기중

---

20) 유럽에서 초기근대 신분국가 형성의 배경이 되는 신분구조의 형성에 대해서는 M.
Mitterauer, Grundlage politischer Berechtigung im mittelalterlichen Ständewesen,
in: K. Bosl(Hg.), *Der moderne Parlamentarismus und seine Grundlange in der
ständischen Repräsentation*, Berlin 1977, 11~42면 ; G. Oestreich, Ständestaat und
Ständewesen im Werk Otto Hintzes, in: D. Gerhard(Hg.), *Ständische Vertretungen
in Europa im 17. und 18. Jahrhundert*, 2.Aufl., Göttingen 1974, 56~71면 등을
참조할 것.

21) H. Rausch, Repräsentation: Wort, Begriff, Kategorie, Prozeß, Theorie, in: K.
Bosl(Hg.), 앞의 책, 69~98면, 81면 이하. 여기서 라우쉬는 고대후기의 소송법적
인 의미가 정치적인 의미로 전환되었을 가능성에 대해서 추측하고 있다. 중세봉
건사회에서는 영주가 자신에게 속한 사람들의 입장을 법정에서 대변하는 권리를
지녔고 이러한 상황은 근세의 신분제질서에서도 마찬가지였는데, 자신의 지배 하

세의 용례와 중세말기 이후부터 나타나는 법적이고 정치적인 용례와의
연결성이 없음을 보이려는 시도에 속한다고 볼 수 있다. 이전의 용례와
의 뚜렷한 연결점이 발견되지 않음에도 불구하고 중세 말, 근세 초에
이르면 이 단어가 오늘날과 유사하게 사용되는 것이 발견된다. 공동체
를 그대로 묘사한다는 의미와 공동체를 법적으로 대표한다는 의미가
상호 연결되면서, 이 단어는 다양성이 합의체에 의해서 체현된다든지
부분이 전체와 동일시된다는 식의 정치적인 의미를 획득하여 갔다.[22]
프랑스에서는 이미 13세기부터─교황이 기독교세계의 공공선을 대표
하듯이─군주는 전체왕국의 공공선을 대표한다는 표현이 발견된다고
한다.[23] 또한 영국에서는 14세기경부터 이 단어가 모든 사람이─적어
도 대리자를 통하여─의회에 존재하며 이로부터 의회의 결의가 모든
사람을 기속하는 결과가 나온다는 의미로 사용되었다.[24] 라우쉬
(H.Rausch)는 16, 17세기의 독일 국법학에서 대표라는 단어가 사용된
다양한 용례를 열거한 바 있다.[25] 몇 가지 예를 들자면 "황제는 제국의
통일성을 대표한다" ; "황제의 사절은 대표인 바 이는 그가 황제와 동
일하다는 의미이다" ; "제후는 국민의 대표이며 전체로서의 국민을 대
표한다" ; "영방신분의회는 영방을 대표한다" ; "시민계급은 제3신분을
대표한다"라는 식이었다.

　　대표라는 단어가 본격적으로 정치적인 의미를 띠기 시작한 것은 초

에 있는 사람들을 대신하여 법원에 출두한다는 것에서 오늘날의 대표라는 뜻이
유래하지 않았는가라는 추정이다. 하지만 그는 이것이 어의사적으로 증명된 것이
아님을 강조하고 있다.

22) Rausch, 앞의 글, 83면.

23) E. Schmitt, Zur Zäsurideologie der französischen Revolution, in: Bosl(Hg.), 앞의
　　책, 195~240면, 226면.

24) Hofmann, 앞의 책, 338면 이하.

25) Rausch, 앞의 글, 84면 이하.

기근대 신분국가가 형성되던 시기였다. 이는 오늘날의 헌법학에도 영향을 미치고 있는 대표의 법적 개념이 형성된 18세기말보다 수 백 년 이전의 일이었다. 대표의 개념은 지배라는 개념과 비교되는 의미를 지니며 근대입헌주의적인, 선거에 기초하는 대표는 대표라는 단어가 지녀온 정치적 의미의 일부에 불과하다고 하겠다. 근대 입헌주의적 대표와 신분제적 대표의 구별은 단지 기술적인 것인 것에 불과하며 대표를 이해하는 데에 근본적인 것이라고 할 수는 없다.[26] 오히려 근대적인 대표개념은 역사적으로 보아 근대 신분국가의 출현과 함께 군주제적 대표와 신분제적 대표라는 이원적 구조로 형성되었다고 보아야 할 것이다.[27]

IV. 근대입헌주의의 형성과 대표개념

근대 신분국가들의 존재양식은 다양하였다. 대표권을 중심으로 한 군주와 특권신분간의 갈등과 관련하여 영국에서는 군주와 신분대표의 이원적인 대표제가 오랫동안 지속되었고, 프랑스, 독일 등의 대륙에서는 군주중심의 절대주의로 전환되었다. 한편 스웨덴이나 폴란드의 경우에는 오히려 특권신분이 군주권을 억누르는 상황이 전개되기도 하였다.[28] 근대입헌주의로의 전환에 있어서도 국가마다 상이한 과정이 있었다. 프랑스의 경우는 혁명적인 상황을 겪었지만 입헌군주제를 경유하여 점진적으로 의회민주주의로 전환한 경우도 흔히 발견된다.

---

26) K. Bosl, Repräsentierte und Repräsentierende. Vorformen und Traditionen des Parlamentarismus an der gesellschaftlichen Basis der deutschen Territorialstaaten vom 16. bis 18. Jahrhundert, in: K. Bosl(Hg.), 앞의 책, 99~120면, 101면 이하.

27) D. Grimm, Repräsentation, in: Görres-Gesellschaft(Hg.), *Staatslexikon Bd.4*, 7.Aufl., Freiburg u.a. 1988, 878~882면, 878면 이하.

28) Grimm, 앞의 글, 879면.

여기서는 먼저 프랑스에서 구체적으로 어떠한 역사적 상황 속에서 근대입헌주의적 대표개념이 형성되었는가를 살피고 이어서 이러한 대표개념이 19세기초반의 독일에서 어떻게 평가되었는지를 살펴보려 한다.

1. 프랑스혁명과 근대입헌주의적 대표제의 성립

1) 혁명이전의 세 가지 대표제유형

구지배질서의 위기가 심화되던 1770년대 이래 프랑스에서는 군주제적 대표, 신분제적 대표, 의회제적 대표라는 세 가지의 대표개념이 서로 경쟁하고 있었다.[29]

(1) 군주제적 대표제

군주제적 대표개념은 그 중 가장 오래된 것이었다. 이는 전술한 바처럼 이미 13세기부터 대두되기 시작하여 16, 17세기를 거치면서 군주에 의한 배타적 대표개념으로 전개되었고, 루이14세 치하에서 현실적으로 관철되었다. 당시 군주의 배타적이고 절대적인 대표권을 강화하려는 이론이 이른바 왕권신수설(Theorie des Gottesgnadentums)이었다. 이에 의하면 군주는 자신의 왕국을 대표할 뿐 아니라 신의 대리인이었다. 하지만 이러한 독점적이고 신격화된 대표개념은 군주가 강력하고도 설득력 있는 통치를 할 때에만 통용될 수 있는데 루이14세 이후의 군주들은 그렇지 못하였다. 그럼에도 불구하고 이후의 군주들도 새로이 확산되는 계몽사상에 적응하지 못한 채 왕권신수설에 기초한 군주제적 대표를

---

29) 이에 대해서는 E. Schmitt, 앞의 글, 226면 이하.

고집하여[30) 18세기후반에 국민대표의 개념이 급격히 확산되는 중요한 이유를 제공하였다.

(2) 신분제적 대표제

18세기후반의 상황에서 의회제적 대표개념과 함께 점차 영향력을 확산해가던 대표사상으로 신분제적 대표개념을 들 수 있다. 이는 르네 상스시기로부터 형성되어 16세기에 등족회의인 삼부회를 통하여 실현되었던 특권신분에 의한 대표제의 부활을 의미하는 것이었다. 삼부회가 군주의 독점적 대표인 절대주의가 관철되던 1614년 이후 소집되지 않던 상황에서 이러한 신분적 대표제를 주창한 세력은 프랑스의 고등법원들(les Parlements)을 중심으로 집결되었다.[31) 이들은 삼부회가 오랫동안 소집되지는 않았지만 군주의 입법에 대한 동의권을 포기한 적이 없다고 하면서 삼부회가 새로이 소집되어 그 권한을 행사할 때까지는 고등법원이 국민을 대표한다고 주장하였다. 프랑스의 고등법원들은 18세기 중반이래에 과두적으로 조직되는 신분대표제의 이론을 구성하여 군주의 독점적인 대표제를 거부하고 저지하였다. 이들은 우선적으로 군주의 자의로부터 입법과 사법의 연속성을 보장할 수 있는 제한적 군주제를 확보한다는 소극적 목적을 추구하였다. 하지만 이들은 여기서 머무르지 않고 파리와 지방의 모든 고등법원은 하나의 통일체이며 국가의 법을 수호하는 기능을 한다고 주장하면서 군주제적 질서에 도전하였다.

---

30) 이는 독일 프로이센의 대표적인 절대군주였던 프리드리히2세가 자신을 신의 자비에 의한 지배자로서가 아니라 국가와 국민의 첫 번째 대리자라고 하였던 것과 대비되는 현상이다(E. Schmitt, 앞의 글, 227면).

31) 18세기 프랑스 고등법원의 권한증대에 대해서는 프랑스와 퓌레/드니 리쉐, "프랑스혁명: 3부회의 소집으로부터 열월 9일까지", 민석홍 엮음, 『프랑스혁명사론』, 까치, 1988, 159~200면, 172면 이하 ; 알베르 소부울, 『프랑스대혁명사(상)』, 두레, 1984, 75면 이하, 93면 이하 참조.

프랑스의 고등법원들을 중심으로 한 세력이 추구한 것은 삼부회를 소집하여 이를 특권신분들의 다양하고 개별적인 이익을 항시적으로 대표하는 기관으로 만드는 것이었다.

(3) 의회제적 대표제

프랑스혁명 전야의 세 번째 대표개념이 의원을 통하여 전체국민을 대표한다는 근대의회주의적 사고였다. 혁명전야의 의회주의적 대표개념은 둘로 나누어서 볼 수 있다.

① 입헌군주제적 대표제

첫 번째의 대표개념은 기존의 신분제적인 대표를 배경으로 입헌군주제를 지향하였다. 이러한 입장은 전래의 지배자인 군주가 국가와 사회의 통일성의 체현자로서 통치권을 지니는 것이 인정되고 국민대표는 군주에 대해서 자신의 이해관계를 관철시키는 역할을 담당하게 된다고 보았다. 또한 참정권을 경제적인 능력 및 납세와 연계하였고 세 신분간의 협력을 중시하였다. 이 관점은 1788년말까지는 자주 등장하다가 해를 넘기면서 상대적으로 약화되었다.

② 국민대표제

두 번째의 대표제는 신분제적이고 경제적인 기준에 의한 참정권의 한계를 극복하려는 것이었다. 그 대표적인 논자는 시에이예스(Siéyès)였다.[32] 1789년 1월에 그가 발표한 '제3신분이란 무엇인가'라는 제목의 글은 당시의 특권층에 반발하던 시민계급이 모인 국민파(parti national)[33]의 입장을 대변하고 있었다. 시에이예스는 정치공동체는 사적인 영역과 공적

---

32) E. Schmitt, 앞의 글, 232면 이하.
33) G. 르페브르, 『프랑스혁명사』, 을유문화사, 1994, 82면 이하.

인 영역에서 각기 수행되는 네 가지의 기능에 의해서 유지된다고 보았다. 이러한 네 가지의 기능은 사적인 영역에서는 원료를 생산하는 농업, 이를 가공하는 수공업과 산업, 이를 분배하는 상업, 그리고 하인, 학자, 예술가를 포함하는 서비스업이었고, 공적영역에서는 국방, 사법, 교회, 국가행정이었다. 시에이예스는 이러한 역할을 담당하는 자는 사적인 차원에서나 공적인 차원에서나 간에 공동체의 존속을 위하여 중요하고 불가결한 기여를 하고 있으며 이는 세금을 얼마나 내는가에 의하여 평가될 문제가 아니라고 보았다. 또한 그는 이러한 기능의 95%정도를 제3신분이 담당하고 있다고 주장하였다.

하지만 모든 국민이 자신의 정치적 권리를 직접 행사하는 것은 현실적으로 불가능하므로 타인에게 자신의 권리를 행사할 것을 위임하는데 이것이 대표라는 것이었다. 시에이예스의 대표제이론의 배경에는 대표자와 대표되는 자간의 분업이라는 기능적 접근방식이 깔려있어서 특권계층의 존재와 그들의 특권적 이해관계를 배제하는 의미를 지녔다. 하지만 동시에 기성의 통치질서에 대해서는 그것이 어떻게 기능하는가에 달렸다는 식으로 열린 입장을 지니는 것이기도 하였다.

1788년 가을의 정치적 상황에서 시민계급의 국민파는 삼부회의 의원들이 국민의 의지를 실현하는 헌법을 제정하고 입법권을 장악하는 것을 최우선의 과제로 보았다. 국민파의 입장에서 볼 때에 이를 위해서는 우선 제3신분 대표의 수를 배가(doublement du tiers)하여 제3신분대표의 수를 기존의 특권신분인 제1신분과 제2신분을 합친 것과 같게 하는 것이 중요하였다. 또한 각 신분별로 따로 의회를 구성하는 것이 아니라 세 개의 신분으로 구성된 하나의 의회를 구성하고 또한 여기서의 표결권은 머릿수 투표(vote par tête)로 하여 신분제적인 기속으로부터 자유롭게 하자는 것이었다.[34] 이러한 요구사항은 전래의 신분제적 거

---

34) 르페브르, 앞의 책, 86면, 94면 이하 ; 소부울, 앞의 책, 108면 이하.

부권이 유지되는 한에는 모든 개혁 작업이 저지될 것이라는 판단아래 전술적으로 고안된 측면이 강하였다.

1788년 말과 1789년 초의 정치적 상황 속에서 기존의 특권신분에 대한 국민파의 반감이 증대되었다. 이와 함께 애초에는 전술적인 차원에서 고안된 앞의 요구사항이 이제는 원리적인 성격을 띠게 되어 국민대표의 핵심개념에 포함되게 되었다. 즉 당시의 구체적인 정치상황에 기초하여 형성된 모든 특권적 이익(privilegierte Interesse)의 대표의 거부가 이제는 모든 개별이익(partikulare Interesse)의 대표의 거부로 도그마화하였던 것이다. 모든 의원은 국민의 이익만을 대표할 수 있다는 이러한 원리는 전술한 시에이예스류의 기능적 대표관과 융합되어 전래의 대표 및 통치방식에 반대하는 제3신분의 표어가 되었다.[35]

2) 국민대표제의 관철

국민파의 요구 중 제3신분 대표의 수를 배가하는 것은 1788년 12월에 받아들여졌으나, 나머지는 삼부회가 소집된 1789년 5월 이후에도 여전히 논란의 대상이 되고 있었다. 이 문제가 결국 관철된 것은 같은 해 6월 17일 제3신분의 대표들이 스스로를 국민의회(assemblée nationale)라고 선포하면서였다.[36] 아직은 본격적인 혁명 상황이 발발하기 이전인 이 '평화로운 법률혁명'에 의하여 신분제적 거부권이 폐기되고 자유위임이 도입되었으며 머릿수 투표에 의한 다수결의 원리가 관철되었던 것이다.[37]

---

35) E. Schmitt, 앞의 글, 235면.

36) 자세한 경과는 르페브르, 앞의 책, 122면 이하 ; 소부울, 앞의 책, 117면 이하 참조.

37) 이러한 상황은 1791년의 프랑스헌법이 제3편 전문 제2조에서 "모든 국가권력의 유일한 원천인 국민은 대표를 통해서만 그 권력을 행사할 수 있다"고 하고, 제3

1789년 여름 프랑스에서 형성된 근대적 의회제적 대표원리는 한편
으로는 구체제하에서의 대표가 기능하는 양식과는 근본적인 차이를 나
타내었다. 하지만 당시의 구체적인 역사적 상황에 의하여 국민대표원리
는 매우 일면적인 성격을 지녔다. 의회가 국민의 이익을 독점적으로 대
표하고 여기서 개별이익은 배제된다는 식의 원리는 절대군주가 추구하
던 대표의 개념과 일맥상통하는 것이었다. 프랑스 제3신분은 구체제와
의 싸움에서 승리하여 국민대표를 선언함으로써 공동체를 대표하는 주
체에 관하여는 혁명적인 변화를 가져왔지만 대표의 내용에 있어서는
절대주의적 군주대표와 강한 연속성을 지니게 되었다. 영미의 전통과는
뚜렷이 구별되는 이러한 대표원리는 유럽대륙에서 확산되어 오늘날까
지도 영향을 미치고 있다.[38]

2. 19세기 초 독일에서의 논의

1) 논의의 배경: 독일연합의정서(Die Deutsche Bundesakte) 제13조의 해석

독일에서 대표의 개념이 근대입헌주의와 관련하여 본격적으로 논의
된 것은 19세기초반이었다. 신분제적 질서가 혁명적으로 지양된 프랑스
와는 달리 독일에서는 근대적 의회의 전신인 영방신분제적인 의회가

편 제1장 제3절 제7조에서 "지역에서 선출된 대표자는 특정한 지역의 대표자가
아니라 전체국민의 대표자이며, 어떠한 명령도 받을 수 없다"고 규정한 것으로
반영되었다.

38) 프랑스적 전통의 대표원리를 영미의 그것과 비교하여 평가하는 것으로 E.
Fraenkel, Die repräsentative und plebiszitäre Komponente im demokratischen
Verfassungsstaat, in: Fraenkel, *Deutschland und die westlichen Demokratien*, 2.Aufl.,
Frankfurt a. M. 1990, 153~203면을 참조할 것.

'대표'로서의 성격을 지닐 수 있는가가 논쟁의 핵심이었다.

　　나폴레옹의 패배 이후의 복고주의적 상황 속에서 점진적으로나마 의회제적 군주제로 전환하려고 노력했던 세력과 이를 막으려했던 세력들과의 경쟁이 논쟁의 배경이었다. 보다 구체적으로는 나폴레옹 전쟁 이후의 독일 상황을 포괄적으로 규율한 1815년 6월 8일의 독일연합의정서(Die Deutsche Bundesakte)[39] 제13조가 "연합에 속한 모든 국가들(in allen Bundesstaaten)에서는 란트신분제적 헌법(landständische Verfassung)이 시행될 것이다"고 한 것의 해석이 문제된 것이었다. 나폴레옹에 의한 계몽주의의 전파를 이전의 상태로 복구(Restauration)하려고 했던 보수주의자들은 란트신분대표는 원래적인 의미에서 국민이나 영방의 대표가 아니며 자신의 특수한 이익의 대표자로서 자신의 권리에 근거하여 신분회의에 참석하는 자라고 보았다. 이러한 주장의 배경에는 대표자는 특수한 이익에 기속되지 않고 전체의 복리를 생각하는 국민의 대표이며, 따라서 기속위임이 아닌 자유위임의 관계에 있어야 한다는 생각이 놓여 있었다.[40] 이러한 해석에 반대하는 입장에서는 독일연합의정서 제13조로부터 의회와 군주가 이중으로 대표하는 입헌군주제를 도출해내려 하였다. 그러기 위해서는 대표제가 반드시 국민주권만을 의미하지 않으며 보다 포괄적인 개념임을 주장할 필요가 있었던 것이다.[41]

---

39) 이는 H. Boldt(Hg.), *Reich und Länder. Texte zur deutschen Verfassungsgeschichte im 19. und 20. Jahrhundert*, München 1987, 196면 이하 등에 수록되어 있다.

40) 이러한 사고방식이 1920년대 독일에서 다시 대표의 개념이 논란대상이 될 때에 슈미트(C. Schmitt)나 라이프홀츠(G. Leibholz)와 같이 보수적인 헌법학자에 의해서 다시 강조됨은 후술하는 바와 같다.

41) 겐츠(v. Genz)와 벨커(Welker)가 주도한 이 논쟁에 대한 자세한 내용은 H. Reuss, Zur Geschichte der Repräsentativverfassung in Deutschland, in: H. Rausch(Hg.), 앞의 책, 1~27면, 6면 이하 ; 송석윤, "독일초기 입헌주의와 독일연합의정서 제13조", 『헌법학연구』 제9권 제1호(2003.5), 217~245면을 참조할 것.

간추려서 말하자면 보수주의자들은 대표제를 도입한다고 함은 바로 국민주권을 의미하는 것이고 따라서 이를 군주가 받아들여서는 안 된다는 입장이었다. 이에 반하여 의회주의로의 전환을 추구하는 입장에서는 어떤 사회집단이 위임하여 의회에 파견한 협상대표의 성격을 지니는 자라도 그들의 대표라고 표현할 수 있다고 보았다. 이들은 영방의회의 신분대표를 매개로 근대적 대표제를 이룩하려 했던 것이다.

2) 기속위임의 대표성문제

영방신분의회가 대표의 성격을 지녔던가의 여부를 판단하려면 우선 다양한 영방의회에서의 상황들을 살펴보아야 할 것이다. 만약에 모든 영방의회의 구성원들이 출생, 직능, 토지소유 등 자신의 권리에 근거해서 영방의회에 출석하였다면 대표로서의 성격을 인정하기는 어려울 것이다.[42] 하지만 도시, 수도원의 경우는 일반적으로 대표를 선발하여 신분의회에 파견하였고 귀족의 경우에도 이러한 경우가 적지 않았다.[43] 이러한 경우에는 기속위임에 의하여 파견된 것을 대표라고 할 수 있는가에 따라서 이들의 대표로서의 성격이 문제될 것이다.[44]

---

42) 오늘날 영국의 상원이 이러한 경우에 속한다.

43) Boldt, 앞의 책, 181면.

44) 참고로 오늘날 독일의 연방상원(Bundesrat)은 각 주정부에 의해서 파견되는 주정부의 대표들로 구성되어 있으며, 이들은 주정부의 명령에 기속되어 통일적으로만 투표권을 행사할 수 있다(독일기본법 제51조 참조). 하지만 연방상원 역시 헌법상의 대표기관임에는 변함이 없다(이에 대한 자세한 내용은 K. Stern, *Das Staatsrecht der Bundesrepublik Deutschland Bd. II*, München 1980, §27 III. 참조).

V. 다원적 민주주의 하에서의 대표제 개념

19세기 중반 이후 독일헌법학을 지배하던 법실증주의 하에서 대표의 개념은 전적으로 정치적인 문제로 인식되어 국법학의 연구대상에서 배제되었다.[45] 독일헌법학에서 대표제의 개념에 대한 논의가 다시 활발해진 것은 1920년대였다. 당시는 다원화된 산업사회를 배경으로 의회민주주의를 처음으로 실험하던 바이마르공화국 시절이었다. 기존의 법실증주의적 방법론을 비판하던 일군의 헌법학자 중 슈미트(C. Schmitt)와 라이프홀츠(G. Leibholz)가 대표의 개념을 헌법학의 논의영역으로 끌어들였다.

1. 슈미트와 라이프홀츠의 대표개념

슈미트는 대표의 개념과 관련하여 네 가지의 개념징표를 제시하였다. 그는 첫째로 대표는 공공성의 영역(Sphäre der Öffentlichkeit)에서만 논의될 수 있는 문제라고 보았다.[46] 따라서 경제적인 이익은 대표되어질 수 없는 사적인 이익에 불과하며 또한 의회는 그 활동이 공개적으로 이루어질 때에만 대표체로서 인정될 수 있었다. 둘째로 슈미트는 대표라는 것은 절차적인 것이 아니라 실체적인(existenziell) 것으로 인식하였다.[47] 이러한 의미에서 그는 "대표한다고 함은 보이지 않는 존재

---

45) 이에 관한 연구로는 C. Schönberger, *Das Parlament im Anstaltstaat*, Frankfurt a. M. 1997.

46) C. Schmitt, *Verfassungslehre*, Berlin 1928, 208면 이하.

47) Schmitt, 앞의 책, 209면 이하.
　　슈미트는 자신의 이러한 입장을 앞에서 언급한 1815년의 독일연합의정서에 대

(unsichtbares Sein)를 공적으로 현존하는 존재(öffentlich anwesendes Sein)에 의해서 가시화하는 것이며 현재화하는 것"이라고 하였다. 이는 대표되어지는 대상인 공동체, 공익, 또는 공공선이 보이지는 않지만 실체로서 존재하며 대표자의 업무는 이러한 실체를 가시화하는 것에 불과함을 전제하고 있다. 슈미트에 의하면 대표는 실체로서 이미 존재하는 공익을 찾아서 보여주는 것에 불과하며 대표되어지는 절차와 과정 속에서 공익이 도출되는 것은 있을 수 없는 일이었다. 셋째로 슈미트는 또한 전체로서의 정치적 통일체만이 대표의 대상이 될 수 있다고 하였다. 그런데 아무런 기관이나 정치적 통일체를 전체로서 대표할 수 있는 것이 아니므로 통치하는 자만이 대표자가 될 수 있다는 것이었다.[48] 슈미트가 마지막으로 열거한 대표의 개념징표는 대표자는 위임으로부터 자유로워야 한다는 것이었다.[49]

　슈미트가 대표의 개념징표를 제시한 1년 후인 1929년 라이프홀츠가 대표제의 개념에 대한 본격적인 연구성과를 발표하였다.[50] 라이프홀츠의 대표개념은 한 가지를 예외로 한다면[51] 슈미트의 대표개념과 대체로 유사하였다. 라이프홀츠에게서도 대표는 실체적인 공동체를 현재화

한 보수주의자들의 해석과 연결시키고 있다. 그는 의결서 제13조가 대표제헌법(Repräsentativverfassung)이라는 표현 대신에 신분제헌법(ständische Verfassung)이라는 표현을 사용한 것은, 대표는 실체적인 것을 대표하는 것인데 대표라는 단어를 사용하면 이는 동시에 국민대표를 의미하는 것이 되며 이는 군주가 정치적 통일체를 독점적으로 대표한다는 군주제원리(das monarchische Prinzip)에 정면으로 위배된다는 것이었다.

48) Schmitt, 앞의 책, 212면.

49) Schmitt, 앞의 책, 212면 이하.

50) G. Leibholz, *Das Wesen der Repräsentation*, Berlin/Leipzig 1929.

51) 라이프홀츠는 대표자가 통치하는, 즉 정치적 결정을 내리는 국가기관에만 국한되지는 않는다고 보았다. 그는 이러한 "주권적 대표"(souveräne Repräsentation) 이외에 "행정적 대표"(magistratische Repräsentation)도 인정하였다(Leibholz, 앞의 책, 62면, 76면 이하, 80면 주1).

하는 것[52]이며, 대표의 대상은 공공성을 지니고[53] 그 과정은 공개적이어야 하며,[54] 나아가 대표자는 어떠한 위임에도 종속되지 않아야 했다.[55]

2. 평가: 반다원주의적 경향

이처럼 협애하게 규정된 대표개념이 1920년대의 다원적이고 정당국가적인 의회민주주의의 현실과 어울리지 않음은 당연하였다. 슈미트와 라이프홀츠는 당시의 의회민주주의의 현실에 맞지 않는 대표의 개념을 무리하게 설정하였다. 현대산업사회를 배경으로 하는 의회민주주의에서의 대표의 개념을 산업혁명도 경험하지 못하였던 프랑스혁명기에 형성된 고전적 대표개념의 잣대로 평가하려 한 것은 그들이 정당국가적 의회민주주의에 비판적인 입장을 취하였던 것과 무관하지 않았다.[56]

---

52) Leibholz, 앞의 책, 26면.

53) Leibholz, 앞의 책, 32면, 52면 이하.

54) Leibholz, 앞의 책, 176면 이하.

55) Leibholz, 앞의 책, 72면 이하.

56) 라이프홀츠가 정당국가적 민주주의를 동일성의 원칙에 기반한 직접민주주의의 성격을 지닌 것으로 설명하는 근본이유가 바로 그가 대표제개념을 지나치게 좁게 이해하였다는 데에 있다. 전래의 대표제개념을 고수하는 한 정당국가적 민주주의는 이에 포섭될 수 없었고 직접민주주의적인 현상으로 설명될 수밖에 없었다. 그런데 정당국가를 이렇게 설명하기 위해서는 정당원으로서의 국민과 유권자인 국민이 동일하다는 것이 전제되어야 하는데 이는 현실에 맞지 않는 것이다. 그의 정당국가론이 내포하는 문제점의 출발은 그가 대표개념의 본질을 무리하게 추구하였고 또한 그 결과로 획득한 현실과 거리가 먼 대표개념을 '정신과학적으로'(geisteswissenschaftlich) 고집하였다는 데에 있다고 하겠다.

VI. 맺음말

대표라는 단어가 본격적으로 정치적으로 의미를 지니게 된 것은 근대국가의 성립과 연결되어 있다. 이 글은 대표라는 단어가 정치적이고 헌법적인 핵심개념으로 떠오르던 때부터 시작하여 이의 변천과정을 살펴보았다. 마지막으로 현대의 다원주의적 민주주의 하에서 대표의 개념은 어떠한 모습이어야 할 것인가 생각해 보자.

이 논문은 대표라는 단어를 개념규정하기가 쉽지 않다는 사실을 전제하면서 출발하였다. 개념을 규정한다고 함은 한 단어가 내포하고 있는 의미를 포괄해야 하는데 대표라는 단어가 지니는 의미가 워낙 다양하다. 따라서 대표의 개념을 규정하는 것은 그 자체로서 결코 간단하지 않은 작업임을 인식할 필요가 있다.

또한 대표의 개념은 구체적인 역사적 상황과 밀접한 관련을 지니고 논의되어 왔다. 개별이익을 배제하는 근대입헌주의적 대표개념은 프랑스혁명의 구체적인 상황을 보아야 이해될 수 있다. 이러한 절대적 대표개념은 군주 또는 신분제 등 전통적 지배질서에 대해서 근대적 지배질서가 자신의 총체적 지배성, 즉 주권적 대표성을 주장하면서 형성된 것이다. 국민주권의 문제가 해결된 지 수세기가 지난 상황에서 순수한 의회주의적 대표개념이 어느정도 유용성을 지니는가는 비판적으로 고려해 보아야 할 문제이다.

마지막으로 대표의 개념을 협애하게 정의하는 것은 민주주의에서 국민의 참여를 배제하는 경향을 지녀왔음을 지적하고 싶다. 적어도 독일헌법학에서의 논의를 보면 대표의 개념을 좁게 이해하는 입장은 1920년대의 바이마르공화국에서는 반의회주의적이고 반정당국가적인 성향을 보였으며, ─ 이 글에서는 다루지 않았지만 ─ 20세기 후반에는 특히 단체(Verbände)를 중심으로 한 다원주의화를 저지하는 역할을 하여 왔다. 대표의 개념을 지나치게 좁게 규정하는 것은 현대국가생활의 민주화 속에서 새로이 대두되는 대표기능의 헌법적 의미를 부정하게 될 위험이 있다는 것이다.

그렇다면 현대의 다원적 민주주의하에서 대표의 개념을 어떻게 구성할 것인가가 문제된다. 필자의 생각은 대표라는 헌법적인 개념을 해체하는 것에는 이르지 않고 있다. 하지만 현대민주주의 하에서 국가 이외에도 다양한 수준의 대표기능이 존재함을 감안하여 이를 헌법적으로 포섭할 수 있도록 개념을 구성해야 할 것이다. 현대헌법학이 대표의 개념을 "잠재적인 것을 현재화하는 것"(Vergegenwärtigen) 이상으로 엄격하게 정의하는 것이 어떠한 의미가 있는지 의문이다. 대표의 개념이 의회와 동일시되거나 더욱이 자유위임의 원리로 협소화될 필요는 없다. 대표는 정당 및 단체와도 공존하는 개념일 수 있다. 또한 대표가 실재하는 공익을 발견하는 것이 아니라 공공선을 만들어가는 과정일 수도 있다. 대표의 일차적인 개념정의는 포괄적으로 하여둔 상태에서 다양한 대표현상을 그 공적인 성질이나 정치적인 성격의 정도에 따라서 보다 구체적으로 의미부여하는 것이 생산적인 접근방식이라는 생각이다. 현대민주주의에서의 대표개념은 지배형에서 참여형으로 전환될 것을 요구받고 있음을 강조하고 싶다.

독일헌법상 정당조항과 그 한국적 이식
―비교법사회학적 접근―

I. 머리말

독일의 정당국가론은 1960년대 이후 한국헌법에 적지 않은 영향을 끼쳐왔다. 정당국가론은 한국적 상황에 확대·강화된 모습으로 도입되어 1962년의 이른바 제3공화국헌법은 정치활동에서의 정당독점을 선언하였다. 이러한 정당국가의 과도한 강조는 현재에는 어느 정도 완화되었지만 정당, 선거 그리고 정치자금 등과 관련된 법영역에서 여전히 그 위력을 발휘하고 있다.

이 글은 독일헌법상의 정당조항이 우리나라 헌법에 이식[1]되는 모습을 비판적으로 분석하려 한다. 여기서 독일헌법 제21조와 우리나라 제3공화국 헌법의 정당관련 조항을 병렬시키고 그 유사점과 차이점을 비

---

1) 여기서 필자가 법이식(legal transplantation)이라는 용어를 택한 데에는 두 가지의 이유가 있다. 우선 이식이라는 단어가 지니는 '옮겨 심는다'는 의미는 그 자체로서 가치중립적이어서, 받아들이는 자의 동의와 적극성을 은연중에 내포하는 수용(reception)이라는 용어나 강요에 의한 법질서의 전파라는 의미의 부과(imposition) 등을 포괄할 수 있고, 따라서 대상에 대한 분석을 시작함에 있어 보다 많은 객관성을 확보해 준다고 보인다. 또한 이식이라는 단어는 식물 또는 장기의 이식 등에서처럼 단지 이식되는 대상뿐만 아니라 그것이 원래 생성된 풍토 또는 체질, 그리고 새로이 이식되는 곳의 풍토와 체질과의 연관성을 연상시켜준다는 점에서 우리의 사회과학적 상상력을 보다 자극할 수 있는 용어라고 판단되기 때문이다.

교하는 것만으로는 연구의 목적을 충분히 달성할 수 없다는 판단이다. 복수의 법규범을 나열하여 서술적으로 비교하는 것을 넘어서는 비교법학의 방법론에 대한 성찰이 선행되어야 한다. 방법론적인 문제의식이 결여된 법의 비교와 그로부터 나오는 성급한 결론으로 인하여 적지 않은 역기능이 나타난다고 보기 때문이다.

근대헌법은 그 형성에 있어서 정당의 존재를 상정하지 않았다. 현대헌법의 정당조항은 정당의 생성과 역할확대에 대한 반응인 것이다. 따라서 정당에 관한 법규범의 이식을 연구함에 있어 그 바탕이 되는 정당의 현실을 분석하는 것은 중요한 의미를 지닌다. 또한 헌법에서 정당조항을 도입하는 시점에서 정당을 규율하는 법규범 전반에 대한 상황을 개괄하는 것도 정당조항 도입의 의도를 파악하는 데 도움이 될 것이다. 독일과 우리나라에서의 정당현상의 사실적인 측면과 정당에 대한 법규범적 배경을 분석함으로써 규범이 형성된 곳과 이식되는 곳의 토양의 유사성과 차별성을 보여주게 될 것이다.

이러한 토대에 기반하여 1949년 독일헌법에 정당조항이 도입되는 과정과 이것이 1962년 우리나라헌법에 이식되는 과정을 살피고 이것이 한국의 현실에 비추어 적절한 것이었나를 평가함으로써 헌법의 이식에서 법사회학적인 문제의식을 지닌 비교헌법학의 방법론을 도입할 필요성을 제기할 것이다.

II. 법이식의 비교법사회학

이 글은 비교법학의 방법론에 대한 전반적인 연구를 목표로 하고 있지 않다. 독일의 헌법조항이 우리나라헌법에 도입되는 모습을 단지 제정법(law in books)의 비교라는 차원을 넘어서 살아있는 법(law in action)

의 비교를 방법론적 문제의식을 지니고 수행하려는 것이다. 따라서 비교법학의 방법론에 관한 다양한 입장을 나열·소개하고 논의하는 것은 이 글의 체계와는 어울리지 않으므로 연구주제와의 연계성을 바탕에 깔고 비교법학에서 논의되는 문제들을 살펴보려 한다.

1. 비교법학의 방법론과 학문적 독자성

사물을 비교한다는 것은 어찌 보면 모든 인식행위의 출발이라고 할 수도 있을 만큼 일반적인 의미를 지닌다. 신이라고 상정되는 절대적 존재를 논외로 한다면 모든 존재는 상대적이고 따라서 비교를 통하여 인식되기 마련이다. 법을 제정하고 해석하며 연구하는 데에 현재나 과거 외국의 다양한 실정법제도, 판례 및 법이론을 자신의 것과 비교하는 일이 필요하고 일반화되어 있다는 것도 그 자체로서 비판받을 일은 아니다. 문제는 비교를 어떻게 하는 것이 바람직하고 제대로 된 것일까라는 데에 놓여있다.

1) 비교법의 다양성과 방법론적 정제의 필요성

비교법의 연구는 다양한 차원에서 이루어질 수 있다. 단지 특정외국법을 외국인의 입장에서 연구하는 것, 복수의 실정법의 유사점과 차이점을 밝히는 것, 다양한 법체계를 분석·분류하여 법계(Rechtsfamilie)를 만드는 것, 그리고 유사성과 차이점의 발견에 그치지 않고 그 원인을 분석하여 연관성을 발견해내는 것 등에 정도의 차이는 있지만 비교의 관점이 포함된다.

이처럼 다양한 방식으로 법을 비교함으로써 얻을 수 있는 도움이 적지 않겠지만 또한 여기에는 간과할 수 없는 위험이 놓여 있다.[2] 비교연구의 사전적 의미는 "둘 이상의 사물을 비교하여 서로의 같고 다름, 또는 관련이나 계통을 밝히는 일"이다. 법의 비교연구에는 복수의 법체계에 대한 이해, 즉 최소한 자신의 법체계이외에 한 가지 이상의 낯선 법체계에 대한 이해가 전제된다. 이러한 연구작업에서는 단일한 법체계를 연구하는 경우에 비해 그 이해가 피상적이기 쉽다. 외국 법체계의 한 분과영역을 제대로 이해하기도 어려운데 법체계 전반이 형성·변화되어 온 역사 및 그것과 다른 법체계와의 연관성 등에 대한 정확한 지식을 습득하기란 기대하기 어려운 일이다. 또한 연구대상의 폭이 넓어짐에 따라 1차 문헌을 소화하는 데에 한계가 있고 2차 자료에의 의존도가 높아짐으로 인하여 잘못된 지식을 습득할 위험이 적지 않다. 또한 비교의 대상을 선택함에 있어 합리적 기준을 세우기도 쉽지 않은 문제이다. 비교대상을 선택하여 어려운 연구 끝에 두 법체계 사이에서 그럴듯한 연관성을 찾아낸 연구자들은 이 결과를 겉으로 유사해 보이는 다른 상황에도 적용하여 자신의 연구결과를 지나치게 일반화하려는 유혹을 받게 된다.

비교법학이 무엇인가 그리고 무엇이어야 하는가에 대한 논의는 법을 비교함에 있어 발생할 수 있는 이러한 위험을 최소화하려는 목적과도 연관된다고 보인다.

2) 비교법학의 소극적 정의

현실적으로 다양한 차원에서 이루어지는 법의 비교는 상황에 따라서 나름대로의 가치를 지닐 것이다. 하지만 분과학문영역으로서의 독자

---

2) A. Watson, *Legal Transplants —An Approach to Comparative Law* (Edinburgh, 1974), 10면 이하 ; L. J. Constantinesco, *Rechtsvergleichung Bd.II*, Köln u.a. 1972, 24면 이하 참조.

성을 지니는 비교법학이 성립되기 위해서는 이를 연구하는 학문적 가치를 증명할 필요가 있다. 독자적인 학문영역으로서의 비교법학을 추구하는 비교법학자들은 우선 비교법학의 범주에 포함되어서는 안 되는 유형들을 제시하고 있다.[3] 이에 따르면 우선 단순히 외국의 법체계를 연구하는 것은 비교법학이라고 할 수 없는데, 이는 이러한 작업으로 인하여 국내법체계와의 비교가 이루어지고 또한 국내법체계를 보다 잘 이해하기 위한 목적이 표명된다고 하더라도 마찬가지이다. 또한 단순히 다양한 법체계를 나열하거나 이들을 법계로 분류하는 서술적인 (descriptive) 작업 역시 독자적인 분과학문에 요구되는 지적인 내용을 결여하므로 비교법학에 속하지 않는다고 본다.

3) 비교법학의 적극적 정의: 법의 사회과학적 인식

비교법학이 될 수 없는 법비교의 유형을 나열하는 소극적인 방식을 넘어서는 비교법학의 적극적인 정의는 법에 대한 사회과학적 인식과 밀접한 관련이 있다.[4] 즉 이는 사회를 조직하고 지도하는 수단인 법은 사회현실과 무관한 존재가 아니라는 인식에서 출발하고 있다. 법을 이렇게 이해한다면 법학은 법규범의 기능방식을 사회적 맥락 속에서 탐구하는 데에 이르게 된다. 법을 사회적 기능의 측면에서 인식하게 되면 법학은 법을 해석·적용해야 할 주어진 것으로서만 다루지 않고 법 자체를 비판할 수 있는 안목을 얻게 된다. 법학은 법규범이 그 사회에서 담당하는 기능을 밝히고 그 기능을 적절히 수행하는지를 평가하게 된다. 이러한 작업은 하나의 법규범을 다른 법체계에서의 법규범과 비교

---

3) M. Rheinstein, *Einführung in die Rechtsvergleichung*, München 1987, 22면 이하 ; Watson, 앞의 책, 4면 이하.

4) Rheinstein, 앞의 책, 25면 이하.

함으로써 더욱 만족스럽게 수행될 수 있다. 나아가 복수의 법체계를 비교·평가하는 것을 넘어서 유사점과 차이점의 이유를 밝혀내려 한다면 여기서 법사회학으로서의 비교법학의 입지가 형성된다.

4) 비교대상의 문제

무언가를 비교하는 것이 의미를 지니려면 비교의 대상이 비교되어질 수 있는 성격의 것이어야 함은 물론이다. 이와 관련하여 기능주의적 비교법학의 방법론을 따르는 학자들이 제시하는 것이 비교대상의 기능적 등가성(funktionale Äquivalenz)이라는 개념이다. 이에 따르면 비교법연구는 특정의 법규범이 아니라 특정한 사회문제 또는 법 이전의 문제에서 출발하여 각기 다른 법체계가 이러한 문제를 어떠한 법적 수단을 동원하여 해결하는가를 밝히는 것이다.[5] 동일한 문제를 해결하기 위한 다양한 방식이라는 의미의 기능적 등가성은 실정법의 내용을 비교하는 것 이외에 국가법질서가 기능하는 매우 다양한 차원에서 찾아져야 한다. 따라서 기능적 방법에 의하면 법제도를 법내부의 관점에서만 탐구하는 데에 그치지 않고 법의 작용을 법외부의 관점에서 법사회학적이고 사회과학적인 방법을 동원하여 분석하게 된다.

비교의 출발점이 법규범이 아니라 사회문제이어야 한다는 주장은 법규범만을 비교하는 것이 지니는 한계를 직시하고 방법론적 문제인식을 배경으로 비교법학의 독자성을 형성하려는 노력이라고 이해되어질 수 있다. 하지만 비교법연구의 출발점이 반드시 사회문제이어야 한다는

---

5) Rheinstein, 앞의 책, 26면 이하 ; Watson, 앞의 책, 4면 이하 ; K. Zweigert/H. Kötz, *Einführung in die Rechtsvergleichung*, 3.Aufl., Tübingen 1996, 33면 이하 ; K. Scheiwe, Was ist ein funktionales Äquivalent in der Rechtsvergleichung?, in: *Kritische Vierteljahresschrift für Gesetzgebung und Rechtswissenschaft* 2000 (83. Jg.), 30~51면.

조건은 지나치게 까다롭다고 보인다. 현실적으로 비교법연구가 —본 연구의 경우처럼— 법규범으로부터 출발하는 경우가 적지 않다. 왜냐하면 이미 특정 문제에 대한 법적 해결의 시도가 있었다면 사회적 문제는 법적인 문제로 나타날 수 있기 때문이다. 이러한 문제는 비교법학의 관점에서 개별법 영역을 탐구하지 않고 개별법 영역에서 출발하여 그 영역의 문제를 비교법적인 접근을 통하여 해결하려고 시도하는 경우에 보다 두드러지게 나타날 것이다.[6]

기능적 등가성을 사회문제에서 찾으려는 입장은 현대의 모든 산업사회는 대체적으로 유사한 문제를 지니고 있어서 근본적인 차이는 없다는 점을 전제하고 있다.[7] 이러한 전제는 산업화된 국가들간의 경제생활을 규율하는 규범을 비교하는 데에 있어서는 설득력이 있을 수 있을 것이다. 하지만 민사법을 주된 비교연구의 대상으로 하여 형성된 이러한 전제가 기본적으로 정치영역을 규율하는 헌법을 비교하는 데에도 그대로 적용될 수 있는 지는 의심스럽다. 국가는 기본적으로 전산업사회적인 존재이고 국가영역은 경제영역에 비하여 개별성이 강하기 때문이다.[8]

중요한 것은 앞에서도 언급했듯이 비교법적인 연구를 법외부의 관점도 포함하여 수행함으로써 비교의 대상을 제정법(law in books)에 한정하지 않고 살아있는 법(law in action)의 차원에서 확보하는 것이라고 하겠다. 이러한 전제하에서라면 비교법사회학의 연구는 상이한 법규범에서 유사한 기능을 찾는 것일 수도 있고 유사한 법규범에서 상이한 효

---

6) 예를 들어 비교사회법의 방법론에 대해서는 H. F. Zacher, Vorfragen zu den Methoden der Sozialrechtsvergleichung, in: H. F. Zacher(Hg.), *Methodische Probleme des Sozialrechtsvergleichs*, Berlin 1977, 21~74면.

7) 라인슈타인은 이를 명시적으로 언급하고 있다(Rheinstein, 앞의 책, 26면).

8) 기능주의적인 방법론의 문제점에 대해서는 Scheiwe, 앞의 글, 33면 이하와 여기에 소개된 글들을 참조할 것.

과를 발견하는 것일 수도 있을 것이다.

5) 비교법학과 법사학

모든 법사학적 연구는 비교의 요소를 지니기 마련이다. 법사학자의 연구대상이 과거의 법제도라고 하더라도 그의 생각이 자신이 살고 있는 시대의 상응하는 법제도로부터 자유로울 수 없기 때문이다. 또한 비교법연구가 피상적인 수준을 탈피하려면 비교되는 법제도의 역사적 조건들을 함께 보아야 한다.[9] 최대권 교수가 "역사야말로 현재의 정치·경제·사회적 조건 못지 않게 우리를 규정하는 요인임에 틀림없을 것이다. 비교헌법학이 관심의 대상으로 하는 것은 수평적인 동시대적 비교뿐만 아니라 수직적인 다른 시대간의 비교까지도 포함"함을 지적하고 있는 것도 같은 맥락이다.[10] 비교법학에서의 역사적 관점이 지니는 중요성은 법의 이식을 연구의 대상으로 하는 경우에는 더욱 커질 것이다.

2. 법의 이식과 동화

법은 공동체의 개별적인 배경에 기초하여 형성되기도 하지만 이식을 통하여 전파되기도 한다. 고유의 법질서를 지니는 하나의 공동체가 교역, 정복, 식민 등 다양한 형태로 다른 공동체와 접촉함으로써 법체계가 형성·발전된 풍토를 떠나 낯선 곳에 뿌리를 내리게 되거나, 아니면 특정의 공동체가 그 정치·사회구조의 변화를 규율할 목적으로 법체계

---

9) Watson, 앞의 책, 102면 이하 ; Constantinesco, 앞의 책, 51면 이하 ; Zweigert/Kötz, 앞의 책, 8면.
10) 최대권, 『헌법학─법사회학적 접근─』, 박영사, 1989, 466면.

만을 도입하는 등의 경우는 그 예를 일일이 들 수 없을 정도이다.[11] 법
의 이식은 고대사회에서 그리스 도시국가들의 법이 지중해동부지역으
로 확산되고 이어서 알렉산더대왕의 정복과정을 통한 헬레니즘의 전파
를 통하여 널리 이루어졌다. 또한 로마제국의 확대와 로마법이 그 속주
로 전파되는 과정도 고대사회의 법이식의 전형적인 예로 들 수 있을 것
이다. 또한 근세사회에서도 법의 이식은 일반적이었다. 그 대표적인 경
우가 중세말기에 볼로냐 등 이탈리아의 대학에서 로마법이 재발견되어
이후 전 유럽으로 확산되는 과정이었다.

1) 법전화와 동화의 문제

다른 공동체에서 형성된 법체계를 도입하는 것과 이식된 법이 낯선
토양에 잘 적응·동화(assimilation)하여 애초에 기대했던 기능을 수행하
는가는 별개의 문제이다.[12] 슈바르츠(A.B.Schwarz)는 법의 이식에서 근
본적인 변화가 온 것은 근대입법국가가 형성·강화되면서 대규모의 법
전화(Kodifikation)가 이루어진 이후라고 본다.[13] 근대이후의 법이식은

---

11) 왓슨(Watson)은 사비니가 법을 국민의 정신(Volksgeist)이라고 한 것처럼 하나의
   실정법체계는 그 국민의 독자적인 정체성을 표출하고 있는 측면이 있지만, 다른
   한편으로 보면 법규범이 국민과 국가를 옮겨 다니는 법이식의 현상 역시 역사
   이래에 보편적인 현상임을 강조한다(Watson, 앞의 책, 21면 이하).
12) 법이식의 문제를 그 이후의 동화와 연관시킨 연구자로 스위스의 민법학자였던
   슈바르츠(A. B. Schwarz)를 들 수 있을 것이다. 그는 케말 파샤의 개혁이후 스위
   스의 민법체계를 도입한 터키의 이스탄불대학에 법학교수로 재직하였던 독특한
   경험을 바탕으로 서구의 법체계가 비서구적인 배경을 지니는 국가에 이식되는
   과정과 나타나는 문제점을 분석하였다(A. B. Schwarz, Rezeption und Assimilation
   ausländischer Rechte, in: A. B. Schwarz, *Rechtsgeschichte und Gegenwart*, Karlsruhe
   1960 ; A. B. Schwarz, *Das Schweizerische Zivilgesetzbuch in der Ausländischen
   Rechtsentwicklung*, Zürich 1950).
13) Schwarz, Rezeption und Assimilation ausländischer Rechte, 150면 이하.

관습법의 이식이 아닌 제정법의 이식이라는 점에서 그 이전과는 근본
적인 차이를 드러낸다. 입법국가(Gesetzgebungsstaat)라고도 칭하는 근대
국가는 그 대상, 장소, 기능의 면에서 분산되어 있던 정치적 지배권을
군주에게 통합시키면서 국가의 권력을 강화하였고 이를 주권개념으로
정당화하였는데 입법권은 주권의 가장 중요한 요소였다.[14] 절대주의
단계에서의 입법국가는 통일적인 입법을 통하여 당시 존재하던 법을
부분적으로 개선하고 합리화하는 것을 목적으로 하였다. 하지만 계몽주
의와 시민혁명 이후의 입법국가는 봉건제적이고 신분제적인 기존의 질
서를 시민적 질서로 대체하는, 근본적으로 새로운 내용의 통일적 입법
을 추구하였고 1804년부터 시행된 프랑스의 나폴레옹법전이 그 대표적
인 예라고 할 수 있을 것이다. 이러한 법전화(Kodifikation)과정은 이후
오스트리아, 독일, 스위스 등으로 이어졌다. 오늘날의 많은 국가들은 자
신의 독자적인 민법전을 제정했다기보다는 이들 국가의 민법전을 이식
한 경우에 속한다.[15]

　　이러한 제정법시대의 개막은 법의 이식에 있어서 새로운 문제를
제기하였다.[16] 관습법은 매우 점진적이고 늦은 속도로 형성되어 낯선
법체계가 이식되더라도 무의식적으로 기존의 법체계와 융합되기 마련
이다. 하지만 입법을 통한 법의 이식은 관습법의 이식과 비교한다면
법적 혁명이라고 하여도 과언이 아닐 만큼 급격한 변화를 의미하고

---

14) D. Grimm, Historische Erfahrung mit Rechtsvergleichung—das frühe 19.
　　Jahrhundrt in Deutschland, in: *Rabels Zeitschrift für ausländisches und inter-*
　　nationales Privatrecht 1986, 61~76면, 61면 이하.
15) 이들 중 프랑스의 민법전은 벨기에, 네덜란드, 이탈리아 등에 거의 변화 없이 이
　　식되었고, 변형된 모습으로 스페인과 포르투갈에 이식되었으며 나아가 중남미국가
　　와 북아프리카의 국가들에 영향을 미쳐왔다. 또한 독일의 민법전은 19세기말 이후
　　에 헝가리, 그리스, 러시아, 오스트리아, 스위스, 브라질 그리고 동북아시아 국가들
　　에 이식되었다(Schwarz, Rezeption und Assimilation ausländischer Rechte, 152면).
16) Schwarz, 앞의 책, 153면 이하.

이후의 지난한 적응 및 동화의 과정을 수반하게 된다. 법체계를 수입하는 국가의 입법자가 외국의 제정법을 자신의 사정에 맞게 변형한다면 이러한 어려움은 어느 정도 감소될 것이다. 하지만 슈바르츠가 지적하듯이 "받아들이는 것은 법전이지 법 그 자체는 아닌 것이다". 관습법의 형태로 이루어지는 법이식은 법의 이식과 동화가 동시적으로 발생하지만 제정법의 형태로 이루어지는 법이식은 이후의 동화과정을 수반하며, 그 동화의 과정은 반드시 긍정적이지만은 않다. 이식과 동화 사이에 놓인 시간적 간격으로 인하여 동화의 결과를 예측하는 데에 한계가 있으며 이식된 법체계는 그 고향에서와 달리 기능하는 것은 물론이고 수입한 자가 기대했던 것과는 전혀 다른 결과를 가져 올 수 있다. 이식의 의도와는 다른 동화의 결과를 의미하는 이러한 부정적인 동화(negative Assimilation)는 제정법의 이식에 따른 이식과 동화의 비동시성에서 기인한다.

2) 근대화의 수단으로서의 법이식

이러한 동화의 문제는 특히 근대화의 과정에서 사회개혁의 수단으로 법이 이식되는 경우에 심각해진다. 식민지모국의 법이 식민지에 부과되는 경우나 근대화에 뒤진 국가가 스스로 선진적이라고 판단되는 법체계를 수용하는 경우에는 법체계가 제대로 작용할 수 있는 사회제도가 구비되지 않은 상태에서 법이 이식되어 이식된 제정법이 제도의 형성과 함께 동화되는 예를 흔히 발견하게 되는 것이다.[17]

이처럼 제도가 전제되지 않은 상태에서의 법이식은 앞에서 언급한 슈바르츠의 표현을 빌리자면 법전의 이식에 불과하며 진정한 법이식은

---

17) 이와 관련하여서는 M. B. Hooker, *Legal Pluralism* (London, 1975)에 다양한 예가 소개되어 있다.

이식된 법이 기능할 수 있는 전제조건이 형성되는 과정과 함께 이루어진다. 이러한 유형의 법이식은 길고 어려운 동화과정을 수반하며 그 결과가 부정적 동화로 귀결될 가능성도 상대적으로 크다고 보아야 할 것이다.[18]

3) 법명망가의 역할

제정법의 이식은 이식하는 사회가 이를 적용하는 나름의 방식을 터득할 여유가 없이 급격히 이루어진다. 이식된 법이 동화되기 전에도 법은 효력을 지니므로 제정법의 이식은 일회의 사건으로 종료되지 않는다. 이식된 법이 새로운 토양에 동화되기까지는 법을 운용하기 위한 방식을 그 법의 고향으로부터 학습할 필요가 생긴다. 제정법의 이식이 법이론과 판례의 이식을 수반하게 되는 경우가 흔한 것은 이 때문이다. 이러한 배경에서 법수출국의 법체계를 깊이 이해하고 있는 법명망가(Rechtshonoratioren)의 역할이 증대된다.[19] 슈바르츠는 이식되는 법이 복잡하고 낯설수록 법률가집단이 독점적 지위를 향유하게 됨을 지적한다.[20]

---

18) 관련된 예로 19세기 초 프랑스의 독일점령 하에서 나폴레옹법전이 독일의 몇몇 영방에 이식된 경우를 살펴보자. 나폴레옹법전은 프랑스에서는 프랑스혁명의 성과를 보존하고 조직하는 성격을 지녔지만 독일에서는 혁명적인 사회변화의 시작을 의미할 수밖에 없었다. 나폴레옹법전은 신분과 신분특권 및 봉건적 구조가 폐지되고 근대적 의미의 자유와 평등이 형성된 상태를 전제로 하고 있었다. 하지만 나폴레옹의 독일점령지에 세워진 모델국가인 베스트팔렌왕국에서는 이러한 전제조건이 마련되지 않았었다. 이는 법적용에 있어 적지 않은 혼란을 초래하였고 법전의 일부의 적용이 유보되는 결과를 가져왔다(Grimm, 앞의 글, 64면 이하 참조).

19) 법이식에 있어서 법명망가의 역할에 대해서는 Rheinstein, 앞의 책, 129면 이하 참조.

20) Schwarz, *Das Schweizerische Zivilgesetzbuch in der ausländischen Rechtsentwicklung*, 7면.

III. 정당조항의 형성과 그 이식의 사실적 · 법규범적 환경

앞에서 밝힌 방법론적 입장에 따라서 독일헌법 상의 정당조항이 우리 헌법에 이식되는 구체적인 모습을 살피기 전에 그 토양을 이루는 독일과 한국에서의 정당구조를 비교고찰하고, 정당에 관한 법령을 제정한 법규범적 배경을 살피려 한다.

1. 독일과 한국의 정당구조

1) 독일의 민주적 대중정당과 이의 국민정당화

(1) 바이마르공화국까지의 정당상황

독일의 의회는 이미 카이저제국에서부터 고전적인 의회주의이론이 상정했던 것처럼 공개적인 토론을 통하여 진리를 발견해 가는 모습을 보이지는 않았다. 의회는 정당으로 조직된 사회의 다양한 의견과 이해관계가 만나는 장소였던 것이다. 이러한 모습은 19세기말 이후로 정당들이 대중적인 조직을 지닌 이익정당으로 변모함과 더불어 더욱 촉진되었다. 1919년 바이마르공화국의 등장은 이제 이러한 정당들이 행정권을 장악하는 것을 의미하였다. 바이마르헌법에 의한 의회민주주의의 도입은 정당이 의회에서 정부를 견제하는 데에 머물지 않고 의회의 신임에 종속된 정부를 구성하는 것이었고, 그 배경에는 정당이 국민의 정치적 의사형성의 모든 영역에서 작용하고 있다는 현실이 놓여 있었다. 요약하자면 이미 19세기를 거쳐서 형성된 "아래로부터" 조직된 정당이

1919년의 바이마르공화국의 등장과 함께 이제 스스로 정부를 구성하게
되었다는 것이다.

독일 정당국가의 등장이라고 표현할 수 있는 이러한 전개의 배경에
는 정당활동 자유의 근본적인 확대가 있었음을 간과할 수 없다.[21] 11월
혁명의 과정에서 혁명정부의 역할을 하던 인민전권위임위원회(Rat der
Volksbeauftragten)의 1918년 11월 12일자 포고령 제2조는 "집회 및 시
위의 자유에는 어떠한 제한도 없다. 이는 공무원이나 국가노동자이 경
우에도 마찬가지이다"고 선언하였다. 이로 인하여 1908년의 제국결사
법(Reichsvereinsgesetz)이 규정하고 있던 정당활동에 대한 제한(예를 들
어 경찰관청에 당규와 당지도부의 명단을 제출할 의무, 18세미만 청소
년의 정당가입 금지 등)이 사라지게 되었다. 또한 바이마르헌법 제124
조 제2항 2문은 정치적, 사회정책적, 종교적 목적을 추구한다는 이유로
결사의 권리능력의 취득이 거부될 수 없다고 규정하였다. 정당이 지니
는 헌법정치상의 의미가 확산되는 동시에 정당활동에 대한 과도한 법
적 제한이 극복되었던 것이다.

(2) 패전 이후의 정당

제2차 세계대전의 패배 이후 독일의 중요한 과제는 국가사회주의라
는 전체주의적 정당운동에 의하여 파괴된 민주적 정당국가를 복원하는
일이었다. 이러한 민주적 정당국가의 전제가 되는 국민의 자발적인 조
직체인 복수의 정당들은 12년 동안의 공백에도 불구하고 빠른 속도로
재조직될 수 있었다. 독일의 대표적인 대중정당인 사민당(SPD)은 이미
1948년에 서독에서의 당원수가 90만에 이르렀고, 상대적으로 느슨한
조직을 지녔던 기민련(CDU)도 비슷한 시기에 약 40만의 당원을 거느리

---

21) 이에 관한 보다 자세한 내용은 송석윤, 『위기시대의 헌법학―바이마르헌법학이
    본 정당과 단체』, 정우사, 2002, 178면 이하 참조.

게 되었다.[22] 이들 정당이 이처럼 빠른 속도로 재건 또는 창당될 수 있었던 것은 카이저제국과 바이마르공화국을 거치면서 형성되었던 뿌리 깊은 지지기반이 재결속되었기 때문이었다.

전후의 새로운 변화는 정당들이 기존의 지지기반에 머무르지 않고 조직과 정책의 변화를 통하여 이를 확산시키려는 노력에서 나타났다. 1945년부터 각 주별로 창당된 기민련(CDU)의 등장은 국민정당으로의 전환[23]이라는 이러한 움직임의 출발이었다. 기민련은 바이마르공화국까지 카톨릭과 개신교로 분리되어 있던 기독교정치세력의 연합을 의미하였다. 기민련은 기존 카톨릭중앙당의 지지기반을 재흡수하는 동시에 점차 개신교지역으로 지지기반을 넓혀가는 데 성공했던 것이다.[24] 국민정당을 지향하던 기민련의 정치적 성공은 사민당에게도 자극이 되었다. 50년대를 통해 점차 조직과 정강정책에서 기존의 방향을 수정하던 사민당은 1959년 고데스베르크 강령을 채택하는 것을 계기로 본격적인 국민정당으로서의 모습을 갖추게 된다.

2) 한국의 관제동원정당과 명망가정당

우리나라에서 제3공화국헌법이 제정되던 때에는 군사혁명위원회의 포고 제4호에 의하여 모든 정당이 해산되어 존재하지 않았지만 당시 국가재건최고회의는 민정으로 이양하면서 과거와는 상이한 민주적 정당

---

22) K. Niclauß, *Das Parteiensystem der Bundesrepublik Deutschland*, Paderborn 1995, 57 면 이하와 70면.

23) 전후 독일에서의 국민정당의 형성에 대해서는 Niclauß, 앞의 책, 24면 이하.

24) 초기의 기민련은 카톨릭세력에 대해서는 대중정당이었지만 개신교세력에 대해서는 명망가정당이었고, 두 개의 기독교 종교에 대한 균형적인 대중조직이 갖추어지는 데는 수 십 년의 시간이 걸렸다(Nicklauß, 앞의 책, 70면). 하지만 하나의 정당이 카톨릭과 개신교를 아우르게 된 것은 비스마르크의 문화투쟁(Kulturkampf) 이래 독일의 정당사에서 주목할 만한 사건이었다.

국가를 건설할 것을 역설하고 있었다. 그러나 코페르니쿠스적 전환을 기대하기 어려운 정당사의 현실에서 제1·2공화국에서의 정당구조를 살피는 것이 필요할 것이다.

1950년의 5·30총선거에 39개의 정당·사회단체가 참여하였으나 210개의 의석 중 60%에 달하는 126석이 무소속 후보에게 돌아간 것은 당시의 선거가 정당 중심이 아닌 인물 중심으로 이루어졌음을 보여준다. 이들 의원들은 원내정당인 원내교섭단체에 의하여 느슨하게 조직되어 이합집산을 거듭하였다. 자유당의 창당은 이러한 상황에 변화를 가져온 계기였다.[25) 1950년에 구성된 제2대 국회로부터 지지를 받지 못하던 이승만은 재집권을 이루기 위해 개헌을 시도하였고 이를 위하여 원외의 지지세력을 확대할 필요가 있었다. 이러한 배경에서 이승만은 정당을 경원시하던 기존의 입장을 바꾸어 정당의 설립을 꾀하게 되었다. 자유당은 기존의 관변조직을 흡수, 동원하여 만든 관제정당으로 형성될 수밖에 없었는데 대한노동조합총연맹, 농민조합총연맹, 대한국민회, 대한청년당, 대한부인회의 이른바 5대 사회단체를 흡수함으로써 창당과 함께 이들 단체의 전국적인 조직망과 수백만의 회원을 거느릴 수 있었다. 의회민주주의 헌법 하에서 최초로 형성된 집권정당이 "위로부터" 조직되었고 더욱이 원외정당으로 태생적으로 의회에 대적하는 반의회주의적 성격을 지니게 된 것은 우리나라 정당사의 첫 단추가 잘못 끼어진 것이라고 평가할 수밖에 없을 것이다.

자유당의 창당 이후 이승만정권은 제3대 국회에서 재적의원 3분의 2선을 확보하는 정치적 성공을 거둔다. 이에 자극을 받은 야당세력은

---

25) 자유당의 창당과 조직에 대해서는 윤용희, "자유당의 기구와 역할", 한배호 편, 『한국정치론I』, 나남, 1990, 277~310면, 278면 이하 ; 안철현, "제1~2공화국 정당정치의 전개과정과 특성", 안희수 편, 『한국정당정치론』, 나남, 1995, 253~284면, 255면 이하 ; 중앙선거관리위원회, 『대한민국정당사』, 1968, 197면 이하.

민주당으로 모이게 되고 민주당은 56년의 대선과 58년의 총선을 거치면서 정치적 대안세력으로 등장하게 된다.[26] 하지만 민주당은 이승만 정권의 장기집권 기도에 위기를 느낀 다양한 야당세력들이 결성한 파벌집단의 결합으로서의 성격이 강했고 조직의 측면에서도 명망가정당의 수준을 벗어나지 못한 것으로 평가되고 있다.

집권자에 의하여 동원된 국민들로 조직된 여당과 정권획득의 가능성이 현실적으로 봉쇄된 상황에서 대중적 조직기반이 결여된 야당이라는 이러한 패권정당체계는 1960년의 4월혁명 이후에 변화의 계기를 맞게 되지만, 이는 1961년의 군사쿠데타로 부정되고 만다.

2. 정당조항 도입의 법체계상의 필요성

지금까지 살핀 바처럼 정당조항이 도입되던 시점에서 독일과 한국의 정당구조와 정치상황에는 적지 않은 차이가 있었다. 이러한 차이는 정당과 관련된 법규범에도 반영되었다.

1) 독일에서의 일당독재 붕괴와 민주주의의 재건

바이마르공화국에서 확보되었던 정당활동의 자유는 히틀러의 집권과 함께 철저하게 봉쇄되었다. 1933년 2월 28일의 국민과국가의보호를 위한라이히대통령의명령(라이히의사당방화명령)과 같은 해 3월 24일의 국민과라이히의위기극복을위한법률(이른바 수권법)이 제정되어 자유로운 정당활동에 대한 억압이 시작되었고 마침내는 1933년 7월 14일에

---

26) 김태일, "민주당의 성격과 역할", 한배호 편, 앞의 책, 311~342면, 316면 이하 ; 안철현, 앞의 글, 261면 이하 ; 중앙선거관리위원회, 『대한민국정당사』, 207면 이하.

정당창당금지법이 제정되어 나치당의 일당독재가 합법화되기에 이르렀다.[27]

나치의 전체주의적 지배가 독일의 패전으로 종결된 후 연합군의 점령 하에서 정당활동의 자유가 바로 복구된 것은 아니었다. 연합군점령당국은 정당에 대한 허가제를 실시하여 공산당, 사민당, 자민당, 기민당의 4개 정당만이 합법적으로 활동할 수 있었다.[28] 다른 한편 나치의 지배를 경험한 이후의 독일에서는 새로이 건설되는 민주주의가 가치중립적인 민주주의가 될 수 없다는 견해가 널리 확산되어 있었다. 일차적으로는 나치당과 같은 극우반민주적인 정당이 형성되고 확산되는 것을 막을 필요가 있었고, 냉전의 발생과 더불어 좌파적 전체주의에 대한 경계가 점증하는 상황이었다.

이러한 배경 하에서 민주주의의 재건에 불가결한 자유로운 정당활동을 보장하고 또한 정당활동에 대한 적절할 통제를 가할 목적으로 정당에 대한 헌법적 지위를 언급할 필요성이 제기되었다.[29]

---

27) R. Grawert, Die nationalsozialistische Herrschaft, in: Isensee/Kirchhof(Hg.), *Handbuch des Staatsrechts Bd.I*, Heidelberg 1987, 143~172면, 147면 이하.

28) R. Morsey, *Die Bundesrepublik Deutschland*, 4.Aufl., München 2000, 12면.

29) 오늘날 유럽연합에 속하는 국가들 중 헌법에서 정당에 대하여 언급하고 있는 경우는 독일 이외에 프랑스, 그리스, 이탈리아, 스페인, 포르투갈을 들 수 있다. 이들 중 프랑스와 이탈리아는 정당재정 및 선거비용과의 관련 속에서 정당을 규율하고 있고, 스페인과 포르투갈은 독일의 모델에 따라서 별도의 정당법을 두고 있다. 이들과는 달리 영국, 아일랜드, 네덜란드, 벨기에, 스위스 등에서 정당을 헌법적으로 보장하는 명시적인 규정을 두고 있지 않은 것을 감안할 때에 정당조항의 도입과 정당자유에 대한 전면적 억압의 경험은 상호연관성을 지닌다고 볼 수 있다(D. Tsatsos u.a.(Hg.), *Parteienrecht im Europäischen Vergleich*, Baden-Baden 1990 참조).

2) 한국에서의 4월혁명에 의한 권위주의의 극복과 5·16군사쿠데타

(1) 미군정과 제1공화국에서의 정당관련 법령

미군정하인 1946년 11월 23일 미군정법령 제55호로 정당에관한규칙이 제정되었는데 이는 정당뿐 아니라 일반결사에 대해서 매우 포괄적이고 엄격한 규정을 두고 있었다. 이 규칙 제1조 (가)항은 정치적 활동을 행할 목적으로 단체 또는 협회를 조직하여 어떤 형식으로나 정치적 활동에 종사하는 자로 구성된 3인 이상의 단체는 정당으로 등록할 것을 규정하면서, 정치적 활동은 "단체 또는 협회의 명의로나 단체 또는 협회가 행한 활동이 공론, 서면 혹은 구두형식의 일반선전 또는 일반적 행동을 포함하여 그것이 … 정부의 정책, 대외관계와 국민의 권리, 권력, 의무, 자유 및 특권에 대하여 통치와 관련하여 영향을 미치는 경향이 있는" 행위로 정의하고 이러한 정치적 활동을 은밀히 행하는 단체 또는 협회를 금지하였다. 또한 동조 (다)항은 등록사항으로 정당의 명칭, 당헌, 정당간부의 인적 사항뿐 아니라 정당의 활동내역을 알 수 있는 자료의 제출도 요구하고 있었다. 제2조는 정치사무소와 정당자금 회계에 관한 규정을 두었는데, 특히 새로운 주소를 등록하지 않고 정당사무소를 이전하는 경우에 군정공보국장이 당해 정당의 해산을 명할 수 있게 하였다. 나아가 제3조는 당원의 자격을 규정함과 함께 비밀입당은 위법이며 당원 이외의 재정지원을 금지하고 각 도에 거주하는 당원의 명부를 당해 도지사에게 제출하도록 하였다. 마지막으로 제4조는 처벌조항으로서 이 규칙에 위반되는 행위에 대해서는 평당원 이상의 당원이 연대하여 민·형사상의 책임을 질 것을 규정하였다.

군사적 점령상태에서나 상상할 수 있는 정당활동에 대한 포괄적이고 극단적인 제한을 내용으로 하는 정당에관한규칙에 대하여 문제제기가 없을 수 없었다. 이미 1950년의 국회의원선거에서 관권개입을 경험한 바 있는 제2대 국회는 부산정치파동 직전인 1952년 4월 16일 정치운동에관한법률을 가결하여 선거운동에서의 관권개입을 방지하고 정당활동의 자유를 보장하려는 노력을 하였다.[30] 이 법률은 "정치운동을 자유롭고 공정하고 평온하게 전개시킴으로써 민주정치의 실현을 보장"하는 것을 목적으로 하여(제1조), 선거에 대한 직간접적인 관권의 개입을 금지하고 처벌하는 조항을 두었다. 또한 이 법률의 부칙조항인 제13조는 미군정법령 제55호인 정당에관한규칙의 폐지를 선포하였다.

이승만정부는 이 법률에 대해서 거부권을 행사하여 재의를 요구하였고 국회는 1953년 5월에 이 법률을 원안대로 가결하였다. 하지만 정부는 재의결된 법률의 공포를 거부하고 오히려 되풀이하여 이 법률의 폐지안을 제출하였다. 이러한 배경 속에서 정당에관한규칙은 제헌헌법 제100조의 "현행법령은 이 헌법에 저촉되지 아니하는 한 효력을 지닌다"라는 규정에 의하여 계속 유효한 것으로 주장되어, 1959년 공보실장이 진보당의 해산을 명하는 근거법령이 되었다.

(2) 제2공화국에서의 정당관련 법령

4월혁명 후인 1960년 6월 15일에 개정된 제2공화국헌법 제13조 제2항은 "정당은 법률이 정하는 바에 의하여 국가의 보호를 받는다. 단 정당의 목적이나 활동이 민주적 기본질서에 위배될 때에는 정부가 대통령의 승인을 얻어 소추하고 헌법재판소가 판결로써 그 정당의 해산을 명한다"고 규정하였다. 헌법재판소에 의한 정당해산제도를 도입한 것은 행정부의 결정에 의해서 정당해산이 가능하였던 제1공화국의 상황과 비교한다면 오히려 정당활동을 보장하는 측면이 있었다. 이 조항은

---

30) 국회사무처, 『대한민국 법률안 연혁집9』, 1992, 9064면 이하 ; 이 책 제3부의 "정치체계의 신진대사와 정치관계법" II.2. 참조.

전반적으로 보아 4·19혁명 이후 자유당치하에서의 야당탄압의 경험에 비추어 자유로운 정당활동을 두텁게 보호하려는 취지로 이해될 수 있다.[31]

또한 1960년 7월 1일에 공포·시행된 신문등및정당등의등록에관한법률은 제3조에서 정당 기타 정치적 활동을 목적으로 하는 단체와 그 지부는 조직 후 5일 이내에 명칭, 정강·정책, 당헌 기타 이에 준하는 기본원칙 등을 대표자가 등록해야 한다고 하면서 이 경우 정부기관은 등록신청서에 형식상의 미비가 없는 한 3일 이내에 등록해야 하고 정당한 이유 없이 이를 이행하지 않는 때에는 기간만료일에 등록된 것으로 본다고 규정하였다. 또한 제4조는 해마다 당원수, 활동개황, 회계개황 등에 대한 보고의무를 규정하였다.

전술한 정치운동에관한법률은 1960년 10월 13일에 공포되었다. 나아가 헌법 제13조 제2항의 정당해산을 구체화하는 헌법재판소법이 1961년 4월 15일에 제정되어 제12조, 제13조와 제22조에서 위헌정당의 해산을 규정하였다.

이로써 제2공화국은 정당활동의 자유와 규제에 대하여 비교적 정비된 법령체계를 갖추게 되었다.

(3) 5·16군사쿠데타와 정당

5·16군사쿠데타와 함께 조직된 군사혁명위원회는 포고 제4호를 통하여 모든 정당 및 사회단체의 정치활동을 금지하였고 포고 제6호에 의하여 모든 정당 및 사회단체를 1961년 5월 23일을 기하여 해체하였다. 이후 제정된 국가재건비상조치법에 의하면 이 법이 시행되던 당시의 군사혁명위원회의 포고는 이 법과 동일한 효력을 지니게 되어 있었고

---

31) 박일경, 『신헌법학원론』, 법경출판사, 1986, 115면.

(부칙 제3항), 제2공화국 헌법규정 중 이 법에 저촉되는 규정은 이 법에 의하도록 하였다.[32) 이는 군사혁명위원회의 포고 제6호가 제2공화국헌법 제13조의 정당에 관한 규정을 대체하였음을 의미하였다.[33)

또한 1962년 3월 16일에 정치활동정화법이 제정되어 기존의 정·관·재계를 포괄하는 광범위한 정치규제가 시행되고 있었다.(동법 제3조 제1호에서 7호 참조) 이 법에서 정치활동 금지대상의 범위에 드는 자가 정치활동을 하고자 할 때에는 정치정화위원회의 심사를 청구해야 했다.(동법 제3조) 이 법에 의하여 정치활동을 금지당한 사람의 수는 4,374명에 이르렀다.[34) 제3공화국헌법과 정당법의 제정은 이처럼 광범위한 정치활동 '적격자' 심사과정과 함께 이루어졌다.

IV. 독일헌법 정당조항의 형성과 제3공화국헌법에의 이식

1. 독일헌법 정당조항의 형성과정

1949년 5월 23일에 제정된 독일 기본법은 제21조에서 정당에 관한 조항을 도입하였는데 그 내용은 다음과 같다.

제1항 정당은 국민의 정치적 의사형성에 함께 작용한다. 정당의 설립은

---

32) 국가재건비상조치법에 대한 설명으로는 한태연, "혁명정부의 헌법적 기초", 『법정』 제16권 8호(단기 4294.8.), 8~9면 ; 한태연, 『국가재건비상조치법』, 법문사, 1961을 참조할 것.
33) 박일경, "신생공화국과 정당", 『고시계』(1962.6.), 83~92면, 90면 참조.
34) 중앙선거관리위원회, 『대한민국정당사』, 1968, 238면.

자유이다. 정당의 내부질서는 민주적 기본질서에 합치해야 한다. 정
당은 재정의 출처에 대해서 공개적인 보고를 해야 한다.
제2항 목적이나 당원의 행위가 자유롭고 민주적인 기본질서를 저해하
거나 철폐하거나 또는 독일연방공화국의 존속을 위협하려는 데서
출발하는 정당은 헌법에 위배된다. 위헌여부에 대해서는 연방헌법재
판소가 결정한다.
제3항 자세한 내용은 연방법률들로 정한다.

여기서는 이러한 조항이 만들어지는 과정을 살펴보고 평가하려 한다.

1) 헤렌힘제 헌법초안

정당에 관한 조항을 헌법에 도입하려는 시도는 헌법제정회의인 의
회위원회(Parlamentarischer Rat)에 제출된 헌법초안을 작성했던 헤렌힘
제회의(Herrenchiemseer Konvent)에서 시작되었다. 헤렌힘제회의 헌법초
안은 연방하원의 선거와 관련된 제47조에서 정당에 대해 언급하였는데
그 내용은 다음과 같았다.

제1항 정당에 대한 법규정에 기속되는 유권자 그룹만이 후보자 추천
(Wahlvorschläge)을 할 수 있다.
제2항 정당의 형성은 자유이다. 정당들간의 협정에 의하여 의원들이 표
결에서 결속하여 마치 선출되어 구성되는 기관에서 단일정당만이
대표되는 것처럼 하는 것은 금지된다.
제3항 정당의 법적 문제와 정치적 의사형성에서의 정당의 역할은 연방
법률로 자세히 정한다. 법률은, 특히 정당의 후보자추천은 사전선거
를 통하여 당원들에 의하여 결의되어야 함을 규정할 수 있다.
제4항 그 활동의 양태에 있어 자유롭고 민주적인 기본질서를 배제함을
목적으로 하는 정당들은 헌법에 위반된다. 위헌성의 확정은 연방상
원의 동의를 얻어서 정부가 청구하면 연방헌법재판소가 내린다. 연
방헌법재판소는 위헌정당에 대한 가처분결정을 할 수 있다. 연방헌

> 법재판소의 결정없이는 어떠한 관청도 위헌적인 활동을 이유로 정
> 당에 대하여 간섭할 수 없다.[35]
>
> 제5항 연방선거법은 모든 유효투표의 5%이상을 얻지 못한 정당은 의
> 석을 얻지 못하고, 한 정당은 합산된 잉여투표에 의하여 그 정당이
> 선거구에서 직접 획득한 것 보다 많은 의석을 분배받을 수 없다고
> 규정할 수 있다.[36]

헤렌힘제회의 헌법초안의 해설부분은 이러한 정당조항의 도입을, 무
능력한 의회가 나타날 위험을 방지하기 위하여 정당을 정치적 의사형
성기관으로 인정하고 이에 대한 법적인 문제를 규율할 특별한 법률을
상정하는 것이라고 설명하였다. 또한 헌법이 직접 정당형성이 자유라고
선언할 필요성을 강조하였다.[37]

헤렌힘제회의 헌법초안 제47조에서 주목할 만한 것은 이 초안이 제
5항에서 보듯이 순수한 비례대표제가 아닌 혼합선거제를 전제하고 있
으면서도 제1항에서 후보자추천권을 정당에 관한 법규의 구속 하에 있
는 결사에게만 인정하였다는 점이다. 정당에게 독점적인 후보추천권을
보장한 이 조항은 의회위원회(Parlamentarischer Rat)의 심의과정에서 삭
제된다. 또한 제2항 제2문은 정당들이 블록을 형성하여 실질적으로 1당
지배체제가 가능해지는 것을 방지하려는 조문으로 이해된다. 이 헌법초

---

35) 정당해산제도를 규정하는 헤렌힘제초안 제4항에 대한 내용은 본 논문의 관심대
   상과 직접 연결되지 않으므로 앞으로의 논의에서 생략하려 한다.

36) 참고로 1949년 5월에 제정된 이른바 제1차 연방선거법은 최소 400명 이상의 의
   원 중 60%는 소선거구에서 상대적 다수투표로 선출되고, 각 정당의 지역구후보
   가 얻은 투표를 각 주별로 합산하여 그 비율에 따라 나머지 40%의 의석을 배분
   하도록 규정하고 있었다(W. Schreiber, *Handbuch des Wahlrechts zum Deutschen
   Bundestag*, 5.Aufl., Köln u.a., 1994, 65면) 즉 여기서의 합산된 잉여투표란 지역
   구후보에게 던져진 후 비례대표후보의 분배를 위하여 합산된 표를 의미한다. 독
   일에서 제2투표가 도입된 것은 1953년의 선거법개정에서였다.

37) K.-B. v. Doemming u.a., Entstehungsgeschichte der Artikel des Grundgesetzes,
   in: *AöR* 1951, 1면 이하, 202면 이하, 202면 참조.

안 제47조의 정당관련 규정은 제2항 제1문이 정당형성의 자유를 선언하고 있음에도 불구하고 정당의 자유보다는 정당에 대한 법적인 규제에 비중을 두고 있다고 보인다. 정당의 자유는 헌법에 별개의 조항을 두지 않더라도 어차피 기본권상의 결사의 자유에 의하여 보장되는 것이므로 정당에 관한 헌법규정을 도입하는 것은 정당의 자유에 대해서는 강조의 의미를 지닐 뿐이고 실제적으로는 규제적 성격을 지니게 되기 쉽다는 점을 인식할 필요가 있다.[38]

헤렌힘제회의 헌법초안 제47조가 상정하였던 내용은 법적인 통제하에 있는 정당에게만 후보추천권을 부여하고 정당간에 블록이 형성되는 것을 법으로 막으려는 것이었다. 이러한 내용은 나치독재를 경험하였고 동독의 일당지배체제와 경쟁해야 하는 당시의 역사적 상황을 전제로 이해될 수 있는 규제지향적인 사고방식이었다고 볼 수 있다.[39]

---

38) 이러한 맥락에서 정당조항의 도입여부에 대해서 60년대 초반 일본에서 이루어진 논의는 흥미있다. 이에 찬성하는 사람들은 정당이 민주적 국가생활에서 불가결한 요소이므로 정당조항을 도입해야 한다는 주장이 있었다. 특히 정당의 목적과 내부조직이 민주주의원칙에 부합해야 한다는 규정을 두어야 한다는 것이었다. 하지만 이러한 주장은 관철되지 못하였는데 이에 반대하는 논거는 정당은 그 본질상 법적 규율밖에 있어야 제기능을 수행할 수 있다는 것이었다. 상세한 규정은 오히려 정당의 자유로운 발현을 저해할 위험이 있다는 것이었다(Teruya Abe, Die Entwicklung des modernen Parlamentarismus in Japan, in: H. Coing u.a.(Hg.), *Die Japanisierung des westlichen Rechts*, Tübingen 1990, 11~25면, 22면).

39) 헤렌힘제 헌법초안에 이러한 조항을 삽입하는 데에 적극적인 역할을 했던 인물은 주어(O. Suhr)와 브릴(H. J. Brill)로 알려져 있는데 이들 두 사람은 각기 패전 이후 베를린의 시의회의장과 튀링겐의 주지사로서 소련군 점령지역에서의 전개상황을 직접 경험한 바 있었다(W. Hennis, Der »Parteienstaat« des Grundgesetzes, in: G. Hofmann/W.A. Perger(Hg.), *Die Kontroverse Weizsäckers Parteienkritik in der Diskussion*, Frankfurt a. M. 1992, 25~50면, 27면 참조).

2) 의회위원회에서의 논의

의회위원회(Parlamentarischer Rat)의 기본법제정 과정에서 정당조항의 심의는 일차적으로 조직위원회(Organisationsausschuß)의 몫이었다.[40] 논의는 헤렌힘제회의 헌법초안 제47조 제2항 제2문에서 의원들이 표결에서 결속하는 협정을 맺는 것을 금지하는 것으로부터 시작되었다. 이 조항을 제안했던 주어(Suhr)는 그 목적이 당시 소련군점령지역에서 볼 수 있던 것처럼 몇 개의 정당이 공산당을 중심으로 블록을 형성하여 실질적으로는 일당지배체제를 형성하는 것을 막으려는 것이지 정당간의 연립정부구성을 금지하려는 것이 아니라고 하였다. 하지만 이에 대해서 정당간 일당지배적 블록의 형성을 금지하는 것은 민주공화국에서는 당연한 일이고, 이에 대한 법조항을 도입하는 것은 단순한 선언에 불과하며 전체주의적인 블록형성에 대해서 실질적인 효력을 지니지 못하는 불완전한 법(lex imperfecta)일 수밖에 없다는 주장이 다수의 의원들로부터 제기되었다.[41] 조직위원회는 이 조문을 삭제하게 된다.

헤렌힘제 초안 제47조에 대한 보다 근본적인 문제제기는 다른 위원회에서 제기되었다. 조직위원회에서의 논의와는 별도로 이 문제는 선거제도와 관련하여서 권한설정위원회(Ausschuß für Zuständigkeitsabgrenzung)에서도 언급되었다. 이 위원회의 위원장이었던 바그너(Wagner)는 정당에 대한 입법으로 전체주의정당을 격멸하려는 것은 그 효과가 의심스럽다고 하면서, "나는 정당의 형성과 전개를 법률로 포섭할 수 없다는

40) 다른 위원회와 본회의에서의 논의와는 달리 조직위원회에서의 논의는 속기록을 참조하지 못하고 2차 자료에 의존하고 있음을 밝힌다. 현재 독일기본법 탄생 50주년을 기념하여 기본법의 탄생과 관련된 공식자료들을 조문별로 정리하는 작업이 진행 중이다. 32권으로 예정되어 있는 이 작업이 완성되면 독일기본법이 형성되는 과정에 보다 간편하게 접근할 수 있을 것이다(H.-P., Schneider(Hg.), *Das Grundgesetz Dokumentation seiner Entstehung Bd.9*, Frankfurt a. M. 1995 참조).

41) K.-B. v. Doemming u.a., 앞의 글, 203면 이하.

입장이다. 내가 속한 정당의 관점에서 본다면 비스마르크정권에서 정당법이 있었다면 독일에서는 사회민주주의 정당은 존재할 수 없을 것이다"[42]라고 하여 정당에 대한 법적 규율 자체에 부정적인 관점을 피력하였다.

이후 정당조항은 연방의회의 선거와 관련된 부분에서 국가권력의 행사일반과 관련된 부분으로 위치를 옮기게 된다. 이는 일반편집위원회(Allgemeiner Redaktionsausschuß)가 정당조항은 연방의회의 선거에만 관련되지 않는 포괄적인 의미를 지니므로 이를 연방의회선거와 관련된 부분에 두는 것은 체계적으로 맞지 않는다는 권고를 따른 것이었다.[43] 한편 저지조항과 관련된 제5항은 정당조항과는 달리 연방의회와 관련된 부분에 남게 된다.

이제 정당조항은 제21a조로서 주위원회(Hauptausschuß)의 심의에 회부되었는데 회부당시의 모습은 다음과 같다.

> 제1항 국민의 정치적 의사형성에서의 정당의 역할과 정당의 내부질서
>   는 법률로 정한다.
> 제2항 정당의 형성은 자유이다.
> 제4항 그밖의 결사들이 연방하원이나 각 주들의 국민대표기관에 후보
>   자추천을 하거나 국민청원을 주도하는 한 정당에 관한 법규정은 이
>   들 결사에 적용된다.

위의 제1항과 제2항에 대해서는 일반편집위원회가 하나의 항으로 통합하자는 견해를 제시하여 주위원회가 이에 동의하였다. 위의 제4항

---

42) Deutscher Bundestag und Bundesarchiv(Hg.), *Der Parlamentarische Rat: 1948~1949 ; Akten und Protokolle Bd.3 Ausschuß für Zuständigkeitsabgrenzung*, Boppart am Rhein 1986, 417면 이하.

43) *Parlamentarischer Rat Verhandlungen des Hauptausschusses*, Bonn 1948/49, 48면 ; K.-B. v. Doemming u.a., 앞의 글, 205면 참조.

에 대해서는 반대의견에 제시되었다. 이러한 조항은 오히려 그러한 결사를 형성하는 것을 조장할 위험이 있고 또한 이러한 결사체가 자유롭고 민주적인 기본질서에 반하게 된다면 결사의 자유에 관한 기본권을 상실하게 될 것이므로 제4항은 불필요하다는 것이었다. 주위원회는 이 견해를 받아들여서 제4항을 삭제하게 된다.[44] 주위원회가 본회의에 제출한 내용은 다음과 같다.

> 제1항 정당은 국민의 정치적 의사형성에 함께 작용한다. 정당의 설립은
>   자유이다. 정당의 내부질서는 민주적 기본질서에 합치해야 한다.
> 제3항 자세한 내용은 연방법률들로 정한다.

주위원회에서는 정당의 재정공개에 대한 조항의 필요성이 제기되었다. 중앙당소속의 브록만(Brockmann)의원은 제1항의 3문을 "정당의 내부질서는 민주적 기본질서에 합치해야 하고 재원의 공개를 통하여 반민주적 영향으로부터 보호되어야 한다"라고 수정할 것을 제안하였다.[45] 이 제안은 주위원회에서는 일단 거부되지만 이후 본회의에서 다시 한 번 제기된다. 본회의에서 브록만의원은 과거 나치에 대한 정치자금 지원을 제대로 통제하지 못한 것을 상기시키며 "우리 독일정당의 과거, 특히 12년 동안 우리에게 테러를 가했던 정당을 고려할 때에 우리의 동의안은 합당하다"고 주장하여 위의 조문이 삽입되게 된다.[46] 이에 대하여 사민당 소속의 찐(Zinn)의원이 수정안을 제시하였는데 그 이유는 위의 문장이 정당재정에 대한 공안적 통제를 가능하게 한 것이라는 오해의 여지가 있으며 정당의 재원을 공개하여 정당을 지원하는 자가

---

44) 앞의 책, 320면.

45) 앞의 책, 749면.

46) Deutscher Bundestag und Bundesarchiv(Hg.), *Der Parlamentarische Rat: 1948~
   1949 ; Akten und Protokolle Bd.9 Plenum*, München 1996, 463면.

누구인지를 보여주는 것만으로 충분하다는 것이었다. 이에 따라서 정당 재정 공개의 조항은 "정당은 재정의 출처에 대해서 공개적인 보고를 해야 한다"는 내용으로 변하였다.

3) 평 가

지금까지 독일 기본법 상의 정당조항이 형성되는 과정을 간략히 살펴보았다. 이러한 정당조항이 형성되는 과정을 지배했던 관점은 기본법의 제정을 주도하였던 카를로 슈미트(Carlo Schmid)가 의회위원회(Parlamentarischer Rat)의 본회의에서 헌법초안을 설명하면서 정당조항에 대해 언급한 부분에 잘 나타나 있다.[47]

> "저는 가장 현대적인 헌법들에도 정당의 존재에 관한 언급이 없다는 것에 대해서 의아하게 생각해 왔습니다. 물론 정당이 국가기관이 아니라는 것은 확실합니다. 하지만 정당은 우리의 국가생활에 결정적인 요소이고 그것이 어떻게 조직되는가에 따라서 우리의 국가기관들은 상이한 정치적 가치를 지니게 됩니다. 따라서 곧 정당법을 제정하는 것과 이 기본법에 제정될 정당법의 최소규정, 즉 정당에게 일정한 민주적 최소기준을 부여하는 규정을 도입하는 것이 옳다고 생각됩니다. 제가 허가제를 생각하는 것은 아닙니다. 정당에게 허가를 강요하는 것은 옳지 않다고 봅니다. … 하지만 정당이 유입되는 자금에 대해서 정기적으로 정산서를 제출해야 한다거나 정당이 그 후보자를 예비선거를 통하여 추천해야 한다거나 일년에 한 번 전당대회에서 활동을 보고해야 한다는 것 등은 규정할 수 있다고 생각됩니다. 이러한 방식으로 진정한 민주주의를 위하여 몇 가지를 개선할 수 있다고 봅니다."

독일헌법의 정당조항이 형성되어 온 과정을 전체적으로 볼 때에 헤렌힘제초안의 정당조항은 나치의 정권장악과정에서의 당시 정당들의

---

47) 앞의 책, 39면 이하.

무기력함을 반성하고 또한 특히 소련군점령지역에서의 일당독재의 형성이라는 당시의 상황을 반영하여 정당에 대한 통제를 주된 내용으로 하고 있었다. 하지만 그러한 분위기 속에서도 시대의 정서에 굴하지 않고 정당활동의 자유라는 원칙을 중시하는 목소리가 그치지 않았다. 정치적 선언으로서의 의미만을 지니고 실현이 불가능하거나 입헌주의적 관점에서 무리라고 판단되는 헤렌힘제초안의 조항들(정당의 독점적 후보자추천권과 정당간 블록형성의 금지)은 의회위원회에서의 논의를 거치면서 수정되었고 또한 이후에 제기된 문제(기타 결사에 대한 정당법규의 적용)에 대한 논의에서도 이러한 관점은 견지되었다.

이는 여러 가지로 어려운 상황 속에서도 입헌주의적 합리성이 기능하였다는 징표라고 할 수 있다. 이러한 입헌주의적 합리성이란, 정당을 헌법적으로 보장함으로써 진정으로 민주적인 정당을 건설하도록 통제하는 가능성을 확보하는 것이 "정치생활을 협소하게 하는 결과가 되어서는 아니된다"는 것이었다.[48]

2. 제3공화국헌법에서의 정당조항 도입

1962년 12월 26일에 제정된 제3공화국헌법 제7조는 다음과 같은 내용의 정당조항을 도입하였다.

> 제1항 정당의 설립은 자유이며, 복수정당제는 보장된다.
> 제2항 정당은 그 조직과 활동이 민주적이어야 하며, 국민의 정치적 의사형성에 참여하는 데 필요한 조직을 가져야 한다.
> 제3항 정당은 국가의 보호를 받는다. 다만, 정당의 목적이나 활동이 민주적 기본질서에 위배될 때에는 정부는 대법원에 그 해산을 제소할

---

48) 앞의 책, 521면 이하(특히 523면)의 사민당소속 멘첼(Menzel)의원의 발언 참조.

수 있고, 정당은 대법원의 판결에 의하여 해산된다.

이는 정당재정의 공개의무를 제외하면 독일 헌법 제21조와 크게 다를 바 없다. 하지만 제3공화국헌법은 이에 그치지 않고 국회의원 또는 대통령후보가 되려하는 자는 소속정당의 추천을 받아야 한다(제36조 제3항, 제64조 제3항)고 규정하여 무소속후보의 출마를 금지하였다. 나아가 이 헌법 제38조는 합당과 제명의 경우를 제외하고 국회의원이 임기 중 당적을 이탈·변경하거나 소속정당이 해산된 때에는 의원직을 상실한다고 하여 지역구의원의 경우에도 정당기속성을 극도로 강조하였다.[49] 이는 실질적으로 정당의 정치독점을 규정한 것으로 전세계적으로 그 입법례를 찾기 어려운 경우였다.[50]

또한 같은 해 12월 31일 국가재건최고회의에 의해 정당법이 제정되었다. 이 정당법은 정당을 통하지 않는 정치활동이 불가능한 헌법적 상황 속에서 매우 엄격한 정당설립요건을 규정하였다. 정당은 국회의원선거법에 의한 지역선거구총수의 3분의 1이상의 지구당을 가져야 하며 이러한 지구당은 서울시, 부산시와 각 도 중 5개 이상에 분산되어야 했다. 또한 각 지구당은 50인 이상의 당원을 가져야 했다. 당원의 자격과 관련하여서는 창당발기인과 당원이 될 수 있는 자격을 국회의원선거권을 가진 자로 규정하면서 "공무원·국영기업체 및 정부가 주식의 과반수를 소유하는 기업체의 임원과 다른 법률에 의해서 정치활동이 금지된 자"는 예외로 하였다. 이 규정에 의하여 정당활동이 금지된 주된 직업군은 공무원과 국·공영기업체의 임원 이외에 교원과 언론인이었다.

---

49) 한태연 교수에 의하면 당시 헌법심의과정에서 처음에는 의원이 소속정당에서 제명되는 경우에도 의원직을 상실하게 하자는 주장이 강력하게 대두되었다고 한다 (한태연, "민주주의와 정당국가(하)", 『고시연구』(1998.2.), 102~115면).
50) 권영성 교수는 이를 "극단적인 정당제국가"라고 표현하고 있다(권영성, 『헌법학원론』, 법문사, 1998, 95면).

　이하에서는 제3공화국헌법 제정과정 속에서 정당관련조항이 형성되는 모습을 당시의 헌법이론적 논의와 연관하여 살피기로 한다.

1) 제3공화국헌법 제정[51]의 과정

　1961년 8월 12일의 성명에서 국가재건최고회의 박정희의장은 1963년 초부터 정당활동을 허용하고 1963년 3월 이전에 신헌법을 제정·공포하며 동년 여름에 정권이양이 예정되어있다는 계획을 발표하였다. 박정희의장은 또한 담화에서 정권이양에 앞서 진정한 민주질서를 확립하고 구악의 재발을 방지하기 위해 최소한의 기초작업을 완수하겠다는 의지를 표명하고 이와 관련하여 정부형태는 대통령책임제로 하고 국회는 단원제로 하며 철저한 선거공영제를 도입하겠다는 구상을 피력하였다.[52]

　이러한 배경에서 박정희 최고회의 의장은 1962년 7월 3일에 관계 전문인사들을 총망라한 위원회를 구성하라고 지시하였고 이에 따라 7

---

51) 제3공화국헌법을 만드는 과정에서 이것이 제정인가 아니면 개정인가에 대하여 적지 않은 논의가 있었으나 "새 헌법을 제정하게 되면 국가의 동일성문제로 대외적인 관계에서 복잡한 말썽이 될 우려가 있기 때문에 혁명정부에서는 국가의 동일성을 유지하고 헌법의 권위와 법통을 존중하는 의미"(공보부조사국, 『헌법개정과 국민투표』, 1962.11., 16면)로 헌법개정의 형식을 취한다는 최고회의의 결정에 따라서 공식적으로는 개정이라고 하였다. 하지만 절차적으로나 내용적으로 헌법제정의 성격이 강하므로 여기서는 헌법제정으로 칭하기로 한다(이를 제정으로 보는 견해로는 김철수, 『헌법학개론』, 박영사, 2000, 66면, 전부개정으로 보는 견해로는 한태연, 『헌법학』, 법문사, 1983, 60면이 있음).

52) "정권이양시기에 관한 성명"(1961.8.12.), 국가재건최고회의 한국군사혁명사편찬위원회, 『한국군사혁명사1(하)』, 1963, 66면 이하 ; 중앙선거관리위원회, 『대한민국정당사』, 1968, 238면 ; 이완범, "제3공화국헌법의 제정과정과 그 성격: '민정이양'과 '강력한 대통령제'", 한국정치외교사학회·건국대학교사회과학연구소, 『한국헌정사심포지엄』(2000.2.12.), 125~145면, 126면.

월 11일에 국가재건최고회의의 특별위원회로서 헌법심의위원회가 발족하였다.[53] 헌법심의위원회의 발족과 함께 발표된 최고회의 의장 명의의 담화문은 "국민여론과 전문적인 지식을 절대적으로 반영"할 것임을 천명하였는데 이 위원회에 대학교수 등 다수의 전문가가 참여한 것[54]과 또한 헌법심의과정에서 일반국민을 상대로 여러 번의 공청회를 개최하게 되는 것은 이 담화문의 취지에 상응한 것으로 볼 수 있다. 헌법심의위원회는 이주일 최고회의 부의장을 위원장으로 하고 7인의 최고회의 분과위원장을 포함한 8인의 위원과 법학자, 정치학자, 경제학자 등 21인의 전문위원으로 구성되었다. 그 명단은 다음과 같다.

　　헌법심의위원회 위원 명단
위원장 이주일(최고회의 부의장)
간사위원 이석제(법사위원장), 길재호(법사위원)
위원 김동하(외무국방위원장), 조시형(내무위원장), 유양수(재경위원장), 김윤근(교통체신위원장), 김용순(문교사회위원장), 오치성(운영기획위원장)
전문위원 유진오(고대총장, 헌법학), 박일경(법제처장, 헌법학), 이경호(법무부법무국장, 헌법학), 한태연(내무부장관고문, 서울대교수, 헌법학), 이종극(연세대교수, 헌법학), 문홍주(서울대행정대학원교수, 헌법학), 강병두(국민대총장, 헌법학), 이영섭(대법원판사), 김도창(서울

---

53) 이하의 제3공화국 헌법제정과정에 대해서는 공보부조사국,『헌법개정과 국민투표』, 1962, 67면 이하 ; 서병조,『개헌시비』, 서울문예사, 1986, 232면 이하 ; 송우,『한국헌법개정사』, 집문당, 1980, 197면 이하 ; 이완범, 앞의 글, 126면 이하 등을 참조할 것.

54) 대학교수들의 직접적이고 적극적인 참여는 헌법심의위원회의의 구성에만 국한된 것은 아니었다. 당시 군사정부는 민주적인 정통성의 결여와 혁명주체들의 행정능력 부족을 보완하려했던지 대학교수들을 대폭적으로 동원하였다. 최고회의에는 기획위원회라는 것을 두어 교수들을 참여시켰으며 중앙정보부의 정책연구실에서도 교수들이 적지 않은 역할을 수행하였다고 한다(최고회의비사,『월간중앙』(1965.5.), 116~131면, 121면).

　　대교수, 행정법), 민병태(서울대교수, 정치학), 윤천주(고대교수, 정치
학), 신직수(최고회의 의장고문, 법학), 이한기(최고회의 의장고문, 국
제법), 성창환(최고회의 의장고문, 경제학), 유민상(최고회의 법사위
자문위원), 박천식(법사위 전문위원), 조병완(법사위 전문위원), 김성
희(서울대교수, 정치학), 김운태(동국대교수, 정치학), 신태환(서울대
교수, 경제학), 최호진(연대교수, 경제학)

　　헌법심의회는 7월 16일의 첫 번째 전문위원회 모임을 갖고 헌법심
의에 있어서의 문제점과 위원들의 의견을 종합하는 잠정적인 기구로서
헌법학자 중심의 9인소위원회를 구성하였다. 9인소위원회는 유진오(위
원장), 박일경(간사위원), 한태연, 이경호, 이종극, 문홍주, 신태환, 강병
두, 민병태로 구성되었는데 이는 헌법학자를 중심으로 정치학자와 경제
학자를 보완한다는 이석제 헌법심의위원회 간사위원의 지침에 따른 것
이었다.55)

　　1962년 7월 24일의 9인소위원회는 헌법개정에서 논의해야 할 중요
항목을 12개로 간추려서 전문위원회에 제출하였고 전문위원회는 이 항
목들을 4개의 분과위원회에 나누어 심의하게 하였다. 4개분과위원회의
위원명단은 다음과 같다.

　　　4개분과위원회의 위원명단
　　제1분과위원회(총칙) 문홍주(간사), 유민상, 한태연, 조병완
　　제2분과위원회(기본권, 법원, 헌법재판소) 이경호(간사), 유진오, 이영
　　　섭, 박천식, 이한기
　　제3분과위원회(국회, 정부, 지방자치) 이종극(간사), 강병두, 윤천주, 신

---

55) 구병삭과 이완범의 연구에서는 신태환과 민병태 대신 김도창과 신직수 양인이
　　9인소위원회의 위원이었던 것으로 되어있으나(구병삭, "제3공화국 헌법", 한태연
　　등,『한국헌법사(하)』, 한국정신문화연구원, 1991, 124면 주10 ; 이완범, 앞의 글,
　　127면) 헌법개정심의록에 의하면 이들은 전문위원회에만 속하였고 9인소위원회
　　에는 속하지 않은 것으로 되어 있다(대한민국국회,『헌법개정심의록1』, 1967, 40
　　면 이하).

　　직수, 김운태, 김도창, 민병태, 김성희
　　제4분과위원회(경제, 재정, 사회) 신태환(간사), 최호진, 성창환, 박일경

　헌법심의위원회는 8월 7일까지 대체토론을 종결하고 8월 23일부터 30일에 걸쳐 서울과 지방에서 각계각층의 국민이 연사로 참가한 공청회와 간담회를 개최하였다. 하지만 당시의 상황을 비추어 볼 때에 여기서 표출된 국민의 목소리가 자발적이라고 보기는 어렵고 사전에 마련된 각본에 따른 것으로 추정된다.

　공청회를 마친 후 헌법심의위원회 전문위원회는 9월 4일에서 12일까지 각 분과위원회로 나뉘어 헌법요강을 작성하고 17일부터는 전문위원회 전체회의를 개최하여 이를 논의하였다. 전체회의는 10월 23일에 헌법요강을 확정하였다. 10월 25일부터는 개헌안 조문이 작성되고 31일까지는 한글학자의 도움으로 자구수정까지 마치게 되었다. 헌법제정과정의 마지막 단계에는 미국의 전문학자들이 자문역으로 참여하기도 하였다.56)

　최고회의는 11월 3일 출석위원 전원의 찬성으로 헌법안을 확정하고 11월 5일에 이를 발의·공고하였다. 30일의 공고기간이 지난 12월 6일 최고회의는 헌법안을 표결에 부쳐서 출석위원 전원의 찬성으로 의결하였다. 이 헌법안은 새로이 제정된 국민투표법에 근거하여 12월 17일 국민투표에 부쳐지고 여기서 약 78%의 지지를 얻어 확정되었다.

2) 헌법제정과정에서 정당관련조항에 대한 논의

　1962년 7월 24일 9인소위원회가 중요항목 12개를 전문위원회에 제출할 때 정당조항의 규정여부도 포함되었다. 하지만 이후의 논의는 ①

---

56) 제3공화국헌법의 제정과정에서 에머슨(Emerson)교수와 플란츠(Flanz)교수의 자문과 관련해서는 이완범, 앞의 글, 129면 이하를 참조할 것.

대통령제와 내각제, ② 양원제와 단원제, ③ 기본권의 내용과 보장방식, ④ 헌법재판소의 설치여부, ⑤ 헌법의 개정인가 제정인가 등의 문제에 집중되었고 정당규정에 대한 논의는 심도있게 이루어지지 않았다.

헌법심의위원회의 9인소위원회와 전문위원회에서 이루어진 정당조항 자체에 관한 논의는 이를 도입할 것인가, 도입한다면 총칙에 위치해야 하는가 아니면 기본권조항이 적당한가에 대한 문제제기에 국한되었다.[57] 또한 정부형태와 관련하여 정당의 미성숙함을 지적하는 것이 주조를 이루었다.[58]

하지만 헌법심의위원회 논의의 행간을 읽다보면 이미 정당제도와 선거제도에 있어 고도의 정당국가를 추구하는 입장이 결정되어 있었고, 단지 남은 문제는 이를 어떻게 헌법에 반영할 것인가하는 정도였다는 인상을 받게 된다. 헌법심의위원회 전문위원회의 4개 분과위원회는 헌법제정에 대한 공청회를 준비하는 과정에서 공청회에서 논의할 항목을 준비하였다. 여기서 권력구조에 관한 부분을 담당했던 제3분과위원회의 보고와 토론과정은 이를 보여주고 있다.[59] 제3분과위원회 간사였던 이종극위원이 "1. 정당조항을 헌법에 둘 것인가, 둔다면 과거의 정당의 폐해를 방지하고 앞으로의 건전한 육성을 도모하기 위하여 어떻게 규

---

57) 대한민국국회, 『헌법개정심의록1』, 58면 이하, 124면, 538면 등. 여기서 정당조항을 당연히 넣어야 한다는 주장(이경호위원)과 정당조항의 도입이 당연한 문제인 것은 아니라는 주장(이종극위원)이 있었고, 정당은 국민의 주권행사와 관련이 있으니 제2공화국헌법과는 달리 기본권조항이 아닌 총칙에 넣어야 한다는 주장(한태연위원)과 총칙에 넣을 정도로 중요시할 필요는 없다는 주장(이경호위원)이 대두되었다(앞의 책, 59면 이하).

58) 앞의 책, 196면 이하. 여기서 정당제도의 미성숙함은 대통령제를 지지하는 중요한 논거가 되었다. 정당의 규율화가 덜 발달하였다는 주장(강병두위원, 199면), 자유당정권 말기에 양당제도가 어느 정도 확립되어 내각제의 여건이 갖추어졌지만 5·16후에 구정당이 해산되어 양당제도가 확립될지 미지수이므로 대통령제가 당연하다는 주장(문홍주, 209면 이하) 등이 그 예이다.

59) 앞의 책, 538면 이하.

정할 것인가?(조직·자금문제 기타)"라는 항목을 공청회의 논의에 부치는 것이 어떤가라고 물었다. 이에 이경호위원이 정당조직을 민주화시키고 정치자금문제를 취급하는 정당법을 만들고 이를 헌법에 넣는 것에는 반대가 없을 것이니 굳이 공청회에서 물을 필요가 없고 선거제도와 관련된 부분은 따로 해가지고 여론이 반대해도 넣을 터인데 여론이 반대해도 넣을 것을 공청회에서 물을 필요가 있겠는가라는 의견을 피력하였다. 이는 3공화국헌법 제7조로 들어가게 되는 정당조항에는 커다란 무리가 없지만 정당의 실질적인 정치독점을 규정한 3공화국헌법 제36조 제3항, 제64조 제3항 및 제38조는 여론의 추이와 무관하게 관철될 것이라는 당시의 인식을 반영하고 있는 대목이라고 할 수 있다.

헌법심의위원회가 개최한 공청회에서 각계를 대표하는 연사들의 연설에서 정당과 관련된 부분은 적지 않게 논의되었다. 서울 공청회에서 공법학회 대표로 나온 갈봉근 교수는 헌법에 정당조항을 넣는 것에 찬성하면서 정당의 자금출처를 공개할 필요성[60]을 강조하였다. 또한 입후보의 난립을 방지하기 위하여 무소속의 국회의원선거 출마를 금지할 필요성을 주장하였다. 하지만 그는 정당법의 제정과 관련해서는 정당이 생기기 전에 미리 제정하는 것에 반대하는 입장이었다.[61] 서울 공청회에서 정당문제에 대해서 언급한 경우는 갈교수 이외에도 농촌대표, 한국노총대표, 정치학회대표, 부인대표 등이었는데 이들의 주장은 정당조항을 헌법에 도입할 것, 정치자금의 공개, 무소속입후보의 금지, 당적변경시 의원직 박탈 등으로 요약될 수 있다. 이들 중 적지 않은 부분이 동원된 민의였다는 인상이 강하게 든다.

제3공화국헌법이 지향했던 극단적인 정당국가는 적어도 1962년 8월 7일까지는 헌법심의위원회에서 논의되지 않았다. 하지만 헌법심의위원

---

60) 이후 제정된 헌법에 정당자금의 공개에 대한 규정은 포함되지 않았다.
61) 대한민국국회, 『헌법개정심의록2』, 1967, 16면 이하.

회의 논의의 행간과 공청회에서의 논의를 보면 무소속입후보의 금지와
당적변경시 의원직 박탈은 당시의 집권층에 의해서 이미 결정된 내용
이라는 추정이 가능하다. 이와 관련하여 헌법심의위원회가 구성되기 이
전에 이미 헌법에 대한 연구가 진행되었으며[62] 헌법심의위원회와는 별
도로 중앙정보부의 헌법안이 존재했다는 사실은 주목할 만하다. 한태연
교수의 증언에 따르면 제3공화국헌법의 원안은 중앙정보부에서 정당법
은 국가재건최고회의의 법제사법위원회에서 각각 전문가의 도움으로
작성되었다고 한다. 중앙정보부의 헌법안이 존재했던 것은 최고위원회
법제사법위원장이자 헌법심의위원회 간사위원으로서 헌법제정의 실무
작업을 주도했던 이석제의 자서전에서도 확인된다. 그는 "사회 일각에
서 중앙정보부가 헌법작업에 관여한다는 소문이 파다하게 나돌았다. 그
것은 근거없는 낭설이 아니었다. 중앙정보부장으로서 권력의 움직임에
민감하게 반응했던 JP는 누구와 상의도 없이 이종극씨와 윤천주씨 등
의 자문을 얻어 중앙정보부 나름대로 헌법을 연구했던 모양이다. 어느
날인가 중앙정보부에서 연구·검토된 헌법초안이 법사위원회로 올라
왔다. … 나는 중앙정보부가 연구한 헌법을 단지 참고만 하기로 작정하
였다"[63]고 회고하고 있다.

　　중앙정보부장이던 김종필씨의 주도하에 민주공화당창당의 사전작업
이 1962년 여름에 시작되었고,[64] 중앙정보부의 헌법안이 제출된 바 있
으며, 정치의 정당독점을 추구한 제3공화국헌법의 선거관련조항을 다
룬 제3분과위원회에 중앙정보부 헌법안의 작성에 참여한 것으로 알려
지고 있는 이종극, 윤천주 양인이 소속된 것으로 미루어 보아 이러한

---

62) 공보부조사국, 『헌법개정과 국민투표』, 1962.11., 67면.
63) 이석제, 『각하, 우리 혁명합시다』, 서적포, 1995, 179면.
64) 김정원, "군정과 제3공화국: 1961~1971", 김성환 외, 『1960년대』, 거름, 1984,
　　150~207면, 161면.

헌법조항은 5·16주체 중 민주공화당을 창당하여 국가동원정당을 중심으로 국민운동방식의 근대화전략을 추구하던 세력의 의도가 반영된 것이라는 짐작이 가능하다고 보인다. 이러한 추정이 확인되기 위해서는 제3공화국헌법 제7조와 제36, 38, 64조 그리고 정당법이 탄생하는 보다 구체적인 과정과 5·16주체가 이러한 고도의 정당국가를 추구하였던 의도 등이 밝혀져야 할 것이다. 헌법제정에 참여했던 인사들의 증언을 포괄적으로 수집하고 제3공화국헌법의 초안들을 포함한 보다 많은 자료를 발굴하는 작업이 필요한 대목이다.

3) 헌법이론적 배경

전술한 바와 같이 제3공화국헌법의 제정에는 당시의 대표적인 헌법학자들이 대폭 참여하였던바 정당에 관한 당시의 헌법논의를 살펴보면 전반적인 분위기를 이해하는 데 도움이 될 것이다.

4·19혁명이 일어나기 전인 1959년에 한태연 교수는 "헌법과 정당"이라는 논문에서 민주주의국가는 필연적으로 정당국가를 의미하며 정당은 "중개적 권력"으로 간주되고 있다고 하면서 현대민주주의에서의 정당국가적 현실을 설명하였다.[65] 그는 또한 헌법적 견지에서 정당의 자유와 평등을 논하면서, 정당의 자유는 당시 헌법 제13조의 언론, 출판, 집회, 결사의 자유와 헌법의 내재적 법원칙인 "자유민주적 정치질서"에 의해 보장받는다고 하였고 정당의 평등과 관련하여서는 특히 선거에서 자유로운 정당활동이 지니는 중요성을 강조하였다.[66]

5·16이후 새로운 헌법에 대한 논의가 공개적으로 시작되는 시점에

---

65) 한태연, "헌법과 정당", 『고시계』(1959.6.), 145~149면.

66) 이러한 입장은 제2공화국헌법의 정당조항인 제13조 제2항과 연결되는 것으로 판단된다(내각책임제개헌안 기초위원회, "개헌안제안이유설명서", 국회도서관, 헌법개정회의록(제4대국회), 1968, 72~121면, 86면 이하 참조).

서 정당에 대한 논의가 매우 활발하게 이루어졌음은 주목할 만하다. 박
일경 교수는 헌법조문에 정당의 자유, 파당적 도구여서는 안 된다는 정
당의 사명, 정당의 민주적 내부질서, 정당의 자금출처와 경비사용에 대
한 공개, 사법기관에 의한 정당해산 등을 명기해야 한다고 주장하면서
헌법에 규정할 성격은 아니라는 전제하에 군소정당의 난립을 방지하고
2개 내지 3개의 대정당을 육성하는 방안을 마련할 필요성을 제기하였
다.[67] 또한 의원의 당적변경을 방지하는 문제도 언급되었다.[68] 다른 한
편으로는 정당법의 제정과 관련하여 외국의 입법례가 소개되었다. 당시
정당에 관한 독립된 법률을 가지고 있던 유일한 국가였던 아르헨티나
의 정당법의 내용이 개괄된 것이나[69] 독일의 정당 및 선거제도가 소개
되고[70] 독일 정당법초안이 번역되었던 것[71] 등이 그 예일 것이다.

　법제도에 대한 소개 뿐 아니라 헌법이론의 차원에서도 논의가 적지
않았는데 여기서 특히 주목하게 되는 것은 칼 슈미트의 의회주의위기
론과 동일성민주주의론, 그리고 이에 기반한 라이프홀츠의 정당국가론
이 소개되는 모습이었다.[72] 슈미트나 라이프홀츠의 이론은 19세기의
자유주의적 의회주의가 20세기의 대중민주주의로 변화하는 양태를 나
름대로 이론화한 것이었다. 자유주의에 기초한 의회주의원리와 민주주

---

67) 박일경, 앞의 글, 91면 이하.

68) 문홍주, "새 의회제도의 모습", 『법정』(1962.7.), 16~19면, 19면.

69) 박일경, 앞의 글, 86면 이하.

70) 김경재, "서독의 정당과 선거", 『법제월보』(1962.12.), 18~43면.

71) "서독정당법초안", 『법제월보』(1962.12.), 65~84면. 하지만 독일에서는 수많은
　　논의에도 불구하고 정당법의 제정이 미루어지다가 1967년에야 비로소 이루어졌
　　다. 그 직접적인 배경은 정당에 대한 국고보조의 법적 근거를 마련하려는 데에
　　있었다.

72) 문홍주, "새 의회제도의 모습", 『법정』(1962.7.), 16~19면, 16면 이하에서는
　　1958년에 출판된 라이프홀츠의 현대민주주의의 구조변화(Strukturwandel der
　　modernen Demokratie)가 인용되고 있다.

의에 기초한 정당국가원리를 상호 융합될 수 없는 별개의 체계로 파악하는 이러한 이론이 논자의 의도와는 무관하게라도 권위주의적 정당국가모델과 연결될 가능성이 없지 않았다. 나아가 당시 우리나라에서의 논의에서는 독일과 우리나라의 정당현실의 차이에 대한 충분한 분석이 전제되지 않은 상태에서 우리나라의 현실도 그렇게 변화될 것이라는 식의 논리뿐 아니라 그렇게 변하는 것이 마땅하다는 식의 당위론까지 은연중에 등장하고 있었다.[73] 하지만 정당국가론과의 연관 속에서 정당을 헌법기관으로 볼 것인가의 여부에 대해서는 라이프홀츠의 입장이 일방적으로 관철되고 있지는 않았다.[74]

당시 헌법학계의 전반적인 분위기에서 현대민주주의의 정당국가적 성격이 강조되었던 것은 명백하다. 그렇지만 적어도 문헌상으로는 정당의 실질적인 정치독점을 법적으로 보장해야 한다는 극단적인 주장은 보이지 않는다.

4) 평 가

5·16군사쿠데타로 집권한 세력이 국민의 지지를 얻기 위해 앞세운 구호는 '조국근대화'였다. 헌법에 본격적인 정당조항이 도입되고 정당법이 제정되었던 것도 이러한 근대화의 일환으로 이해되고 정당화되었다. 정치의 근대화를 위해서는 정당이 근대화되어야 하고 그래야 정당이 "정치의 근대화를 촉진할 「엔진」"[75]의 역할을 할 수 있다는 것이었

---

73) 문홍주, 앞의 글, 18면 이하.

74) 박일경 교수는 헌법에 정당조항을 적극적으로 도입하는 것이 한태연 교수 등이 주장하듯이 정당의 본래적 성격을 국가기관으로서의 헌법기관으로 변질시키는 것은 아니고 정당의 본래적 성격은 여전히 국민의 자유로운 의사에 의하여 형성되는 정치적 결사의 일종이라고 하였다(박일경, 앞의 글, 92면 참조).

75) 백상건, "정치의 근대화", 『법제월보』(1962.12.), 7~17면, 16면. 또한 한태연 교수는 제3공화국헌법이 군사혁명의 이념인 조국근대화를 지도이념으로 한 결과

다. 하지만 이러한 근대화는 민주주의와 모순되는 함의를 지녔고 근대
화의 구호 속에서 민주화가 뒷전으로 밀리는 경향이 나타났다.

현실로 나타난 정당에 관한 법규범은 정당활동의 자유를 광범위하
게 제한하는 규제중심의 내용을 지니고 있었다. 정당은 "국민의 정치적
의사형성에 참여함을 목적으로 하는 국민의 자발적 조직"이라는 조항
(정당법 제2조)과 "정당은 헌법과 법률에 의하여 활동의 자유를 가진
다"는 조항(제30조)은 온갖 규제조항 속에서 질식하고 있었다. 서구 선
진국가의 정당관련조항을 도입한다는 것은 겉으로 내세운 명분이었고
실질적으로는 '조국근대화'를 위한 동력으로서의 '효율적'인 정당체제
를 마련하기 위한 권위주의적이고 배제적인 법제도가 확립되었다.

제3공화국헌법 제정과정에서 명망 있는 헌법학자 등 지식인이 폭넓
게 참여한 것은 이러한 명분을 뒷받침하기 위해서였다는 인상이다. 선
진민주국가의 헌법조항이 도입되었음에도 불구하고 "우리나라헌정사에
서 여당은 집권자의 필요에 의해서 조직된 '관제정당'이었고, 따라서
정권의 붕괴는 정당의 해체로 연결되는 '포말적 정당'이었다"[76]는 평가
는 제3공화국의 정당에도 여전히 적용되게 되었다.

또한 선거를 정당에 대한 국민투표적 성격을 지닌 것으로 보고 정당
과 국민을 성급히 일치시키려 했던 라이프홀츠의 분석이 당위론적으로
이해되었을 때 이는 국민과 일치하는 정당을 만들려는 시도와 친화성
을 지니게 될 여지가 있었다. 5·16주체세력은 민주공화당이라는 새로
운 정당을 설립하고 이 정당은 이후 유권자의 10%가 넘는 국민이 당원
으로 가입된 전형적인 국가동원정당의 모습을 띠게 된다.[77]

강력한 정부를 위한 행정국가와 그 강력한 국가의 추진력으로서의 정당국가를
회원하였고, 정당국가에 대한 거의 환상적인 기대를 가졌다고 회고하고 있다(한
태연, "민주주의와 정당국가(하)", 『월간고시』(1998.2.), 102~115면, 110면).

76) 한태연, "제2공화국 헌법", 한태연 외, 『한국헌법사(하)』, 한국정신문화연구원
1991, 11~112면, 94면.

V. 맺음말

우리는 이 글의 앞부분에서 비교법을 연구함에 있어 방법론적 인식을 할 필요성을 강조한 바 있다. 모든 상황에서 엄격한 비교법적 방법론을 요구하기는 어려울 수도 있다. 예를 들어 새로운 법적인 문제가 발생하여 법의 흠결을 시급히 메워야 되는 상황이라면 제대로 된 비교법연구가 제시하는 수준을 만족시키기 어려울 것이다.[78] 또한 비교법을 전문으로 하는 연구자가 아닌 특정 실정법을 주로 연구하는 자가 비교법적인 연구를 할 경우에도 방법론적인 융통성이 보다 넓게 허용될 수밖에 없을 것이다. 하지만 이것이 결코 비교법학에서의 방법론적 문제의식을 도외시해도 된다는 논거가 될 수는 없다고 본다. 사회변동의 속도가 매우 빠르고 국가간의 교류의 폭이 넓어지며 또한 전세계적으로 공유하고 있는 문제가 급속히 증가하는 현대사회에서 법이식의 필요성과 가능성이 커지고 있다. 이는 동시에 부적절한 법이식으로 인한 위험이 커지고 있음을 의미한다. 이러한 위험을 줄이기 위해서는 법이식에 있어서 비교법사회학적인 문제인식이 심화될 필요가 더욱 강조되어야 한다는 생각이다.

이 글은 접근가능한 자료의 한계 내에서나마 비교법사회학적인 문제의식을 바탕으로 독일헌법의 정당조항이 우리나라 헌법에 이식되는 모습을 분석하였다. 독일의 경우는 나치독재를 경험하고 냉전이 시작되

---

77) 민주공화당이 창당되던 1962년 2월 27일 당시 당원 수는 13만 8131명이었는데 이는 대통령선거일인 같은 해 10월 15일까지 156만 8006명으로 격증하였고, 제6대 대통령선거와 제7대 총선거가 실시된 1967년에는 170만을 상회하여 유권자 총수의 12.1%를 점하였다(김용욱, "민주공화당의 위상과 당·정관계", 한배호 편, 『한국현대정치론 Ⅱ』, 오름, 1996, 109~159면, 133면 이하).

78) Zweigert/Kötz, 앞의 책, 12면.

던 상황을 반영하여 헤렌힘제헌법초안 제47조에 규제지향적인 정당조항이 도입되었으나 이후 의회위원회의 논의 속에서 입헌주의적 견지에서 지나친 부분이 순화되어 기본법 제21조의 정당조항이 탄생하였다. 우리나라의 경우에는 제1공화국 하에서의 정당탄압을 경험한 후 제2공화국 하에서 제대로 정비된 정당관련 법조항을 구비하게 되었다. 독일헌법의 정당조항이 우리헌법에 본격적으로 도입되는 제3공화국헌법에서 정당조항인 헌법 제7조는 초입헌주의적인 헌법조항과 정당관련법조항의 장식에 불과하였다고 하여도 과언이 아니다. 선진국의 헌법조항을 도입한다는 명분 뒤로 비교법적으로 유래를 찾기 어려운 선거의 정당독점과 의원의 정당기속, 정당활동에 대한 고도의 규제를 지향하는 정당법의 제정 등이 이루어졌던 것이다.

독일헌법 상의 정당조항이 추구하던 것은 정당활동의 자유를 규제함으로써 당원과 유권자로서 국민의 참정권을 보장하여 양자를 조화하려는 것이었다고 생각된다. 하지만 제3공화국헌법과 정당법은 정당의 자유와 국민의 참정권을 함께 억압하는 결과를 가져왔다. 이러한 입법의 잔재는 오늘날까지도 완전히 극복되지 않았고 오늘날의 정치관계법의 개혁이 국민의 참정권의 실현을 위하여 정당활동의 자유를 확보하면서 또한 동시에 이를 합리적으로 제한해야 하는 어려운 과제[79]를 안고 있는 중요한 원인이 되고 있다.

제3공화국헌법의 정당조항은 당시 우리나라의 정당현실이나 이를 도입한 주체의 의도의 측면에서 볼 때에 실질적인 규범력을 획득할 수 없었다. 정당조항을 이식하는 배경을 이루는 정당제도의 토양이 달랐고 도입의도가 민주적이고 다원적인 정당제도의 육성에 있다고 보기 어렵기 때문이다. 이는 근대화 또는 민주화의 전략으로, 아니면 이를 빙자하

---

79) 이와 관련하여서는 특히 최대권, "정치개혁을 위한 몇가지 생각(I)", 『서울대 법학』 제33권 1호(1992.3.), 156~180면, 171면 이하 참조.

여 법을 이식할 때 나타나는 부정적 동화의 위험을 보여주는 예라고 생각된다. 제3공화국헌법의 정당조항과 대동소이한 현행헌법상의 정당조항이 규범력을 획득하는가의 여부는 40년이 지난 오늘날에도 여전히 열려있는 문제이다.

정당재정의 헌법적 통제
―독일의 경험을 중심으로―

I. 머리말

정당재정의 문제는 법과 현실이 밀접하게 연결되어 있어서 법적인 문제를 사실과 분리하여 파악할 수 없다는 좋은 예를 보여준다. 정당재정의 문제에 규범의 잣대를 들이대다 보면 때로는 현실을 제대로 모르는 자들이 현실정치를 폄하한다는 식의 비판을 들을 수도 있을 것이다. 하지만 정당에 대해 헌법적 관점에서 문제를 제기하는 것은 오히려 현실정치에서 핵심적인 역할을 수행하는 정당의 체질을 강화하여 정치에 대한 신뢰도를 제고하며 나아가 민주적 헌정질서의 유지와 발전에 기여하게 된다.

정치집단은 근대입헌주의 헌법이 탄생하기 전부터 헌법의 존재와는 무관하게 있어왔다. 이러한 정치집단을 결성하고 조직을 유지하며 또한 조직의 목적을 추구하기 위해서 재원이 필요했음은 당연한 일이다. 의회민주주의 하에서는 정당이 이러한 조직의 대표적인 경우라고 할 것이다. 정당이 의원들의 느슨한 조직에 머물렀던 초기의회에서는 정당자체의 재정은 크게 문제되지 않았다. 하지만 이후 정당단위의 선거운동이 실시되고 이에 따라서 정당의 조직이 확대되면서 선거와 일상적인 정당활동에 소요되는 비용을 충당하는 문제가 대두되게 되었다.

현대정치에서는 정당재정의 수요가 급격히 증가하고 있다. 특히 정당간의 정책적인 차별이 적어지고 동시에 의사소통매체가 급속히 발달하면서 정당이 사회심리적인 방식으로 유권자의 감성에 호소해야 할 필요성이 늘어나고 있다. 이는 정당의 선거운동이 점차 전문적인 광고산업에 의존하게 됨을 의미하고 정당의 지출이 상업화[1]되는 경향으로 나타나고 있다. 정당간의 경쟁에 있어 자금이 지니는 비중이 늘게 되면 정당의 자금동원능력의 불균등은 바로 정당간 경쟁에서의 불균등으로 연결된다. 이러한 불균등은 일차적으로 경제적으로 능력이 있는 유권자층을 겨냥하는 정당과 그렇지 못한 유권자층을 기반으로 하는 정당 사이에서 후원금이나 당비수입 등 재정의 차이로 나타난다. 정당에 대한 국고지원에서도 불균형은 존재한다. 물론 정당에 대한 국고지원에서 모든 정당에게 차별 없이 같은 액수를 지급해야 하는 것은 아니다. 하지만 여기서 어떠한 기준에 따라서 배분하는 것이 적절한가의 문제는 정당간 경쟁의 균등성과 관련하여 중요한 주제로 남는다.

정당간의 경쟁에서 정당의 자금동원능력이 차지하는 비중이 높아진다는 것은 정치자금을 제공하는 자가 정당의 정책에 영향을 미칠 수 있는 가능성이 커짐을 의미한다. 그런데 많은 정치자금을 제공하는 사회의 집단이 정치의 방향을 정하는데 더욱 커다란 발언권을 행사하게 되면 민주주의에서는 모든 유권자가 정치적 영향력행사에서 균등한 기회를 지녀야 한다는 요구와 갈등을 일으키게 된다. 경제적 능력과는 무관하게 동등한 지위에서 자신의 의지를 관철할 수 있는 가능성을 지녀야 국민이 명실상부한 주권자로 되기 때문이다.[2]

---

1) 정당지출의 상업화경향에 대해서는 Ch. Landfried, *Parteifinanzen und politische Macht*, Baden-Baden 1990, 248면, 261면 이하 참조.

2) D. Th. Tsatsos, Parteien, Parteienfinanzierung und Verfassung, in: Tsatsos(Hg.), *Parteienfinanzierung im europäischen Vergleich*, Baden-Baden 1992, 13~18면, 14면 이하.

  정당에 대한 규범적인 연구를 제대로 수행하기 위해서는 정당의 현실에 대한 깊은 이해가 전제되어야 한다. 이는 정당재정과 관련해서도 다르지 않다. 그런데 정당재정, 나아가 정치자금의 현실에 대한 연구가 우리나라에서는 거의 이루어지고 있지 않다. 이러한 상황에서 정당재정의 헌법적 통제라는 연구가 가능하기 위해서는 외국의 사례들을 살펴보는 것이 적지 않은 도움이 되리라고 생각된다. 독일의 정치자금제도는 우리나라와 많은 유사점을 지니고 있다. 그런데 우리나라에 소개되어 온 것은 주로 독일의 정치자금에 대한 법제도였고 그 제도가 형성되고 변화되어 온 배경에 대한 이해가 깊지 않은 듯하다. 이 연구에서는 독일기본법이 정당조항을 도입하면서 정당재정에 대해 언급하게 되기까지의 헌정사적 경험을 법제도의 형성과 변화의 배경을 이루는 현실을 중심으로 고찰하려 한다.

II 입헌군주제에서의 정당재정

  독일헌정사에서 정당이 형성되는 것은 1848년 3월 혁명을 전후한 시기였다. 하지만 당시의 정당은 매우 느슨하게 조직된 원내정당이었고 의회와 정당이 지닌 영향력도 아직 미약하였다. 이러한 상황에서 정당재정의 문제는 크게 부각되지 않았다. 아직 원내정당으로서의 성격이 강하던 초기정당에서는 정당에 필요한 재원과 의원의 활동비 사이에 질적인 차이가 존재하지 않았던 것이다. 정치활동에 필요한 비용은 의원이 스스로 충당하기도 하였고 또한 19세기 전반과 중반의 초기입헌주의시절부터 다양한 형태로 의원에게 세비를 지급하는 것이 제도적으로 또는 관행상 인정되고 있었다.

  민족국가의 통일을 이룬 독일 카이저제국에서 정당의 비중은 적지 않게 증가하였다. 의회와 정당은 정부를 견제하는 세력으로 특히 예산 안에 대한 의결권을 지니게 되었기 때문이다.[3] 특히 사회주의정당은 빠른 속도로 대중적 기반을 넓히면서 관헌국가에 대한 위협이 되기 시작하였다. 독일 입헌군주제헌법은—트리펠(H.Triepel)이 정당에 대한 국가와 헌법의 태도를 네 단계로 나눈 모습에서 잘 알 수 있듯이[4]—정당에 대해 결코 우호적이지 않았다. 이는 정당의 영향력이 확산되는 것을 정당에 대한 재정적 통제를 통해 막으려 한 시도에서 잘 나타난다. 1871년에 제정된 독일 카이저제국헌법 제32조는 "제국의회 의원은 의원으로서 어떠한 급료나 활동비도 수령할 수 없다"고 규정하였다. 이는 초기 입헌주의시대부터 프로이센을 포함한 개별 영방국가에서 의원에게 세비를 지급하던 제도와 관행을 부정한 것으로 보통평등선거권을 도입한 독일 제국의회에 하층계급이 진출하는 것을 막기 위한 것으로 이해할 수 있다.[5] 이 세비지급 금지규정은 19세기 후반에 들면서 정당의 조직이 강화되고 특히 사회민주주의정당이 라이히차원에서 세력을 확대하는 것을 경계하는 제도였던 것이다.

의원으로서의 활동에 필요한 재원을 스스로 마련할 수 없던 다수의 사회민주당 소속 의원들은 당원의 당비 등으로 형성된 정당재정으로부

---

3) P. Lösche, *Wovon leben die Parteien. Über das Geld in der Politik*, Frankfurt a. M. 1984, 27면.

4) 잘 알려진 바처럼 트리펠은 "역사적으로 보아 정당에 대한 국가의 태도는 네 단계로 전개되었다. 우리는 투쟁의 단계, 그리고 그 후의 무시의 단계에 대해 말할 수 있다. 이들 단계에 인정과 합법화의 단계가 이어지고 마지막으로는 헌법적 편입의 시대가 따를 터인데 이 시대는 물론 아직까지는 존재와 성격에 있어 우리에게 문제시되고 있다"라고 한 바 있다(H. Triepel, *Die Staatsverfassung und die politischen Parteien*, Berlin 1928, 12면).

5) J.-D. Kühne, Volksvertretung im monarchischen Konstitutionalismus (1814~1918), in: H.-P. Schneider/W. Zeh(Hg.), *Parlamentsrecht und Parlamentspraxis in der Bundesrepublik Deutschland*, Berlin/New York 1989, 49~101면, Rn.69.

터 지원을 받았다. 이러한 현상은 19세기말에는 명망가정당으로서의 성격을 조금씩 탈피하던 부르주아정당으로도 부분적으로 확산되었다. 독일 카이저제국의 가장 강력한 구성국가였던 프로이센은 의원의 직업정치인화를 사회의 모든 세력 위에 군림하는 라이히의 권위에 도전하는 정당국가화로 보아 위험시하고 적극 대처하였다. 프로이센정부는 제국헌법 제32조를 넓게 해석하여 이 세비지급 금지규정을 정당이나 후원자 등이 의원을 재정적으로 지원하는 데에도 적용하려 하였고 제국법원은 이를 인정하였다.6) 하지만 프로이센정부는 여기에 만족하지 않고 정당이나 후원자가 이미 의원에게 지급한 재원을 국고로 귀속시키려 하였다. 제국법원은 이러한 주장도 받아들여서 제국헌법 제32조로부터 사적인 재원을 의원에게 제공하는 것에 대한 법적인 금지는 민사법적으로도 준수되어야 한다고 해석하였고 당해 민사법규정을 입헌주의 시대 이전에 제정된 프로이센 일반란트법에서 찾아내었다. 의원에 대한 정당의 지원금이 국고에 귀속된 예로 1881년의 독일자유주의당(die Deutsch-Freisinnige Partei)의 경우를 들 수 있다. 자유주의좌파 성향을 띤 이 정당은 프로이센정부와 긴장관계에 있었는데 당소속 의원들을 지원하기 위해 당원들의 기부로 마련한 특별기금의 상당부분이 국고에 속하게 되었다. 입헌군주제 하에서 하층계급이 제국의회에 진출하여 의회가 직업정치인의 무대로 되는 것을 막으려는 의도로 도입된 세비지급 금지조항은 1906년까지 그 효력을 유지하였다. 하지만 이 조항은 목적을 달성하지는 못하였다. 사회민주당은 제국의회선거에서 약진을 거듭하였다. 의원으로서 스스로 생활비를 충당할 수 없던 다수의 사민당 의원들은 정당으로부터 지원금을 받는 대신에 부업으로 정당의 사무를 보면서 그에 대한 급료로 생활을 영위하였다.7) 세비지급 금지조항과 이

---

6) G. Stricker, *Der Parteienfinanzierungsstaat*, Baden-Baden 1998, 75면 이하

7) E. R. Huber, *Deutsche Verfassungsgeschichte Bd.4*, Stuttgart u.a. 1969, 19면.

의 확대해석 및 적용은 오히려 의원과 정당간의 연계성을 강화하여 정당국가적 경향을 촉진하는 결과를 가져온 것이다.

입헌군주제적 관헌국가에서 정당은 국가의 상대편에 있었고 이러한 지위에서는 스스로 재정을 확보해야 했다. 정당조직의 확산과 공고화로 인해 정당은 당비, 기부금, 자원봉사 등을 기반으로 재정적으로 자립할 수 있었다. 이러한 움직임은 사회민주당에서 부르주아정당으로 확산되었다. 정당에 대한 국고지원은 상상할 수도 없는 상황이었다. 오히려 앞에서 살핀 바처럼 프로이센의 경우에는 제국헌법이 규정한 라이히의회 의원에 대한 세비지급 금지규정을 확대해석하여 정당이 지급한 의원활동비를 국고로 귀속시켰다. 국가가 정당을 돕는 것이 아니라 정당이 국가를 재정적으로 돕는(?) 상황도 있었던 것이다. 하지만 프로이센의 이러한 반작용에도 불구하고 제국의회가 헌법기관으로 됨으로써 정당은 헌법기관인 제국의회를 구성하는 선거준비기관으로서의 의미를 사실상 획득하게 되었다. 또한 선거법상으로도 이미 정당의 존재가 전제되어 있어서 다른 한편으로는 정당의 인정과 합법화의 단계가 시작되고 있었다.8)

Ⅲ. 바이마르공화국에서의 정당재정

정당이 정치에서 오늘날과 같은 영향력을 지니게 된 것은 바이마르공화국에 들어서였다. 의회민주주의가 처음으로 도입된 바이마르공화

---

8) 1869년에 제정된 제국선거법 제17조는 "유권자는 제국의회 선거사무에 관한 결사체를 구성하고 폐쇄된 공간에서 비무장으로 공적인 집회를 개최할 권리를 지닌다"라고 규정하였다(이에 대해서는 송석윤, 『위기시대의 헌법학―바이마르헌법학이 본 정당과 단체―』, 정우사, 2002, 60면 이하 참조).

국에서는 의회가 예산안에 대한 의결권에 그치지 않고 스스로 정부를 구성하고 또한 이를 불신임할 수 있는 권한을 지니게 되었기 때문이다. 이제 의회와 정당은 정치의 중심에 위치하였고 사회의 제세력들은 자신의 입장과 이익을 관철하기 위해 정당과 정당에 의해 구성된 정부에 영향력을 행사하려 노력하였다.

1. 정당조직과 정당재정

바이마르공화국에서의 정당의 재정구조는 정당의 조직과 밀접하게 관련되어 있었다. 당시에 존재하던 정당들을 오토 키르히하이머는 민주적 대중통합정당(demokratische Massenintegrationspartei)과 대표정당(Repräsentationspartei)으로 분류한 바 있다.[9] 공적 재원으로 정당에 대한 재정보조를 하지 않던 당시의 상황에서 정당이 재정적인 수요를 충당하는 방식은 두 가지가 있었다. 당원의 당비나 정당의 재산수입과 같이 정당 스스로 자금을 확보하는 방식이 첫 번째의 것이었고, 정당외부로부터 후원금품을 모집하는 것이 두 번째의 방식이었다. 이 양자의 비중이 어떻게 구성되는가는 그 정당이 대중적인 당원조직을 확보하고 있는가의 여부에 좌우되었다. 독일 바이마르공화국에서의 정당체계는 ―공화국 말기에 약진한 공산당과 나치당을 논외로 한다면―이미 카이저제국에서 형성된 5개 정당(사회민주당, 카톨릭중앙당 및 자유주의좌파의 독일민주당, 자유주의우파의 독일국민당, 그리고 보수주의의 독일민족국민당)으로 구성되어 있었다.

이들 정당 중 사회민주당은 명실상부한 당원정당(Mitgliederpartei)이

---

9) O. Kirchheimer, Der Wandel des westeuropäischen Parteiensystems, in: *PVS (Politische Vierteljahresschrift)* 1965(6), 20~41면, 20, 27면 참조.

었다. 사회민주당의 재정적 기반은 정당지지자들이 공고하게 조직되어 있어서 여타 정당에 비해 당비를 열심히 납부하는 데에 있었다.[10] 카이저제국이 성립한 이후 종교적 소수세력이었던 카톨릭교도들을 기반으로 한 카톨릭중앙당도 카톨릭유권자들을 중심으로 안정적인 지지기반을 지녔다. 이들 정당들은 키르히하이머의 분류를 기준으로 한다면 대중통합정당이었다고 볼 수 있다.

이와는 달리 일반적으로 부르주아정당이라고 불리던 독일민주당, 독일국민당 및 독일민족국민당은 전통적으로 대중조직보다는 토지귀족이나 상공업자 등 유산자계급을 주된 지지기반으로 하고 있었다. 키르히하이머의 기준으로 볼 때 대표정당으로 분류되는 이들 정당들은 변화된 상황에서 조직적 기반을 확대하는 데에 적지 않은 노력을 기울여야 했다. 무엇보다도 독일전체의 인구나 면적에서 반을 훨씬 넘는 비중을 차지하던 프로이센에서 3등급선거제도(Dreiklassenwahlrecht)가 폐지됨으로써 이들 정당들도 사회상층부의 지지만으로는 생존할 수 없는 상황이 전개되었던 것이다. 보수주의정당인 독일민족국민당의 경우는 농민운동과의 연결을 통해 어느 정도 대중적인 기반을 마련할 수 있었지만 자유주의정당들은 막스 베버적 의미에서의 명망가집단(Honorentiorentum)[11]에의 의존으로부터 탈피하는 데 실패하였다. 자유주의정당들은 폭넓은 대중적 지지에 기초하고 있지 않았기 때문에 정당조직을 확대하고 유지하며 선거운동을 수행하기 위해서는 외부의 재정지원에

---

10) 동시대의 연구자였던 레빈손이 사회민주당이 정당의 구성원과 재정에 대해 공개하는 데에 동의할 수 있는 유일한 정당이라고 한 것은 이러한 이유에서였다(R. Lewinsohn, *Das Geld in der Politik*, Berlin 1930, 60면).

11) 베버는 "… 정치로 생활을 영위할 필요가 없으면서도 정치를 위해 살 수 있"어서 자신의 사적인 사업으로부터 일정 정도의 재원을 마련할 수 있는 자들을 명망가집단이라고 칭하였다(M. Weber, *Wirtschaft und Gesellschaft*, *1.Halbband*, Tübingen 1972, 170면).

크게 의존할 수밖에 없었다.[12]

　바이마르공화국의 정당구조는 전반적으로 보아 명망가 중심의 19세기적 대표정당을 탈피하여 대중정당으로 변하는 경향을 보였다. 하지만 이것이 20세기 후반의 국민정당(Volkspartei) 또는 만능정당(catch all party)에서처럼 다양한 이해관계를 포섭하는 데에는 이르지 못하였다. 즉 조직의 측면이 아니라 정강정책상으로는 바이마르공화국의 대표적인 5개 정당 모두가 사회의 특정이익을 집중적으로 대변하는 이익정당이었던 것이다. 바이마르공화국은 정당과 이익집단과의 관계가 가장 밀접한 시기였다. 이처럼 밀접한 관계는 정당의 자기재정 기반이 취약한 경우에는 정당이 재정지원자에게 종속되는 양상으로 전개되었다.

2. 정당후원회

　20세기에 들어 정치에 대중의 참여가 확산되고 특히 사회주의정당이 약진하는 상황에서 독일의 산업계는 적은 득표수를 재정적인 수단을 동원하여 보완하려는 노력을 기울이기 시작한다. 이러한 움직임은 이미 제1차 세계대전이 일어나기 전인 카이저제국 말기에 나타났다.[13] 1909년 온건보수 성향의 사용자들이 한자동맹(Hansabund)을 결성하자 보수우익의 노선을 추구하던 중공업 사용자단체인 독일산업가 중앙협의회(der Centralverband deutscher Industrieller)는 곧바로 이에 대응하여 '산업계 선거자금의 모집, 관리 및 사용을 위한 위원회'(Kommission für

---

12) 부르주아정당들도 당헌에 당원들의 당비납부의무를 규정하고 있었으나 실제로 당비를 납부하는 경우는 극소수였다. 당비를 거두는 일도 당원들의 자원봉사로 이루어지지 않았다. 당비를 거두는 임시직원을 고용하여 수집한 당비의 15%정도를 지급하는 경우가 흔하였는데 이들 임시직원이 15% 이상의 액수를 횡령하는 경우도 종종 있었다고 한다(Lewinsohn, 앞의 책, 61면).

13) P. Kulitz, *Unternehmerspenden an politische Parteien*, Berlin 1983, 24면 이하.

Sammlung, Verwaltung und Verwendung des industriellen Wahlfonds)를
조직하였다. 이 선거자금위원회는 제1차 세계대전의 혼돈기를 넘어 바
이마르공화국에서도 그 명맥을 유지하였다. 선거자금위원회는 한편으
로는 각 선거구에서 산업자본가 출신인 후보나 경제 및 사회정책의 문
제에서 산업계의 입장에 동의하는 후보들의 선거운동을 재정적으로 지
원하였다. 선거자금위원회는 나아가 각 정당의 지도부에 직접 자금지원
을 하면서 산업계의 후보가 명부에서 당선을 보장하는 높은 순위에 배
정되도록 압력을 가하기도 했다. 이 위원회는 중도 및 우파의 부르주아
정당에도 자금을 지원했지만 주로 중공업계의 보수우익적인 이해를 대
표하였으므로 그 중심은 보수우파인 독일민족국민당에 놓여 있었다.

  선거자금위원회의 보수우파적 경향에 대응하여 1918년 11월 혁명의
격동기가 지나간 직후에 중도 자유주의정당에 가까운 입장으로 성립된
정치후원조직이 "독일경제 재건을 위한 후원회"(Kuratorium für den
Wiederaufbau des deutschen Wirtschaftslebens)였다.[14] 헌정질서의 사회
주의화를 저지하는 것을 목표로 이 후원회가 지원한 정치자금의 규모
는 다른 모든 후원회를 상회하였다. 이 후원회는 독일민주당, 독일국민
당 및 독일민족국민당 등 비사회주의정당을 모두 지원하였는데 양대
자유주의정당, 특히 독일민주당이 보다 큰 비중을 차지하였다. 이 후원
회를 주도하던 당시의 대표적인 기업가인 지멘스(Carl Friedrich von
Simens)는 정치후원회들 간의 불필요한 경쟁을 방지하고 산업계의 이익
을 보다 효율적으로 대표하기 위해 위의 선거자금위원회와의 통합을
추진하기도 하였다. 이러한 노력이 성공하지는 못했지만 전반적으로 산
업계의 정치자금 지원의 창구가 통합화되는 경향은 명백하였다. 조율되
지 않은 채 개별적이고 우발적으로 정치자금을 지급하는 것은 바람직
하지 않으며 후원금의 배분을 체계적으로 통제할 필요성이 있다는 인

---

14) Kulitz, 앞의 책, 26면 이하 ; Lösche, 앞의 책, 28면 이하.

식이 널리 확산되어 있었던 것이다.[15)

독일경제 재건을 위한 후원회의 역할은 단지 정치자금을 걷어서 이를 정당에 배분하는 데에 그치지 않았다. 이 후원회는 각 정당이 공직선거의 후보자를 정하는 데 뿐 아니라 정당기구에서 특히 정당의 재정을 담당하는 분야나 경영자의 이해와 관련된 정책을 수립하는 분야의 인사에 영향력을 행사하였다. 1920년의 라이히의회선거가 있기 1개월 전에 이 후원회는 3개의 부르주아정당에 당시 기준으로는 고액의 정치자금을 기부했다. 정치이념의 스펙트럼에서 오른쪽에 있던 독일민족국민당과 독일국민당에는 각각 77만 5천 마르크와 40만 마르크를 조건 없이 기부한 반면 독일민주당에는 103만 5천 마르크를 부분적으로는 용도를 엄격히 통제하면서 지원하였다.[16) 이는 사회민주당이 주도하던 당시의 정세 속에서 이 당과 가장 가까운 위치에 있던 자유주의좌파 독일민주당의 중요성에 비추어 가장 많은 액수를 제공했지만 동시에 그 용도를 엄격히 제한함으로써 독일민주당에 대한 통제권을 확보하여 정치체계전반의 좌경화를 막으려는 노력이었다고 볼 수 있다. 이처럼 정치자금의 기부에서 용도를 지정하는 경우는 이후 독일국민당에 대해서도 점차 증가하였다.

바이마르공화국이 초반의 격동기를 넘기고 어느 정도 안정된 1920년대 중반에 이르면 산업계가 보조를 맞춰서 정치자금을 지원하는 경향이 둔화된다. 이는 공화국초기에 체제의 미래가 불확실한 상황에서는 사회주의적 경제체제가 들어서는 것에 대한 기업가들의 공동투쟁이 중

---

15) 정치자금지원의 창구를 통합하려는 노력은 산업영역과 지역단위로도 진행되었다. 예를 들어 광산업의 경우 독일민족국민당과 독일국민당에 업계차원에서 일정액의 지원금을 정기적으로 제공하였는데 그 주된 목적은 각 기업체들이 자사의 이익을 위해 우파정당들과 개별적으로 접촉하여 과당경쟁을 일으키고 결과적으로 광산업계 차원에서의 영향력을 감소시키는 것을 방지하는 것이었다.

16) Kulitz, 앞의 책, 28면.

시되었지만 사태가 안정된 후에는 이미 카이저제국에서부터 존재하던 산업계내부의 이해갈등이 재연되었기 때문이다. 보수우익의 권위주의 노선을 추구하던 내수중심의 중공업세력과 상대적으로 리버럴한 노선을 추구하던 수출지향의 경공업세력 간의 갈등은 바이마르공화국 초기에도 해결되지 않은 채 내연하고 있었고 정세가 어느 정도 안정되자 다시 표면으로 드러난 것이다. 당시의 경제계를 주도하면서 비교적 온건한 노선을 추구하던 뒤스베르크(Duisberg)가 이러한 산업계 내부의 이견을 조율하려는 목적으로 1926년 국가정치연합(Staatspolitische Vereinigung)이라는 조직을 결성하였다.[17] 뒤스베르크의 기본생각은 경제계가 특정 정치세력만을 일방적으로 지원할 것이 아니라 당시의 미국에서처럼 공화당과 민주당을 함께 지원하여 가능한 한 모든 선거결과에 대비하자는 것이었다.[18] 양당제가 정착된 미국과는 달리 정당체계가 복잡했던 독일에서 미국의 경험이 그대로 적용될 수는 없었지만 그의 생각은 기본적으로 폭넓은 이해를 얻었다. 하지만 그럼에도 불구하고 국가정치연합이라는 조직은 소기의 성과를 거두지는 못하였다. 중공업세력과 경공업세력 사이의 골이 그만큼 깊었던 것이다.

---

17) Lewinsohn, 앞의 책, 82면 이하.

18) 뒤스베르크는 국가정치연합의 창립총회에서 자신의 생각을 다음과 같이 정리하였다: "중요한 경제문제를 다룸에 있어 변화가 있어야 합니다. 어떻게 해야 하는지는 미국에서 볼 수 있습니다. 거기서는 모든 정치가 경제인단체에 의해 이루어집니다. 결정해야 할 중요한 문제가 생기면 경제인들이 모여서 함께 토의하고 기준을 확정해서 이를 실천합니다. 그렇다면 독일에서는 어찌해야 할까요? 모든 중요한 문제는 라이히의회에서 결정됩니다. 따라서 우리는 정당정치에 영향력을 행사해야 하고 또한 그럴 수 있습니다. 하지만 우리는 정당에 합리적으로 영향력을 행사하기를 포기하고 있습니다. 계획적인 영향력행사에 의해서만 모든 어려움을 극복할 수 있습니다. 하지만 국가정치연합의 이념과 계획을 실현하기 위해서는 자금이 필요합니다. 미국에서는 필요한 액수를 모금하여 조달합니다. 여러분들이 자금을 조달해야 한다는 것을 명백히 인식해야 합니다"(Der Deutsche vom 4. Dezember 1926. 여기서는 Lewinsohn, 앞의 책, 84면에서 재인용).

　중공업세력과 경공업세력 간의 갈등을 조정하려던 뒤스베르크의 노력이 별 성과를 거두지 못한 것에 반하여 중공업세력 내부에서의 결속은 강화되어 정당에 대한 재정지원을 목적으로 하는 중공업세력의 단체인 루르동업조합(Ruhrlade)이 1928년에 결성된다.[19] 루르동업조합은 기존에 철강산업과 석탄산업이 별도로 정치자금을 관리하던 것을 통합하여 바이마르공화국 초기에 버금가는 액수의 자금을 모집하고 집행할 수 있었다. 권위주의적 정치노선을 추구하던 중공업세력은 통일적으로 힘을 모아 중도 내지 보수정당들이 우경화하는 방향으로 정치적 영향력을 행사하였다. 이는 결과적으로 바이마르 의회민주주의가 약화되고 1930년에 라이히대통령 힌덴부르크가 이끄는 대통령내각이 들어서는 것과 무관하지 않았다. 1932년 보수주의정당인 독일민족국민당의 당권을 후겐베르크가 장악하면서 이 정당이 극우 반체제 노선을 추구하고 히틀러의 나치당과 협력하게 되자 중공업세력 내부의 통일성은 더 이상 유지될 수 없었다. 독일민족국민당을 계속 지원할 것인가의 문제에서 이견이 발생하여 석탄산업이 루르동업조합으로부터 탈퇴한 것이다.

3. 슈트레제만에 의한 정당국고보조의 제안

　사용자집단의 재정지원에 대한 정당의 의존도가 빠른 속도로 증가함에 따라 1928년에는 바이마르공화국의 중요한 정치지도자였던 구스타프 슈트레제만(Gustav Stresemann)이 정당재정의 일부를 국가가 지원할 것을 제안하였다. 슈트레제만은 부유하지 않은 집안 출신으로 경영자이익단체의 법률고문과 사무총장을 지내다가 젊은 나이에 제국의회 의원이 된 인물이었다.[20] 그는 카이저제국에서 의원을 지내고 바이마

---

19) Kulitz, 앞의 책, 30면.

르공화국 초기에 독일국민당을 창당함에 있어 재계에 있는 지인들의 도움을 크게 받았다. 또한 1923년에 라이히수상으로 취임하기 전까지 다수 기업체의 이사를 겸직하기도 하였다. 이처럼 경제계의 이해관계를 대표하는 것으로 보이던 그가 정당재정을 경제계로부터 독립시키려 했다는 것은 아이러니가 아닐 수 없다. 슈트레제만이 이끌던 독일국민당은 바이마르공화국의 정치지형에서 소수정당이지만 안정된 정부를 구성하는데 중요한 열쇠를 쥐고 있었다. 그런데 이 정당은 사회민주당이나 카톨릭 중앙당과 같은 정당과는 달리 대중적인 기반이 취약했고 바이마르공화국의 민주헌정에 비판적이던 중공업세력의 재정적 지원에 크게 의존하고 있었다. 그는 당내에서 당의 노선이 편향적으로 되는 것을 막기 위해 당내의 중공업세력과 끊임없이 싸워야 했던 것이다.

정당재정의 국고보조에 대한 슈트레제만의 생각 중 공개된 것은 단편적이었다. 그는 1928년의 기자회견에서 "우리는 자본주의세력이 전보다 훨씬 커다란 영향력을 지니고 있는 현 시점에서 이러한 영향력이 라이히의회의 구성으로 연결되지 않아야 한다는 생각을 가지고 있다"[21]는 정도의 입장을 표명하였다. 하지만 그는 선거에서 거대자본이 행사하는 영향력을 줄이기 위해 구체적인 복안을 가지고 있었던 것으로 알려지고 있다. 그의 계획은 정당을 정치헌금 제공자로부터 자유롭게 하기 위해 국가가 선거비용을 제공하는 것이었다. 이는 각 정당들이 우선 선거에 드는 비용을 지불하고 이 비용을 선거 이후에 당선자의 수에 따라 국고로부터 돌려 받는 방식이었다. 이러한 제도에서 정당은 당선자에게 들어갈 비용은 빌려 쓸 수 있고 단지 낙선자에 대한 비용만 지불하면 된다는 것이었다.[22] 그러나 슈트레제만은 이러한 복안을 언

---

20) Lösche, 앞의 책, 32면.
21) Lewinsohn, 앞의 책, 120면.
22) Lewinsohn, 앞의 책, 119면.

론과의 인터뷰에서 비친 것을 제외하고는 본격적으로 공론화하지는 않았다. 라이히의회가 이 문제에 대해 논의했다는 기록도 보이지 않는다.

독일국민당을 중공업세력의 일방적인 요구로부터 지키려는 슈트레제만의 노력에도 불구하고 당내에서 이들의 영향력은 더욱 커져서 슈트레제만이 사망한 후에는 당의 보수화가 가속되었다. 이는 독일국민당도 포함한 의회의 다수세력을 기반으로 했던 대연정이 1930년에 붕괴되고 라이히대통령 힌덴부르크가 주도하는 대통령내각이 들어서는 중요한 원인을 제공하게 된다.

4. 정치자금에 대한 법적 통제의 문제

바이마르공화국의 시기까지 정당의 선거비용을 포함한 정당재정의 문제는 선거운동의 자유와 함께 어떠한 법적 통제도 받지 않는 상황이었다. 단지 투표를 매수하거나 경제적으로 종속관계에 있는 유권자를 보복수단으로 위협하는 것이 형법상 금지될 뿐이었다. 하지만 대토지소유자들이 경제적으로 종속관계에 있는 농업노동자들에게 유무형의 압력을 행사하는 일은 적지 않았던 것으로 보인다. 1928년의 라이히의회 선거에서 독일민족국민당의 지도부가 대토지소유자들에게 선거에서 영향력을 행사할 것을 촉구하는 서한을 비밀로 발송한 것이 공개되어 커다란 문제가 된 적이 있었다.[23] 레빈손은 이러한 상황을 "돈의 힘이 선

---

23) 공개된 비밀서한의 내용은 다음과 같다: "모든 대토지소유자들이 자신의 노동자들로 하여금 독일민족국민당에 투표하도록 하는 것은 명예로운 일이다. 지금은 몇 마르크의 돈을 아낄 상황이 아니다. 이번에는 농장의 존립이 문제된다. … 특히 대토지소유자들은 새로운 선거권 하에서는 자신의 힘이 토지에 속한 자들의 추종에 의해서만 유지될 수 있음을 생각해야 한다. 노동자들에게 돈을 지불하는 것과 또한 봉급을 삭감한다는 위협도 고려해야 한다. 선거결과가 잘 나오면 각 가정 당 1탈러(마르크 이전의 화폐: 필자)를 지불한다고 약속하면 기적이 일어날

거운동을 마음대로 좌우한다. 선거운동에서는 경제적 불평등 앞에서 정치적 민주주의가 눈을 감는다"고 비판하면서 정치자금을 통제하는 제도적 방안을 강구할 것을 촉구하기도 하였다.[24] 하지만 당시의 헌법학을 지도하던 대표적인 학자인 토마(R. Thoma)는 정당의 문제와 함께 정치자금의 문제 역시 헌법학이 다룰 대상이 아니며 정치학의 과제일 뿐이라고 보았다.[25]

이와 관련하여 정당에 대한 간접적인 국고보조제도가 잠시나마 도입되었던 것은 거의 알려지지 않았지만 주목할 만하다. 1920년에 개정된 소득세법은 정치결사에 대한 일정액까지의 기부금에 대해서는 세금이 공제될 수 있다는 조항을 도입하였다. 이는 정당에 대한 국고지원과 다르지 않다는 비판이 제기되었고, 다른 정당의 반대에도 불구하고 사민당의 주도로 1921년에 폐지되었다.[26] 정당재정의 문제는 이미 실정법상의 문제로 되어 정치학의 과제로 치부하기에는 헌법학에 너무나 가까이 다가온 상황이었던 것이다.

IV. 나치의 집권과 정치자금

독일의 본기본법에 정당조항과 정당재정에 관한 조항이 도입되는 배경에는 나치당이 권력을 장악하게 된 비극의 역사를 다시 되풀이하지 않으려는 의지와 함께 기업가들이 나치당에 정치자금을 제공한 것

것이다. 여기서 소심해서는 안 된다. 라이히의회선거가 해마다 있는 것도 아닌데"(Rewihsohn, 앞의 책, 57면).

24) Lewinsohn, 앞의 책, 58면 이하.

25) R. Thoma, Staat(Allgemeine Staatslehre), in: L. Elster u.a.(Hg.), *Handwörterbuch der Staatswissenschaften Bd.7*, 4.Aufl., Jena 1926, 724~756면, 745면.

26) F. Boyken, *Die neue Parteienfinanzierung*, Baden-Baden 1998, 38면.

이 이들의 권력장악을 도왔다는 인식이 깔려있다. 따라서 나치의 권력장악과 경제계의 자금제공의 관계문제는 헌법학의 관점에서도 자세히 살펴볼 만한 가치가 있을 것이다.

1. 1920년대의 정치자금

히틀러의 나치당은 1920년대까지만 해도 주로 당원들의 당비와 소액의 기부금으로 정당의 재정적 수요를 충당하였다. 당시까지만 해도 경제계가 제공하는 정치자금은 자유주의정당과 보수주의정당에 집중되고 있었다. 나치당이 소수정당에 머물러있던 1920년대에 히틀러에게 거액의 정치자금을 제공한 경제계인사로는 중공업에 종사하던 프리츠 티쎈(Fritz Thyssen)과 에밀 키르도르프(Emil Kirdorf)를 들 수 있는데 이들이 정치자금을 제공하게 된 계기는 개인적 차원이었던 것으로 알려지고 있다.[27]

2. 1930년대 초의 정치자금

하지만 경제계와 나치당의 관계는 1930년 9월의 라이히의회선거에서 나치당이 약진하면서 급격하게 변한다. 이 선거에서 나치당은 이전 선거에서보다 8배로 많은 18.3%를 득표하였다. 이에 따라 의석수도 12석에서 107석으로 증가하여 라이히의회에서 사회민주당에 이어 두 번

---

27) Kulitz, 앞의 책, 32면.
   이들 중 티쎈은 'I paid Hitler'라는 제목의 자신의 회고록에서 히틀러에게 정치자금을 제공하였음을 고백하기도 하였다(M. Sell, Parteienfinanzierung in Deutschland, in: D. Th. Tsatsos(Hg.), *Parteienfinanzierung im europäischen Vergleich*, Baden-Baden 1992, 87~148면, 94면 이하).

째의 원내교섭단체를 이룬 것이다. 이러한 상황에서 1930년대 초반 독일 경제계가 나치에 대해 취한 입장은 대략 세 가지의 유형으로 나누어 볼 수 있다.[28] 이 중 티쎈, 키르도르프, 텡겔만 등 루르지방의 중공업경영자를 중심으로 한 소수의 그룹은 나치당을 적극적으로 지지하는 입장을 취하였다. 또한 몇몇 은행가들도 경제공황에도 불구하고 디플레이션정책과 친노동조합정책을 고수하는 브뤼닝에 반발하여 나치를 지원하였다. 중공업경영자의 대다수는 우선은 상황을 보면서 뚜렷한 입장을 취하지 않고 있다가 브뤼닝의 정책에 대한 비판이 고조되는 1931년 말이 되면 브뤼닝이 이끄는 대통령내각을 와해시키려는 이른바 민족야당(Nationale Opposition) 노선에 동조하게 된다. 하지만 이들은 여전히 나치당을 중심으로 한 극우파세력의 연합체인 하르츠부르크전선(Harzburger Front)과는 거리를 유지하고 있었다. 즉 다수의 중공업경영자는 의회민주주의를 붕괴시키고 친자본적인 권위주의정부를 세우려했지만 나치의 집권을 목표로 하지는 않았다. 나치를 지원하는 것에 적극적으로 반대한 세력은 뒤스베르크를 중심으로 한 수출지향의 경공업세력이었다. 이들은 바이마르공화국 초기에 기능했던 기업가와 노동조합의 협력노선을 복구하는 정책을 추구하여 자유주의우파정당인 독일국민당의 온건파 등 중도부르주아세력을 주로 지원하였다.

전체적으로 보아 1930년대 초의 나치의 재정상황에서 국내기업의 정치헌금이 차지하는 비중은 일반적으로 알려진 것에 비해 그리 크지 않았다. 1932년 4월 라이히대통령선거가 실시되기 전 1년 동안 나치당이 당원 등으로부터 스스로 거둔 정치자금은 약 1천 5백만 마르크였고 기업의 후원금은 약 5백만 마르크 정도였다. 하지만 나치당이 이 시기에 지출한 정치자금은 이를 훨씬 상회하고 있다. 그 차액이 어디서 나왔는지에 대해서는 외국기업의 정치헌금이었다는 주장이 적지 않다.[29]

---

28) Kulitz, 앞의 책, 34면 이하.

이미 1920년대 초부터 외국기업들이 나치당을 재정적으로 지원한 것으로 알려지고 있다.[30] 1930년대 초 나치의 정당수입 중 나치의 군국주의 정책을 지원하는 외국의 석유재벌과 무기제조업자가 지원한 정치자금의 액수가 정당의 자체수입과 국내기업의 후원금을 합친 약 2천만 마르크보다 훨씬 많은 4천만 내지 4천 5백만 마르크 정도로 추정되고 있다.

경제계의 지지와 지원을 보다 많이 확보하려는 히틀러의 노력은 그리 커다란 성과를 거두지 못하였다. 하지만 슐라이혀(Schleicher)가 수상으로 임명된 1932년 12월에 이르면 상황은 크게 변하게 된다. 이른바 횡단전선(Querfront)이라는 슐라이혀의 노선은 노동조합에서 나치당의 슈트라써(Strasser)그룹까지를 포괄하는 광범위한 세력을 포괄하려 하였다. 경영자집단은 이를 노동조합이 주도하는 국가자본주의적 경향의 정책으로 파악하였고 적극적으로 저지하려 하였다. 경영자들의 입장에서 슐라이혀의 정책을 저지하는 길은 히틀러와 파펜(Papen)의 협력을 촉진하는 것이었다. 이 시점부터 경제계는 나치당을 적극적으로 지원하기 시작하였고 히틀러와 파펜의 합의를 이루기 위해 적극 개입하게 된다.[31] 1932년 말에 기업가들이 나치당에 제공한 정치자금으로 이 당이 재정적인 파탄을 면할 수 있었던 것으로 알려지고 있다.[32]

---

29) Kulitz, 앞의 책, 37면.

30) Lewinsohn, 앞의 책, 148면.

31) 1970년대 이후의 연구성과들은 당시의 경제계가 전반적으로 나치의 집권을 염두에 두고 이를 계획적으로 추진했다는 기존의 평가를 상대화시키고 있다. 적어도 독일경제계의 주류는 나치가 정권을 장악하던 시점까지 이를 적극적으로 지원하지는 않았다는 것이다. 하지만 이러한 입장을 받아들여 나치를 지원한 경제계의 그룹이 대표성을 지니고 있지는 않다고 보더라도 기업가들, 특히 대기업가들의 대다수가 의회민주주의를 반대하고 권위주의체제를 선호함으로써 나치가 집권할 수 있는 길을 열었다는 점에서는 이론의 여지가 없다(E. Kolb, *Die Weimarer Republik*, München 1988, 211면 이하).

32) Boyken, 앞의 책, 39면.

3. 나치 집권 후의 정치자금

나치는 집권한 직후 자신의 권력을 강화하기 위해 1933년 3월 라이히의회선거를 실시하였다. 이 선거에 필요한 자금을 모으기 위해 25인의 기업가를 초빙한 자리에서 괴링은 다음과 같이 말하였다: "경제계가 3월 5일의 선거가 앞으로 10년 내의, 혹은 아마도 100년 내의 마지막 선거일 것이라는 점을 안다면 요구되는 부담이 확실히 가볍게 느껴질 겁니다".[33] 이 시점부터 경제계는 히틀러와 그의 나치당을 사실상 제도화된 방식으로 지원하여 나치권력이 공고화하는데 적극적으로 기여하게 된다.

나치당의 집권은 정당이 국가로 포섭되는 것을 의미하였다. 나치당은 개인과 기업으로부터 정치자금을 충당하는 것에 그치지 않고 국가로부터 지원을 받는 길을 모색하였다. 히틀러의 집권시절에도 나치당에 대한 직접적인 국고보조는 이루어지지 않았지만 정당에 대한 간접적인 지원책이 도입되었다. 나치당은 토지나 건물과 관련된 세금을 면제받거나 공제받을 수 있는 입법을 하였다. 또한 국가의 급부를 무료로 또는 할인된 가격으로 이용하는 경우도 적지 않았다. 예를 들어 나치당원들은 철도를 이용함에 있어 할인혜택을 받았다.[34]

나치 집권시절에 나타난 정당의 국가에로의 포섭현상은 이후 본기본법에서 정당조항을 도입하면서 정당의 국가로부터의 자유를 기본원칙으로 삼게 되는 배경이 되었다.

---

33) L. P. Lochner, *Die Mächtigen und der Tyrann*, Darmstadt 1955, 171면.
34) 나치당에 대한 간접적인 국고보조에 대해서는 G. Stricker, 앞의 책, 82면 참조.

V. 기본법의 제정과 정당재정

1. 정당조항과 정당재정

제2차 세계대전에서 패전한 독일은 나치의 전체주의적 지배질서를 극복하고 새로운 의회민주주의를 건설하기 위한 헌법을 제정하는 작업을 연합국의 점령하인 1948년에 시작하였다. 새로운 헌법의 초안을 작성하는 작업을 담당했던 헤렌힘제회의(Herrenchiemseer Konvent)는 전체주의정당에 의한 일당독재의 경험을 되풀이하지 않으려는 의지의 표현으로 정당설립의 자유, 당내민주주의, 정당해산 등을 주요내용으로 하는 정당조항을 헌법에 도입하는 결정을 내렸다.[35] 하지만 헤렌힘제회의 헌법초안의 정당조항은 정당재정의 문제에 대해서는 언급하지 않고 있었다.

정당재정에 관한 규정을 할 필요성은 헤렌힘제회의 헌법초안이 헌법제정 기관인 의회위원회(Parlamentarischer Rat)로 넘어오면서 제기되었다. 당시의 논의대상은 정당에 대한 국가의 직간접적인 재정지원의 문제가 아니라 정당에 흘러 들어오는 정치자금의 공개문제였다. 이러한 논의의 배경에는 경제계, 특히 중공업에 종사하는 대기업이 히틀러의 나치당에게 비공개적인 방식으로 거액의 정치자금을 기부함으로써 나치의 집권을 도왔다는 인식이 깔려있었음은 물론이다. 기본법의 제정을 주도하였던 카를로 슈미트(Carlo Schmid)는 의회위원회의 제1차 본회의에서 헌법초안을 설명하면서 "정당이 유입되는 자금에 대해서 정기적

---

35) 독일헌법의 정당조항이 형성된 과정에 대한 자세한 내용은 앞의 "독일헌법상 정당조항과 그 한국적 이식―비교법사회학적 접근" IV.1. 참조.

으로 정산서를 제출해야 한다거나 정당이 그 후보자를 예비선거를 통하여 추천해야 한다거나 일년에 한 번 전당대회에서 활동을 보고해야 한다는 것 등은 규정할 수 있다"라는 의견을 피력하였다.36)

정당재정의 공개필요성은 이후 의회위원회 산하의 주위원회(Hauptausschuß)에서의 논의에서 보다 구체화되었다. 당시 정당조항 초안의 제1항은 "정당은 국민의 정치적 의사형성에 함께 작용한다. 정당의 설립은 자유이다. 정당의 내부질서는 민주적 기본질서에 합치해야 한다"라고 되어 있었다. 중앙당소속의 브록만(Brockmann)의원은 제1항의 3문을 "정당의 내부질서는 민주적 기본질서에 합치해야 하고 재원의 공개를 통하여 반민주적 영향으로부터 보호되어야 한다"라고 수정할 것을 제안하였다.37) 이 제안은 주위원회에서는 일단 거부되지만 이후 본회의에서 다시 한 번 제기된다. 본회의에서 브록만의원은 과거 나치에 대한 정치자금 지원을 제대로 통제하지 못한 것을 상기시키며 "우리 독일정당의 과거, 특히 12년 동안 우리에게 테러를 가했던 정당을 고려할 때에 우리의 동의안은 합당하다"고 주장하여 위의 조문이 삽입되게 된다.38) 이에 대하여 사민당 소속의 찐(Zinn)의원이 수정안을 제시하였는데 그 이유는 위의 문장이 정당재정에 대한 공안적 통제를 가능하게 한 것이라는 오해의 여지가 있으며 정당의 재원을 공개하여 정당을 지원하는 자가 누구인지를 보여주는 것만으로 충분하다는 것이었다. 이에 따라서 정당재정 공개의 조항은 "정당은 재정의 출처에 대해서 공개적인 보고를 해야 한다"는 내용으로 변하여 제1항 4문으로 규정되었다.

정당조항에 정당재정에 대한 내용이 도입되는 과정을 살펴보면 의

---

36) Deutscher Bundestag und Bundesarchiv(Hg.), *Der Parlamentarische Rat: 1948~ 1949 ; Akten und Protokolle Bd.9 Plenum*, München 1996, 39면 이하.

37) Parlamentarischer Rat, *Verhandlungen des Hauptausschusses*, Bonn 1948/49, 749면.

38) Deutscher Bundestag und Bundesarchiv(Hg.), 앞의 책, 463면.

회위원회가 이 문제를 정당재정의 현실을 감안하면서 소극적으로 다루었음을 알 수 있다. 브록만의원의 1차 제안이 주위원회에서 10대 8로 부결된 후 본회의에서 나치의 테러에 대한 경험을 상기한 후에야 34대 25라는 비교적 근소한 표차로 가결된 것은 당시의 정황을 잘 보여준다.[39] 또한 막후에서는 정당이 거액후원금에 종속되는 것을 막기 위해 직간접적인 국고보조를 도입하는 문제를 포함하여 많은 문제들이 논의되었을 가능성도 크다. 하지만 이러한 문제들은 규정하지 않은 채 의식적으로 빈칸으로 남겨두고 정당이 사인으로부터 얻은 재정적 지원의 출처를 공개하도록 하는 조항만을 둠으로써 정당재정에 대한 많은 문제들은 헌법해석의 문제로 넘어가게 된다.[40]

2. 전후 정당의 재건과 정치자금

나치가 집권하기 전에 존재했던 정당들이 재창당되던 제2차 세계대전 직후의 정당정치에서 정당들은 재정적 수요를 주로 당비와 후원금으로 충당하였다. 사민당과 공산당과 같은 전형적인 당원정당은 당원들의 자발적인 당비납부와 자원봉사활동에 주로 의존하였다. 패전 직후 서독의 사민당과 공산당은 각각 약 70만과 16만의 당원을 확보하여 이미 1946년경부터 필요한 재정의 대부분을 당원의 당비로 충당할 수 있었다. 하지만 대중적 당원조직을 확보하지 못한 중도 또는 우파정당들은 당 외부의 재정적 지원에 크게 의존할 수밖에 없었다. 전후의 정당재정 구조는 바이마르공화국에서와 근본적으로 다르지 않았던 것이다. 제1대 연방의회선거에서 부르주아정당들의 선거운동을 재정적으로 지

---

39) Boyken, 앞의 책, 40면.
40) Stricker, 앞의 책, 71면 이하.

원하기 위해 1949년 여름 경영자단체와 이들 정당들간에 협약이 체결
되었다.

정당들이 내외부로부터 자금을 확보하려고 노력했음에도 불구하고
1948년의 화폐개혁으로 정당의 재정구조가 크게 악화되었다. 새로이
제정된 헌법에 따라 실시될 1949년의 연방의회선거를 앞둔 정당들은
선거운동을 수행함에 있어 적지 않은 어려움을 겪고 있었다. 이에 각주
의 재무부장관들은 정당들에게 채권을 발행하였는데 그 기준은 이전의
주의회선거에서 각 정당들이 얻은 개개의 득표를 5페니히씩 계산하는
것이었다.[41] 이후 이 선거채권에 대한 회수는 이루어지지 않아서 정당
의 선거운동비용을 국고로 지원한 결과가 되었다.

1949년의 선거에서 부르주아정당을 지원한 경제계는 선거에서의 승
리에 고무되어 후원금의 모집과 집행을 효율화하여 정치권력에 대한
영향력의 행사를 보다 계획적이고 합목적적으로 수행하기 위해 조직을
체계화하였다. 우선은 주단위로 장려회(Fördergesellschaft)라는 것을 구
성하는데 이는 시장경제의 수호를 위해 비슷한 이념을 지닌 조직과 협
력하고 이들을 지원하는 경영자의 직능단체라는 형태를 띠었다. 이들
장려회들은 연방차원에서는 장려회 중앙후원회(Zentralkuratorium der
Fördergesellschaften)라는 조직을 구성하고 있었다. 1954년에 이르면 기
존에 연방주의적으로 구성되어 있던 정치자금후원체제에 보다 통일적
인 기반을 제공하기 위해 '국민연맹 1954'(Staatsbürgerliche Vereinigung
1954)라는 단체가 결성된다.[42]

장려회라는 모델은 정치자금 기부자의 입장에서 볼 때 몇 가지의 장
점을 지니고 있었다.[43] 우선 정당에 직접 기부할 경우에는 세액공제를

---

41) Stricker, 앞의 책, 41면.

42) Kulitz, 앞의 책, 50면 이하.

43) Kulitz, 앞의 책, 52면 이하 ; Stricker, 앞의 책, 41면 등 참조.

할 수 없던 당시의 세제 하에서 장려회를 통한 기부는 소득세와 법인세를 감면받을 수 있는 길을 열어 놓았다. 또한 정당의 회계보고에서 후원금을 납부한 자로 장려회의 이름이 거론될 뿐이므로 정치자금을 기부한 개인이나 법인의 익명성이 보장될 수 있었다. 이로써 독일기본법 제21조 제1항 4문이 규정한 정당재정 출처의 공개의무를 우회할 수 있었다.

3. 정당국고보조의 제도화

독일에서는 1954년 소득세법과 법인세법을 개정하여 개인과 법인이 정당에 기부한 금액에 대해서도 세액공제를 가능하게 하였다. 독일에서의 정당국고보조는 간접적인 국가보조로부터 시작되었던 것이다. 1958년 독일 연방헌법재판소는 이 개정법률을 위헌으로 선언한다.[44] 이 결정은 연방헌법재판소와 입법자간의 쫓고 쫓기는 게임의 시작이었다. 이 결정으로 인해 부족해진 정치자금을 충당하기 위해 1959년부터 정당의 일상활동을 지원하는 항목을 포함하는 예산안을 편성하였고 이로써 직접적인 정당국고보조가 도입되었다. 연방헌법재판소는 1966년에 이러한 예산안을 위헌으로 판시하였고[45] 이는 1967년 정당법의 제정으로 연결된다. 이후에도 소득세법 및 법인세법과 정당법이 규정하는 정당국고보조에 대한 독일연방헌법재판소의 결정이 잇따랐고[46] 마침내 1992년의 정당재정결정에서는 정당의 자기재정의 원칙을 강조하는 새로운 경향이 나타나게 된다.[47] 이러한 결정들을 정당재정의 현실과의 연관

---

44) BVerfGE 8, 51.

45) BVerfGE 20, 56 ; E 20, 119 ; E 20, 134.

46) BVerfGE 24, 300 ; E 41, 399 ; E 73, 40.

47) BVerfGE 85, 264. 이 결정에 대한 자세한 내용은 뒤의 "정당의 국고보조에 대한

속에서 자세히 분석하는 것은 이후의 연구과제로 넘기려 한다.

VI. 맺음말

지금까지 정당재정에 대한 헌법적 통제의 문제를 독일의 역사적 경험을 중심으로 살펴보았다. 민주주의 하에서 국민주권이 제대로 실현되기 위해서는 정당재정을 비롯한 정치자금의 문제를 헌법적 문제로 파악하여 연구할 필요성이 매우 크다고 할 것이다. 정치자금과 관련하여 현실과 제도에서 커다란 문제점을 지니고 있음에도 불구하고 이에 대한 사법적 통제가 적극적으로 이루어지고 있지 않은 우리의 상황에서 이 연구가 이 주제에 대한 관심을 환기시키는 역할을 하기 바란다.

독일연방헌법재판소의 판례—1992년 4월 9일자 결정을 중심으로"를 참조할 것.

정당의 국고보조에 대한
독일연방헌법재판소의 판례
—1992년 4월 9일자 결정을 중심으로—

Ⅰ. 머리말

독일에서 정당의 정치자금을 직접 국고로 지원하는 문제는 1959년 처음으로 도입된 이후로 많은 변화를 겪어 왔다.[1] 이러한 변화는 주로 독일연방헌법재판소의 판결과 이에 따른 관계법령의 개정으로 이루어 졌다. 정당재정의 국고보조에 대한 가장 최근의 판결이라고 할 수 있는 1992년 4월 9일자의 결정[2]에서 독일연방헌법재판소는 기존의 판례의 핵심적인 내용을 변경하는 새로운 입장을 표명하였다. 이러한 연방헌법

---

1) 1959년에 처음으로 실시된 정당에 대한 국고보조는 정당에 대해서 국가재원을 지불하는 직접적인 국고보조였다. 이는 연방예산에 '정치교육진흥을 위한 보조금'이라는 명목으로 책정되었다. 이러한 직접적인 국고지원이 아닌, 정당에의 기부금에 대해서 세금을 공제하는 간접적인 국고보조제도는 이미 1955년에 소득세법과 법인세법에 규율되어 있었다(독일에서의 정당 국고보조제도의 형성에 대해서는 M. Sell, Parteienfinanzierung in Deutschland, in: D. Th. Tsatsos(Hg.), *Parteienfinanzierung im europänischen Vergleich*, Baden-Baden 1992, 87~148면, 94면 이하). 그런데 정당재정의 직접적인 국고보조제도가 1959년에 도입된 것은 유럽에서 처음이었을 뿐 아니라 코스타리카와 아르헨티나를 제외한다면 세계 최초였다고 한다(H. H. v. Arnim, Demokratie vor neuen Herausforderungen, in: *ZRP* 1995, 340~352면, 346면).

2) BVerfGE 85, 264.

재판소의 결정에 따라서 정당법의 제6차 개정작업이 이루어져서 1994년 1월 1일자로 효력을 발생하였다.

독일연방헌법재판소의 이 결정은 1967년에 제정된 정당법이 정당재정의 국고보조를 규율한 이래 약 25년 동안을 지배해 온 원칙의 근본적인 수정을 의미하는 것으로 평가되고 있다. 이 글에서는 먼저 정당재정의 국고보조에 대한 기존의 연방헌법재판소의 입장, 이전의 국고보조제도의 내용 등 연방헌법재판소의 이러한 결정이 나온 배경을 살피고, 이 결정의 내용과 그로 인해 변화된 제도의 내용을 살펴본 이후에 그 의미를 평가해 보도록 한다.

II. 결정의 배경

1. 정당재정의 국고지원에 대한 이전의 결정들

독일연방헌법재판소는 이 글에서 다룰 결정이 있기 이전에 모두 다섯 번에 걸쳐서 정당재정에 대한 결정을 하였다. 여기서는 이들 중에서 비중이 높은 제1차, 제2차 및 제5차의 정당재정결정의 내용들을 간략히 살펴보기로 한다.[3]

1) 제1차 정당재정결정(BVerfGE 8, 51)

정당재정의 국고보조에 대한 독일연방헌법재판소의 최초의 결정이

---

3) 이들 결정문과 이 글의 주된 분석대상이 되는 1992년 4월 9일자의 결정문은 박승호, "정당에 대한 국고보조의 의의와 문제점", 『심천계희열박사화갑기념논문집』, 1995, 185~201면 이하에 부분적으로 번역되어 있다.

었던 1958년 6월 24일의 이 결정에서는 당비와 기부금에 대한 세제상 혜택의 합헌성이 문제되었다. 여기서 연방헌법재판소는 당시에 시행되던 1955년의 소득세법과 법인세법이 각각 수입의 10%와 5%까지를 당비나 기부금으로 정당에 납부하는 것을 공제대상으로 한 것은 위헌이라고 판시하였다. 그 이유는 기부의 경제적인 효과가 기부자의 소득에 따른 상이한 세율 때문에 불균등하게 나타날 것이라는 데에 있었다. 소득이 많은 사람은 같은 비율로 공제되더라도 세금혜택의 절대액이 많고 또한 누진세와의 관련 속에서 부가적인 혜택을 받는다는 것이었다.

이 결정에서 또한 주목할 내용은 연방헌법재판소가 이 결정으로 인하여 발생될, 정당에 대한 기부금이 감소하게 되는 문제를 해결하는 방식으로 정당재정의 국고에 의한 지원가능성을 열었다는 점이다. 연방헌법재판소는 "선거의 시행은 공적인 과업이고 정당은 헌법에 의하여 이러한 공적인 과업을 수행하는 데에 결정적인 역할을 하므로, 국가가 선거 자체에 대해서 뿐만이 아니라 이를 수행하는 정당을 재정적으로 지원하는 것은 헌법적으로 허용된다"[4]고 하였다. 즉 연방헌법재판소는 이 결정에서 헌법적으로 허용되는 정당에 대한 국고지원은 선거준비나 선거운동에 필요한 경비 등 선거비용에만 국한되지 않고 선거를 수행하는 정당에 대한 재정 일반의 지원이라고 보았던 것이다.[5]

2) 제2차 정당재정결정(BVerfGE 20, 56)

위의 결정의 결과로 1959년의 연방예산에서 '정치교육진흥을 위한 보조금'이라는 항목이 설정되어 5백만 마르크의 국고가 최초로 정당들

---

4) BverGE 8, 51, 63면 이하.

5) H. Hofmann, Die Neuregelung der staatlichen Parteienfinanzierung, in: *DÖV* 1994, 504~515면, 505면.

에게 지급되었다. 이 액수는 1962년부터는 1천 5백만 마르크로, 그리고 1965년과 1966년에는 3천 8백만 마르크로 인상되었다.[6] 이러한 상황 속에서 정당에 대한 직접적인 국고지원의 문제점이 대두되게 되었다.

  1966년 6월 19일의 결정에서 연방헌법재판소는 이전의 결정과는 상반되는 입장을 표명하였다.[7] 즉 기본법 제21조에 의한 정당의 업무에 3천 8백만 마르크를 지불하는 1965년도의 예산은 위헌이라는 것이었다. 단지 정당이 연방하원선거에서 적절한 선거운동을 하는 비용을 충당하는 것만이 헌법적으로 허용된다는 것이 연방헌법재판소의 새로운 입장이었다. 국민의 정치적인 의사형성영역에서의 정당의 활동에 국고지원을 하는 것은 기본법 제21조 1항이 제시하는 정당의 국가로부터의 자유라는 원칙에 위배된다는 것이었다.[8] 이 결정에서 무엇보다도 중요한 것은 연방헌법재판소가 정당을 한편으로는 순수한 사회의 조직체로, 그리고 다른 한편으로는 국가의 보조기관으로 분리하여 이원론적으로 이해했다는 점이었다. 정당이 국민의 정치적 의사형성의 영역에서 활동하는 동안은 순수한 사회적 조직체이며 이에 대한 국고지원은 위헌이지만, 정당이 선거준비기관으로서 활동하는 것은 국가의 영역에 속하므로 적절한 선거운동비용을 지급하는 것은 헌법적으로 허용된다는 논리였다.[9]

---

6) Sell, 앞의 글, 96면.

7) 흥미있는 사실은 지금까지 독일연방헌법재판소의 정당관련결정을 주도하던 라이프홀츠 재판관이 편파성의 위험 때문에 이 결정에서 배제되었다는 것이다(BVerfGE 20, 1 ; 20, 9). 그 이유는 라이프홀츠가 이 사건의 구두변론이 끝나고 결정이 임박한 시점인 1965년 가을에 독일국법학자대회에서 '국가와 이익단체'라는 주제발표를 하면서 정당에 대한 국고지원을 반대하는 세력들을 비판하였다는 것이었다(라이프홀츠의 정당국가론과 독일연방헌법재판소의 관계에 대해서는 J. Hecker, Die Parteienstaatslehre von Gerhard Leibholz in der wissenschaftlichen Diskussion, in: *Der Staat* 1995, 287~311면, 307면 이하 참조).

8) BVerfGE 20, 26, 111면.

　이 결정으로 인해서 입법자는 기본법 제21조 3항이 위임하였지만 그 동안 미루어 온 정당법 제정작업을 서둘러서 1967년에 정당법이 공포되었다. 이러한 배경 때문에 정당법은 처음부터 사실상은 '정당재정법'이었다는 비판이 있다.[10] 이 법은 연방헌법재판소가 합헌으로 보았던 선거운동비용지급을 규정하여 적절한 선거운동비용충당금을 유권자 1인당 2.5마르크로 하였다.[11]

3) 제5차 정당재정결정(BVerfGE 73, 40)

　1967년의 정당법에서 선거비용을 국가가 지원하도록 규정하였음에도 불구하고 정당의 재정부족현상은 심화되었다. 이러한 상황에 대처하기 위해서 1974년의 법개정에서 선거비용충당금이 유권자당 3.5 마르크로, 세제상의 혜택을 받는 기부금의 한도액은 1,800 마르크로 각각 인상되었다. 하지만 이러한 법률개정에 의해서도 정당의 재원이 부족한 사정은 변하지 않았다. 80년대 초반에는 이른바 정당기부금스캔들이 발생하여 기존의 정당재원의 조달방식에 대해서 여론의 거센 비판이 일었다.[12] 이러한 분위기 속에서 연방대통령에 의해서 결성된 전문가위원회는 정당법개정에 대한 보고서를 제출하였다. 1983년에 독일연방하원은 이 보고서에 근거하여 장기적인 전망을 가지고 정당법과 기본법

---

　9) BVerfGE 20, 56, 115면 이하.

10) Hofmann, 앞의 글, 505면.

11) Sell, 앞의 글, 96면.
　　독일연방헌법재판소는 후에 이 액수를 적절하다고 보아 합헌으로 판시하였다 (BVerfGE 24, 300, 335면 이하).

12) 플릭스캔들(Flick-Affäre)이라고 명명된 이 사건은 거액기부자를 위해서 중간조직을 만들고 기부자가 여기로 지출하는 금액은 영업비용으로 계상하게 한 뒤 결과적으로는 정당으로 유입되는 방식으로 정당자금을 조달한 것이었다(Sell, 앞의 글, 97면 이하).

제21조를 개정하였다. 새로운 정당법에 의해서 선거운동비용의 지급은 유권자당 5마르크로 확정되었고, 또한 이른바 기회균등화조정금제도가 새로이 도입되었다.

하지만 연방헌법재판소는 1986년의 제5차 정당재정결정에서 이러한 새로운 규정이 정당의 재정조달에 충분하지 못하다고 보았다. 이 결정의 결과로 선거비용을 지급함에 있어 2% 이상의 제2투표를 얻은 정당에게 기본비용(Sockelbetrag)을 지급하는 제도가 새로이 도입되었다.[13) 또한 연방헌법재판소는 헌법적으로 허용되는 기부금의 공제한도액을 100,000마르크까지로 보고 이를 넘는 기부금은 정치적 의사형성에의 국민의 동등한 참여권을 위협한다고 보았다.[14) 이 글에서 주로 살피게 될 1992년의 결정과 관련하여 주목할 것은 오히려 뵈켄푀르데(Böckenförde) 재판관이 작성하였던 소수의견이었다.[15) 그는 법인의 기부금에 대해서도 세제상의 혜택을 부여하는 것은 위헌이며 또한 세금공제의 한도를 100,000마르크까지로 책정하는 것은 지나치게 높은 액수여서 헌법적으로 허용되지 않는다는 입장을 피력하였다. 이러한 입장은 기본적으로 "한편으로는 선거전에서의 물량공세와 다른 한편으로는 특히 정당기구의 확대가 시민으로부터 국가로 쌓아 올라가는 생기 있는 민주주의를 촉진하는 것인지 그리고 국민의 정치적 의사형성에 함께 작용하는(mitwirken) 정당 본연의 과업으로부터 나오는 것인지는 정당하게 의심할 수 있다"는 정당국가에 대한 관점을 배경으로 하고 있었다. 정당에 대한 재정지원의 제한으로 정치의 직업화를 억제하는 것은 생기 있는 민주주의를 위해서나 시민과 국가의 중개자로서의 정당의 지위에 전혀 해가 되지 않는다는 것이었다.[16)

---

13) BVerfGE 73, 40, 95면 이하.
14) BVerfGE 73, 40, 84면.
15) BVerfGE 73, 40, 103면 이하.

2. 결정 당시의 국고보조제도의 개관

1992년의 정당재정의 국고보조에 대한 판결의 내용을 살펴보기 전에 당시의 정당재정에 대한 국고보조의 내용을 개괄적으로 살펴볼 필요가 있을 것이다.[17]

정당에 대한 국고보조는 크게 직접적인 지원과 간접적인 지원으로 나누어 볼 수 있다. 정당에 대한 국가의 직접적인 재정지원은 넓게 보면 정당에 대한 보조뿐만 아니라 정당과 연관된 재단들에 대한 국고지원 및 원내교섭단체에 대한 지원 등도 포함하는 문제이다. 하지만 이 글에서 살펴보려는 연방헌법재판소의 결정에서는 정당 자체에 대한 국고보조의 헌법적 문제만이 다루어졌기 때문에 논의의 범위를 이에 제한할 것이다. 정당에 대한 간접적인 재정지원은 개인이 국가에 납부하는 당비나 기부금에 대해서 국가가 세법상의 혜택을 주어서 세금수입의 일정부분을 포기하는 것을 의미한다. 1992년의 결정의 대상이 되었던 1988년의 제5차 개정 정당법 및 관련법에 따른 국고보조제도들 중에서 선거비용충당금과 기본비용은 직접적인 국고보조에 속하고 당비와 기부금에 대한 세제 상의 혜택은 간접적인 국고보조에 속한다. 그리고 기회균등화조정금은 양자의 연관성 속에서 설명될 수 있는 것으로 간접적인 국고보조인 세제상의 혜택으로 생기는 불균등현상을 조정하는 직접적인 국고지원이다.

---

16) BVerfGE 73, 40, 116면 이하.

17) 이에 대해서는 J. Ipsen, Globalzuschüsse statt Wahlkampfkostenerstattung, in: *JZ* 1992, 753~761면, 753면 이하 ; Sell, 앞의 글, 101면 이하 등을 참조할 것.

1) 선거비용충당금(Wahlkampfkostenpauschale)

1988년의 정당법 제18조 1항에 의하면 연방하원선거의 선거비용충당금은 각 유권자당 5마르크로 산정되었다. 여기서 유권자의 투표 여부는 문제되지 않았다. 이 충당금은 유효한 제2투표의 0.5%이상을 획득한 정당과 주명부(Landesliste)가 허용되지 않았지만 한 선거구에서 제1투표의 10%이상을 획득한 정당에게 분배되었다.(동조 제2항) 충당금은 전자의 경우에는 득표율에 따라 분배되며, 후자의 경우와 선거구에서 유효투표의 10%이상을 얻은 무소속후보의 경우에는 각 표에 5마르크씩 지급되었다.(동조 제3항·제4항) 독일의 유권자수를 약 6천만이라고 본다면 선거비용충당금은 약 3억 마르크 가량 되었다.

2) 기본비용(Sockelbetrag)

1988년의 정당법 제18조 6항은 1986년의 결정에 따라서 기본비용이라는 제도를 새로이 도입했다. 이에 따르면 제2투표의 2%이상을 득표한 정당에게는 각각 선거비용충당금의 6%가 지원되었다. 단 기본비용은 분배된 선거비용충당금의 80%를 넘을 수 없게 되어 있었다. 따라서 제2투표의 7.5%를 득표하지 못한 정당이 받는 기본비용은 이에 상응하여 감소되었다. 기본비용은 선거비용충당금의 배분과는 별도로 규정된 정당의 선거비용에 대한 국고보조제도였다. 청구권이 있는 정당이 5개이고 이들이 모두 7.5% 이상 득표하였다고 가정한다면, 앞에서 산정한 선거비용충당금 3억마르크의 약 30%, 즉 9천만마르크 정도의 기본비용이 국고에서 추가로 지출되게 되어 있었다.

3) 세제상의 혜택

소득세법 제34g조에 의하면 1년에 납부한 당비와 기부금이 1,200마르크(부부합산으로는 2,400마르크)를 넘지 않는 범위에서 이 액수의 50%가 면세되었다. 이러한 세제상의 혜택은 납세자의 소득이나 세율과는 무관한 것이었다. 또한 소득세법 제10b조와 법인세법 제9조 3호에 의하면 60,000마르크(부부합산으로 120,000마르크)까지의 당비와 기부금이 특별지출로 공제대상으로 될 수 있었다. 하지만 40,000마르크 이상의 기부금은 기부자의 이름이 공개될 때에만 공제될 수 있었다. 이러한 규정은 연방헌법재판소가 1986년의 결정에서 소득총액이나 거래액의 일정비율까지 공제 가능한 것으로 규율한 것을 위헌으로 판시하며 100,000마르크까지의 절대적인 한계를 제시하는 것은 허용했던 것[18]에 대한 입법적 반응이었다.

4) 기회균등화조정금(Chancenausgleich)

일정한 비율까지의 혜택이든 아니면 절대적인 액수까지의 혜택이든 간에 이러한 세제상의 혜택이 독일연방헌법재판소가 제시해 온 기회균등의 원칙과 모순되는 것이 명백하였다. 이는 세제상의 혜택이 경제적으로 여유 있는 계층을 지향하는 정책을 추구하는 정당에 유리한 것이기 때문이었다. 독일연방헌법재판소는 당비와 기부금에 대한 세제상의 혜택이 그 자체로서는 헌법상의 정당평등의 원칙에 위배됨을 이미 최초의 정당재정판결에서 확인한 바 있고[19] 이러한 입장은 이후에도 지속되었다.[20] 이 문제점을 해결하기 위해서 또 다른 직접적인 국가보조

---

18) BVerfGE 73, 40, 78면 이하, 84면.
19) BVerfGE 8, 51, 63면 이하, 67면.
20) BVerfGE 24, 300, 358면 ; 52, 63, 90면 이하 ; 73, 40, 89면.

제도가 도입되었는데 기회균등화조정금이 그것이었다. 즉 기회균등화
조정금제도의 목적은 간접적인 국고보조의 위헌성을 부가적인 국고보
조로 조정하는 데에 있었던 것이다. 정당법 제22a조 1항에 의하면 최근
의 선거에서 제2투표의 0.5%이상을 획득한 정당이 기회균등화조정금
을 청구할 수 있게 되어 있었다.

　기회균등화조정금의 산출방식은 애초에는 정당의 당비와 기부금을
구별하지 않고 산출되었다. 우선은 지난 선거에서 제2투표의 5%이상을
득표한 정당들의 당비와 기부금으로 인한 수입의 절대액을 합산하여
이의 40%를 이른바 '국가의 몫'(Staatsquote)으로 산정하는 방식으로 당
비와 기부금으로 인한 정당의 수입 중 세제상의 혜택으로 인한 부분을
대략 환산해 내었다. 이어서 이 국가의 몫을 정당들의 득표수로 각각
나누어서 이른바 기준수치를 도출하였다. 이제 이 기준수치들 중에서
가장 높은 것을 골라서 이 수치를 각각 정당들의 득표수로 곱하였다.
이러한 계산에서 알 수 있는 것은 어떤 정당이 자신의 득표수에 비례하
여 당비와 기부금을 받을 수 있었다면 국가의 몫이 얼마였을까였다. 이
렇게 해서 '기준정당'(Maßstabspartei), 즉 득표수에 비해서 당비와 기부
금이 가장 많은, 따라서 이미 세제상의 혜택을 가장 많이 받은 정당은
국고보조를 받지 못하고, 나머지의 정당들은 자신의 실제 수입에 근거
하여 계산한 국가의 몫과 가장 높은 기준수치에 근거하여 계산한 액수
의 차이를 국고로부터 보조받게 되었다.

　그런데 당비와 기부금을 합해서 기회균등화조정금을 산정한 결과
예견치 않았던 문제가 발생했다. 여기서 이득을 보는 것은 당원이 많은
정당이 아니라, 기부금을 많이 받는 정당인 경우가 생겼던 것이다. 즉
당비와 기부금이라는 두 가지 종류의 수입원이 서로 섞이게 되어 때로
는 당원수가 많은 정당이 기준정당으로 되었다. 이러한 문제점으로 인
해서 1992년의 결정이 심사대상으로 삼았던 1988년 개정의 정당법에서

는 우선 당비와 기부금을 나누어서 각각 상이한 방식으로 계산하였다. 당비의 경우에는 정당별 당비수입의 40%를 각각 당원의 수로 나누어서 이 중 가장 높은 수치를 다시 각각의 당원의 수로 곱하였다. 그 결과 가장 높은 수치의 기준정당은 처음과 같은 액수로 되었지만 나머지의 정당들에서는 일정한 차액이 발생했다. 기부금의 경우에는 정당별 기부금총액의 40%를 각 정당이 획득한 제2투표의 수로 나누어서 이 중 최고의 기준수치를 다시 각 정당별 득표수로 곱하였다. 마지막으로 당비와 기부금에서 각각 발생한 차액을 더하고 이를 둘로 나누면 각 정당에게 지불될 기회균등화조정금이 산출되었다. 이처럼 변화된 기회균등화조정금제도로 인해서 각 정당마다 상이한 기부금에서의 국가의 몫은 정당의 득표수에 비례해서, 그리고 당비에서의 국가의 몫은 당원수에 비례해서 조정되게 되었다. 이렇게 해서 산정된 기회균등화조정금은 각 정당에 지급되는 선거비용의 10%를 초과할 수 없었다(동조 제2항).

5) 공개의무

정당에 대한 기부금이 일정 한도액을 넘을 때에는 정당이 이를 공개할 의무가 있다. 그 한도액은 1967년에 제정된 최초의 정당법에서 연간 20,000마르크로 정해졌었다. 이 액수는 1988년의 개정 정당법 제25조 2항에서 40,000마르크로 인상되었다. 이는 정당법의 제정 이후의 화폐가치의 하락을 반영한 것이었다.

III. 결정의 내용(BVerfGE 85, 264)[21)]

1. 소송의 유형

이 글에서 살피게 될 사안은 녹색당의 연방중앙당이 연방하원과 연방상원을 상대로 제기한 기관쟁송이었다.[22)]

2. 문제의 초점

이 결정에서 문제가 되었던 것은 1989년 1월 1일자로 발효된 정당재

---

21) 이 결정은 Hofmann, 앞의 글, 506면 이하 ; H. Hofmann, Die staatliche Teilfinanzierung der Parteien, in: *NJW* 1994, 691~696면, 691면 이하 ; S. M. Huber, Der Parteienstaat als Kern des politichen Systems—Wie tragfähig ist das Grundgesetz?, in: *JZ* 1994, 689~696면, 694면 ; D. Th. Tsatsos, Zur Demokratisierung des Parteienstaates, in: *ZRP* 1993, 95~97면, 95면 이하 ; Ipsen, 앞의 글, 756면 이하 등에서도 소개되어 있다.

22) 독일기본법 제93조 1항 1호는 기관쟁송의 당사자능력을 연방최고기관과 기본법에 의해서 또는 최고연방기관의 의사규칙에서 독자적인 권리를 지니는 여타의 관련기관(andere Beteiligten)에게 부여하고 있으며, 독일연방헌법재판소법 제63조는 "연방대통령, 연방하원, 연방상원, 연방정부 및 기본법 또는 연방하원과 연방상원의 의사규칙에서 독자적인 권리를 인정받는 이들 기관의 부분들만이 청구인과 피청구인이 될 수 있다"고 규정하고 있다. 연방헌법재판소는 정당의 당사자능력과 관련하여 연방헌법재판소법 제63조를 "여타의 관련기관"을 규정한 기본법 제93조 1항 1호의 규정에 비추어 헌법합치적으로 해석하여, 정당이 자신의 특수한 헌법적 지위를 방어하고 정당과 피청구인간에 헌법적 분쟁이 있을 경우에 한하여 기관쟁송의 당사자능력을 인정하고 있다(D. Schmalz, *Staatsrecht*, 3. Aufl., Baden-Baden, 1996, Rn. 65, 77, 586). 이러한 기준에 따라서 연방헌법재판소는 예를 들어 선거법상의 봉쇄조항이나 정당에 대한 국가의 재정지원과 관련해서는 정당의 당사자능력을 인정하고 있으며, 반면에 단지 정당재산의 처리가 문제될 때에는 이를 인정하지 않고 있다.

정의 국고지원에 대한 정당법규정과 관련법률에서 정당에 대한 재정지원과 관련된 새로운 규정들 중에서 기회균등화조정금(Chancenausgleich)의 산정방식(정당법 제22a조 2항)을 변경한 것, 기본금액(Sockelbetrag)을 도입(정당법 제18조 6항)한 것, 그리고 정당기부금의 공개한도액(정당법 제25조 2항)과 당비와 기부금의 면세한도액(소득세법 제10b조 ; 법인세법 제9조 3호)을 인상한 것이 기본법 제21조 1항과 제3조 1항에 합치하지 않아서 청구인의 권리를 침해하였는지의 여부였다.

3. 결정의 내용

1) 기본원칙

(1) 정당의 일상활동에 대한 국고지원[23]

이 결정에서 연방헌법재판소는 이전의 정당재정 결정들에서 보였던 입장을 가장 핵심적인 점에서 변경하였다. 그 내용은 직접적인 선거준비행위는 단지 형식적이고 조직적인 관점에서 볼 때에만 정당업무 중의 독자적인 일부를 이룰 뿐 현실적으로 보면 정당의 일상활동과 구별될 수 없으므로, 정당의 기본법에서 보장되는 활동에 대해서는 그것이 정당의 일상활동이라도 국가가 재정적으로 보조할 수 있다는 데에 있었다. 연방헌법재판소는 이제 국가의 의사형성과 국민의 의사형성간의 분리, 즉 선거준비행위와 일상의 정당활동간의 분리는 관철될 수 없는 명제임을 인정하였던 것이다. 다시 말하자면 정당의 일상활동은 선거운동기간 중이나 그 이외의 기간에나 사실상 동일한 것인데 단지 형식적인 의미에서 정당의 선거운동을 여타의 활동으로부터 분리하여 이를

---

23) BVerfGE 85, 264, 285면 이하.

기본법이 제시한 정당의 국민의 정치적 의사형성에 기여하는 과업과 연결짓는 것은 사리에 맞지 않으며, 따라서 정당재정에 대한 국고보조의 헌법적인 한계를 "적절한 선거운동을 수행하는 데에 필요한 비용"의 지불이라고 보는 기존 연방헌법재판소의 입장은 잘못되었다는 것이다.

(2) 정당의 국가로부터의 자유와 자기재정 우선의 원칙[24]

이어서 연방헌법재판소는 기존 결정례의 연장선 속에서 정당의 국가로부터의 자유를 강조하였다. 정당의 국가로부터의 자유는 단지 정당이 국가로부터 독립하여 존재할 것을 요구할 뿐만 아니라, 정당이 사회의 정치적 영역에 기초를 두고 자유로이 형성되는 집단으로서의 원래의 특성을 잃지 말고 유지할 것을 요구함을 다시 한번 확인한 것이다. 이러한 정당의 국가로부터의 자유의 원칙에서 도출되는 결론은 정당의 일상활동에 대한 국고지원은 반드시 부분적인 것에 그쳐야 하며, 국고지원에 의해서 정당 스스로가 당원이나 지지자들로부터의 재정지원을 얻기 위한 적극적인 노력을 할 필요가 없어져서는 안 된다는 것이었다. 이는 정당 스스로의 재원확보가 국가의 재정지원에 우선해야 한다는 원칙을 천명한 것으로 볼 수 있다.

2) 기본원칙의 구체화

이러한 기본원칙에 근거하여 독일연방헌법재판소는 정당의 일상활동에 대한 국고보조의 기준을 제시하였다.

(1) 상대적 상한선과 절대적 상한선

전술한 정당의 자기재정우선의 원칙으로부터 정당재정에 대한 국고

---

24) BVerfGE 85, 264, 287면 이하.

보조의 상대적 상한선이라는 기준이 도출되었다. 이에 따르면 정당에 대한 국고보조액은 당비, 기부금, 자산수익 등 정당 스스로 충당하는 재원의 액수를 초과할 수 없게 되었다. 연방헌법재판소는 여기서 정당의 부채는 정당충당의 재원에 포함되지 않으며, 원내교섭단체와 정당연관재단에 대한 보조금과 세제상의 혜택에 의한 간접국고지원은 여기서 의미하는 직접적인 국고보조에 포함되지 않는 것으로 보았다.[25]

연방헌법재판소는 또한 국가로부터의 자유와 자기재정우선의 원칙으로부터 국고보조의 절대적 상한선을 정할 필요가 생긴다고 보았다. 정당의 자기재정의 증가에 따라서 국고에 의한 지원이 무제한으로 증가될 수는 없기 때문이었다. 정당에 대한 국고보조는 정당이 자신의 업무를 수행하는 데에 꼭 필요하지만 스스로는 충당할 수 없는 최소한에 국한되어야 하며, 국가는 정당이 국고에 의해서 보조되는 재원을 가능한 한 절약하여 자신의 업무를 수행할 정도 이상으로 지급해서는 안 된다는 것이다.

이러한 기준에 따라 연방헌법재판소는 정당에 대한 국고보조의 상한선을 제시하였다. 연방헌법재판소는 1989년에서 1992년 사이에 선거비용충당금, 기본비용, 기회균등화조정금의 형식으로 정당들에 지급된 액수의 합계의 연평균이 적절하다고 보아 이를 절대적 상한선으로 하였다. 이러한 절대적 상한선이 물가변동이나 기타의 상황에 따라서 변화되는 것은 가능하지만 이러한 변화는 전문가들로 이루어진 위원회의 통제 하에 이루어져야 한다는 것이 연방헌법재판소의 입장이었다.[26]

(2) 국고지원의 기준

연방헌법재판소는 정당의 국가로부터의 자유로부터 정당의 사회적

---

25) BVerfGE 85, 264, 289면 이하.
26) BVerfGE 85, 264, 290면 이하.

기반 유지의 필요성을 도출하여 이를 강조하였다. 이러한 기본관점에서 연방헌법재판소는 국고지원을 배정하는 기준을 제시하였다. 국고지원의 액수를 정하는 기준은 선거결과, 당비의 총액, 그리고 기부금의 액수 등 정당이 스스로 노력하여 얻은 세 가지의 성과였다.

이는 정당에 대한 국고지원에도 사경제 일반에 대한 국고지원의 원칙을 적용한 것이라고 볼 수 있다. 즉 기업에 대한 국가의 재정지원이 시장경쟁력이 없는 기업을 인위적으로 보존하기 위해서가 아니라 시장에 적응하도록 촉진하는 방향으로 이루어져야 하는 것과 마찬가지로 정당에 대한 국고보조에 있어서도 정당이 이룩한 성과를 적극적으로 평가하여 정당 스스로의 노력을 자극해야 한다는 것이다. 나아가 정당이 이룩한 성과는 당시의 국고보조제도에서처럼 단지 정당의 득표수에 의해서만 평가될 것이 아니라, 정당이 거두어들인 당비와 기부금도 중시되어야 한다는 것이었다. 하지만 연방헌법재판소는 기부금의 경우에는 기부금 전체의 액수가 상대적 상한선의 기준이 되어서는 아니 되며, 모든 정당이 정책방향과는 무관하게 거두어들일 수 있는 사회의 평균소득자에게도 가능한 금액의 한도 내에서의 기부금만이 국고보조금배당의 기준이 되어야 함을 강조하였다.

연방헌법재판소는 이러한 기준에 의해서 국고보조가 이루어질 경우에 의회에 진출하지 못한 정당이 일정한 불이익을 당할 것임을 인정하였다. 이러한 불이익을 줄이기 위해서 입법자는 의석을 얻지 못한 정당의 경우에는 득표수에 어느 정도 가중치를 부여해야 한다고 하였다. 하지만 그 어떤 경우에도 국고에 의한 보조가 정당 스스로 획득한 수입의 총액을 초과할 수는 없다는 상대적 상한선의 원칙에는 예외가 있을 수 없었다.[27]

---

27) BVerfGE 85, 264, 292면 이하.

3) 기존제도에 대한 평가

(1) 기본비용

지금까지 살펴본 제원칙에 비추어 볼 때 정당법 제18조 6항의 기본비용제도가 헌법에 위배됨은 명백하였다.[28] 독일연방헌법재판소는 "이처럼 정당의 성과와는 무관한 기본비용의 지원은 정당의 사회적 기반의 공고화와 시민과 유권자에의 지향을 의미하는 정당의 국가로부터의 자유의 원칙이 추구하는 목적에 위배된다"[29]고 하였다. 이와 관련하여 연방헌법재판소는 기본비용의 지급을 유효득표의 2%를 넘는 정당으로 제한하고(정당법 제18조 6항 1문) 기본비용의 액수가 정당에 지급되는 선거운동비용 총액의 80%를 넘을 수 없다는(동조 제6항 2문) 것으로 어느 정도 성과연관성이 있다는 주장을 받아들이지 않았다. 기본비용의 이러한 제한으로 헌법적인 문제점이 줄어드는 효과는 있을지언정 위헌적인 상황이 해결되는 것은 아니라는 것이었다.

(2) 기회균등화조정금

나아가 독일연방헌법재판소는 기회균등화조정금에 대한 기존의 입장을 바꾸어서 이 제도가 전체적으로 헌법에 위반된다고 선언하였다.[30] 개별적으로 보면 당비수입의 조정은 위헌임이 명백하고, 기회균등화조정금제도는 전반적으로 원래의 목적을 달성하는 데에 적절하지 않으며, 또한 당비수입과 기부금수입이 서로 교환될 가능성이 있다는 점과 관련된 헌법적 문제가 제기될 수 있다는 것이었다.

연방헌법재판소는 이전의 결정들에서와 마찬가지로 기회균등의 원

---

28) BVerfGE 85, 264. 294면 이하.

29) BVerfGE 85, 264. 295면.

30) BVerfGE 85, 264, 296면 이하.

칙을 엄격하게 형식적인 의미에서 적용하였다. 이러한 관점에서 볼 때에 당비에 의한 정당수입의 많고 적음에 의해서 균등한 경쟁을 저해하는 결과가 나오지 않음에도 불구하고 당원의 당비에 대한 기회균등화조정을 하는 것은 기회균등의 원칙에 위배된다는 것이다. 자료에 따르면 당비의 월평균액은 1987년 기사연(CSU)의 경우 6.51 마르크이고 1989년 녹색당의 경우는 12.53 마르크인데, 이는 소득세법 제34g조에 의해서 지불액의 50%가 면세되는 상한선인 연간 1,200 마르크에 크게 못 미치는 액수였다. 이러한 세제상의 혜택이 모든 정당에게 마찬가지로 적용되고 평균당비가 소득이 많은 계층을 우대할 우려를 제기할 정도로 높지 않으므로 여기서 당비에 대한 세제상의 혜택을 조정할 필요성은 생기지 않는다는 판단이었다.

또한 기회균등화조정금제도는 전체적으로 보아 원래의 목적을 달성하는 데에 적합하지 않다는 것이었다. 그 이유는 한편으로는 계산의 결과로 도출된 기회균등화조정금의 액수가 실제로 정당에게 돌아갔다고 가정된 세금혜택의 액수보다 상당히 많은 경우가 나타났다. 연방헌법재판소는 기회균등화조정금의 액수가 정당에 분배된 선거비용지원금의 10%를 넘지 못한다는 규정(정당법 제22a조 2항 4문)에 의해서도 이 문제는 치유될 수 없다고 보았다. 다른 한편으로는 약간의 득표율의 차이에 의해서 기회균등화조정금의 계산결과가 크게 다르게 나올 수 있다는 점을 연방헌법재판소는 지적하였다. 이는 이른바 ‘기준정당’을 선거에서 5%이상을 득표한 정당들 중에서 산출하는 결과로 나오는 문제였다.

마지막으로 연방헌법재판소는 정당의 당규에 따라서 같은 돈이라도 당비로 또는 기부금으로 산정될 수 있는 가능성이 있고 그 결과에 따라서 기회균등화조정금의 액수가 달라지는 문제점도 지적하였다.

연방헌법재판소는 이러한 문제들은 기회균등화조정금제도 그 자체로부터 나오는 것으로 보아 이의 폐지를 요구하였다.

(3) 세금공제의 문제

연방헌법재판소는 전술하였듯이 기회균등화조정금이 세금혜택에 의한 간접국고지원으로부터 발생하는 불평등을 제대로 조정하지 못하므로 위헌이라고 보았다. 소득세법과 법인세법상의 세금공제상한액에 대한 규정은 기회균등화조정금제도와 밀접한 관계가 있었으므로 이에 대한 판단도 이루어져야 했다.[31) 연방헌법재판소는 소득세법 제10b조 2항 1문과 법인세법 제 9조 3b호가 고소득자와 경영자를 위한 정책을 추구하는 정당에 유리하므로 기회균등의 원칙에 위배된다고 보았다.

연방헌법재판소는 우선 법인이 제공하는 기부금에 세제상의 혜택을 부여하는 것은 그 자체로 위헌이라고 하였다. 법인의 기부금에 대한 세금혜택으로 인해서 사실상 이 기부금의 뒤에 있는 자연인은 국가의 경제적 지원을 받는 정치적 영향력을 추가로 행사하게 되는데 이는 여타의 일반시민에게는 불가능한 것으로 정당의 평등권과 시민의 정치적 의사형성에의 동등한 참여권에 위배된다는 것이다.

또한 연방헌법재판소는 소득세법이 세금공제한도액을 1인당 연간 60,000마르크(부부의 경우는 120,000마르크)로 규정한 것은 위헌이라고 선언하였다. 이 액수는 그 자체로 국민의 연평균소득을 명백하게 초과하는 것으로 대다수의 기부자가 엄두도 낼 수 없는 금액이기 때문이었다. 자연인이 정당에 기부금을 내는 것에 세제상의 혜택을 부여하는 것은 기부금의 액수가 평균적인 소득자에게 가능한 한에서 헌법적으로 허용된다는 것이다.

(4) 공개의무

마지막으로 연방헌법재판소는 정당이 공개해야 하는 기부금액의 상

---

31) BVerfGE 85, 264, 312면 이하.

한선을 40,000마르크로 규정한 정당법 제25조 2항을 위헌이라고 하였
다.32) 적어도 기초 자치단체 차원에서는 이 단위의 정당조직의 재정상
태를 감안할 때에 20,000마르크 정도의 기부로도 적지 않은 정치적 영
향력을 행사할 수 있다는 것이 현실적 이유였다.

IV. 개정된 법률의 내용

1. 개정절차

지금까지 살펴본 연방헌법재판소의 결정에 따라서 정당법과 연관법
률의 개정이 이루어졌다.33) 연방하원에서의 개정작업에서는 기민/기사
연(CDU/CSU), 사민당(SPD), 자민당(FDP)의 공동안과 전문가위원회의
권고안, 그리고 연대90/녹색당(Bündnis 90/Die Grünen)의 안이 함께 논
의되었다. 그런데 의회에서의 입법절차가 종료된 후에 주목할 만한 일
이 발생하였다. 연방대통령이 개정법률안에 위헌의 혐의가 있다고 하여
기본법 제82조 1항 1문의 서명을 거부하고 이의 합헌성 여부를 실질적
으로 심사하였던 것이다. 결과적으로는 실질적 측면에서의 위헌의 소지
가 서명을 거부할 만큼 명백하지는 않다는 판단으로 법률이 공포되었
지만 이로 인하여 개정법률의 공포가 1994년 2월 4일로 지체되어 동년
1월 1일부터 소급하여 효력을 발생하게 되었다.34)

---

32) BVerfGE 85, 264, 318면 이하.

33) 정당재정의 국고보조에 대한 법률개정절차 및 내용에 대해서는 H. Hofmann,
    Die Neuregelung der staatlichen Parteienfinanzierung, 508면 이하 ; H. Hofmann,
    Die staatliche Teilfinanzierung der Parteien, 692면 이하.

34) BGBl. 1994, 142면 이하.

2. 내 용

1) 선거비용지급제도의 폐지와 정당활동 일반에 대한 보조금제도의 도입

새로운 정당법에서는 전술한 결정의 취지에 따라 기존 정당법 제4절의 선거비용충당금(제18조 이하)과 제5절의 기회균등화조정금(제22a조)에 관한 내용이 제4장의 국고보조에 관한 내용으로 대체되었다.

새로운 정당법은 제18조 1항에서 국가가 기본법에 근거한 정당의 일반활동에 대해서 부분적인 재정지원을 할 수 있다고 하면서 지원의 기준을 제시하고 있다. 동조 제3항에 따르면 정당들은 유럽의회선거, 연방하원선거 그리고 주의회선거에서 얻은 유효득표수에 대한 보조금과, 거두어들인 기부금과 당비에 대한 지원금을 받는다. 득표수에 대한 보조금은 한 표에 대해서 1마르크이며, 5백만 표까지에 한해서는 한 표당 1.3마르크씩 지불된다. 당비와 기부금에 대한 지원금은 자연인 1인당 지급액이 6,000마르크를 넘지 않는 범위에서 지원되는데, 그 액수는 정당이 당비와 기부금으로 받은 각 1마르크에 대해서 0.5마르크이다. 동조 제2항에 의하면 국고보조의 총액은 절대적 상한선을 넘을 수 없는데 그 상한선은 2억 3천만마르크로 명시되어 있다. 또한 동조 제5항은 각 정당에 대한 국고보조의 총액이 정당이 스스로 획득한 당비와 기부금을 초과할 수 없다고 하여 상대적 상한선을 규정하고 있다. 물가의 변화에 대한 절대적 상한선의 적용이나 정당재정구조의 변화에 따른 국고보조제도의 개선을 위해서 연방대통령 산하에 독립전문가위원회가 구성되어, 해마다 연방하원에 자료를 제출한다.(동조 제6항·제7항)

2) 세제상의 혜택

당비와 기부금에 대한 세제상의 혜택을 부여하는 소득세법 제10b조와 제34g조의 규정도 개정되었다. 동법 제10b조의 당비와 기부금에 대한 소득세 공제한도액은 기존의 60,000마르크(부부의 경우 120,000마르크)에서 3,000마르크(부부의 경우 6,000마르크)로 무려 20분의 1로 줄어들었다. 한편 당비와 기부금에 대해 50%의 면세를 규정한 동법 제34g조의 면세액상한선은 600마르크(1,200마르크)에서 1,500마르크(3,000마르크)로 상향조정되었다.

동법 제10b조와 제34g조는 이전처럼 양자택일적으로가 아니라 부가적으로 적용될 수 있는 것이다. 즉 동법 제10b조에 의한 공제는 정당에의 지급액이 동법 제34g조의 적용상한선인 3,000마르크(6,000마르크)를 넘을 경우에 적용될 수 있다. 따라서 정당에 지급한 금액은 전체적으로 6,000마르크(12,000마르크)까지 세제상의 혜택을 받게 되었다. 나아가 연방헌법재판소가 위헌이라고 본 정당에 대한 법인의 재정지원에 대한 세액공제는 폐지되었다.

3) 공개의무

정당법 제25조 2항에 의한 일정액수를 넘는 기부금에 대한 공개의무는 연방헌법재판소의 결정에 따라서 기존의 40,000마르크에서 20,000마르크로 강화되었다. 새로운 공개한도액은 1992년 4월 9일자 결정이 이른바 규범대체적 적용명령(normersetzende Anwendbarkeitsdirektive)으로서의 성격을 지녔으므로 그 결정일로부터 효력이 있었다.[35]

---

35) BVerfGE 85, 264, 328면 ; H. Hofman, Die staatliche Teilfinanzierung der Parteien, 692면 이하.

V. 평 가

1. 이 결정의 의의

1) 헌법도그마와 헌법현실

이 결정은 무엇보다도 그 동안 정당에 대한 국고지원의 헌법이론적 기초를 이루었던 1966년 제2차 정당재정결정의 근본적 수정을 의미하였다. 1966년의 결정은 정당의 일반활동에 대한 국고지원을 반대하던 여론상황과 정당에 대한 국고지원에 제한을 가할 필요성 등 당시의 분위기와 관련하여 이해될 수 있는 측면이 있기도 하다. 하지만 1966년의 결정이 전제하였던 국가와 사회, 국가의사의 형성과 국민의사의 형성의 분리는 헌법이론적 차원에서뿐만 아니라 현실과의 괴리로 인한 문제점을 드러냈다. 이러한 분리사고방식은 그 배경에 반다원주의적인 관헌주의적·입헌군주제적 국가관이 놓여 있다는 비판이 제기되어 왔다. 하지만 이러한 문제점은 이론적으로 정당의 헌법상의 지위에 대한 논의와 관련하여 이미 극복되었고 이 결정에서도 중요한 논점을 이루지는 않았다.

1966년 결정이 전제하였던 분리사고방식이 정당재정에 대한 국고지원과 관련하여 보다 구체적으로 문제되었던 것은 국가와 사회의 분리라는 도그마가 현실에 맞지 않는다는 점이었다고 볼 수 있다. 국가와 사회의 분리사고방식이 다원주의사회의 현실에 맞지 않음은 정당을 법적으로 규율하는 데에서 극명하게 드러났다. 정당의 선거준비활동과 기타의 일상활동은 현실적으로 서로 구별할 수 없으며, 정당이 매개하는 국민의 의사로부터 국가의 의사로의 전이는 각 요소들이 상호 영향을 주며 상호 의존하는 연속적 과정이다. 이처럼 현실에 반하는 도그마는 관철될 수 없었고 따라서 이를 유지하는 한에는 제도적으로 실현된 국고보조제도가 원래의 도그마에 충실할 수 없었다. 이전의 정당법에서 선거비용충당금이 의제적으로 산정되고 이의 분할지급이 가능하였으며 기본비용제도가 도입되는 등 선거비용지급이라는 명목 하에 사실상 정당의 일상활동에 대한 재정지원이 이루어지는 상황이 계속되었던 것은 선거비용지급제도가 지니는 잘못된 전제 때문이었다. 1992년의 연방헌법재판소의 결정은 이를 시정하고 정당에 대한 국고보조제도를 정당의 현실적 존재로부터 출발하였다는 데에 의미가 있을 것이다.

2) 정당국가 위기의 극복 노력

정당국고보조에 대한 1992년 이전의 결정들이 암묵적으로 전제하고 있었던 것은 정당이 국민의 정치적 의사형성에 기여하고 이를 국정에 반영하고 있으므로 정당에 대한 국고보조는 정당 상호간의 공정한 경쟁을 보장하고 촉진하는 방향으로 수행되어야 한다는 것이었을 것이다. 하지만 특히 1980년대 이후에는 이러한 전제가 더 이상 의문 없이 받아들여지지 않는 상황이 전개되었다. 정당들이 국민의 의사를 국정에 제대로 반영하기 위하여 경쟁하기보다는 기존의 지위를 유지하기 위하여 담합하고 이로 인하여 정치체계 일반과 여타 사회영역과의 의사소통이 막히는 현상이 나타난다는 여론이 비등하고 이러한 문제의식을 지닌 학술연구도 급증하게 되었다. 독일헌법학의 정당에 대한 분위기의 변화는 정당에 대한 헌법적 문제를 다루었던 독일국법학자대회의 주제를 통해서 상징적으로 엿볼 수 있다. 1958년의 주제가 "현대국가에서의 정당의 헌법상의 지위"였던 것에 반하여 1985년의 주제는 "정당국가－민주헌정국가의 위기증후군?"이었다.[36)

정당의 자기재정을 전반적으로 강화할 것과 정당에 대한 국고지원을 정당이 국민에게 정치적·재정적으로 얼마나 다가갔는가에 따라서 배정할 것을 요구하는 1992년 결정의 배경에는 정당체계가 자신의 사회적 뿌리로 돌아와야 한다는 사회 전반의 분위기가 놓여 있었다. 또한 국가의 시민사회에 대한 간섭은 시민사회가 자율적으로 기능하는 것을 돕는 데에 그쳐야 한다는, 보충성의 원칙에 근거한 기존의 개입국가에 대한 반성도 근저에 깔려 있다고 볼 수 있다.

독일연방헌법재판소의 이 결정은 정당국고보조의 새로운 헌법원칙을 제시하였을 뿐만 아니라 여론과 전문가들로부터 폭넓은 호응을 얻었다. 이는 이 결정이 단지 기존제도의 내용상의 불합리성을 시정한 것뿐만이 아니라 고도로 복잡하여 이해당사자나 전문가가 아니면 거의 그 내용이나 효과를 이해할 수도 예측할 수도 없던 것을 단순화하여 정당국고보조제도의 일반시민들에 대한 투명성을 높인 때문이기도 하였다. 이 결정에서 제시된 기본원칙들이 상당기간 정당국고보조제도의 헌법적 평가의 기준이 되리라는 것이 일반적인 전망이다.

2. 우리에게 주는 시사점

지금까지 살펴본 결정이 우리나라의 현실에도 시사하는 바가 적지 않겠지만 그에 앞서 고려할 점이 있는 듯하다.

우선 정당국고보조의 문제를 포함하는 정치에 대한 국고보조문제를 단지 규범논리로만 접근하는 것은 불충분할 것이다. 이는 국가라는 하

---

36) K. Hesse und G. E. Kafka, Die verfassungsrechtliche Stellung der politischen Parteien im modernen Staat, in: *VVDStRL* 17, 11~102면 ; M. Stolleis, H. Schäffer und R. A. Rhinow, Parteienstaatlichkeit—Krisensymptome des demokratischen Verfassungsstaats?, in: *VVDStRL* 44, 7~113면.

나의 정치공동체에서 얼마의 정치비용이 드는가와 이를 어느 정도 국민의 세금으로 부담해야 하는가의 문제이므로 현실의 상황을 충분히 고려하면서 규범적인 접근을 해야 할 것이다. 정당의 국고보조문제는 경제학, 정치학, 사회학 등에서의 연구와의 상호연관 속에서 전체적인 전망을 유지하면서 고찰할 필요가 있다. 지나치게 규범도덕주의적인 문제접근은 문제의 실질적인 해결에 별 도움이 안 될 수도 있을 것이다.

앞에서 살핀 연방헌법재판소의 결정은 전술한 바와 같이 독일 정당국가에서의 정당의 과두지배에 대한 비판이 확산되는 분위기 속에서 나온 것이다. 이 결정은 정당이 제도화되어 있고 법제도에 의한 정당자금의 통제가 가능한 상황이 전제되어 있는 것임을 간과해서는 안 될 것이다. 따라서 이 결정의 구체적인 내용과 이에 따라서 변경된 법제도를 도입하는 데는 그러한 배경과 더불어 우리나라의 정치문화와 정당현실을 충분히 고려할 필요가 있을 듯하다. 특히 이른바 '비자금'으로 상징되는 왜곡된 정치자금 조달구조가 해결되지 않는 상황에서 정당 국고보조제도의 개선논의는 정치자금문제의 전반적인 해결에 별 도움이 되지 않을 수도 있음을 유념해야 할 것이다.

마지막으로 독일에서 정당에 대한 국고보조제도는 정치에 대한 국고보조의 한 부분이라는 점을 강조할 필요가 있다. 아르님(Arnim)은 독일의 경우 1966년의 정당국고보조에 대한 결정 이후 정당 자체에 대한 국고보조는 어느 정도 통제될 수 있었지만 상대적으로 여론과 연구의 관심영역 밖에 있던 원내교섭단체와 아데나우어재단, 에버트재단, 나우만재단 등 이른바 정당재단에 대한 국고지원이 1967년 이래에 폭발적으로 증가하여 전자의 경우는 거의 30배, 후자의 경우는 40배 이상 증가한 사실을 지적하고 있다.[37] 1992년에 원내교섭단체에게 약 2억 4천만마르크, 독일연방하원의원의 비서들에게 약 1억 3천 5백만마르크, 그

---

37) Arnim, 앞의 글, 346면 이하.

리고 정당재단에 6억 7천만마르크가 지출되었다.[38] 앞에서 살핀 연방
헌법재판소의 결정이 정당에 대한 국고보조의 절대적 상한액을 2억 3
천만마르크로 정한 것에 비추어 볼 때에 적지 않은 액수이다.

　이러한 점들을 유념한다는 전제하에서 이 결정이 제시한 기본원칙
들은 경청할 가치가 있다는 생각이다. 이 결정은 독일적 전통과의 관련
속에서 정당에게 과도하게 국가적 성격을 부여한 기존의 헌법이론과
판례의 입장을 극복하고 정당을 본연의 위치로 되돌리는 중요한 전환
을 의미할 뿐 아니라 정당국가에 대한 시민사회의 비판적 통제의 강화
라는 세계적인 추세 속에 놓여 있기 때문이다.

---

38) Huber, 앞의 글, 694면 이하.

제3부
헌법과 정치개혁

정치체계의 신진대사와 정치관계법
―정치관계법의 헌법적 정상화를 위하여―

I. 머리말

정치권에 대한 국민의 감정이 불신과 무관심을 넘어 분노로 치닫고 있다. 이는 1987년 6월민주화운동의 승리이후 절차적인 민주화과정이 정치권 내부의 세력관계의 변화는 가져왔지만 정치체계의 체질개선에는 이르지 못하고 있는 데에 대한 답답함의 표출이다.

김대중정부가 들어선 이후 정치개혁에 대한 논의가 만발하였다.[1] 정

1) 정당 및 선거제도의 개혁에 관한 최근의 논의에 대해서는 성낙인, "정치개혁의 방향과 과제", 새정치국민회의·자유민주연합 정치구조개혁위원회 공청회, 『정치구조개혁 어떻게 할 것인가?』(1998.3.2.), 9~40면 ; 정대화, "정당법 및 정당제도의 개혁방향", 민주노총·참여연대·한국정당정치연구소, 『정치 법·제도 개선을 위한 대토론회』(1998.7.23.), 5~15면 ; 허영구, "선거 법·제도 개선", 앞의 자료집, 33~37면 ; 김용호, "정당의 민주적 개혁", 제7회 아태평화재단 국내 학술회의, 『국민의 정부: 과제와 전망』(1998.9.22.), 3~23면 ; 이갑윤, "지역주의와 선거제도", 앞의 자료집, 25~50면 ; 손혁재, "김대중정부 정치개혁의 성과와 한계", 서울 YMCA 제386회 시민논단, 『정치개혁 이대로 좋은가?―시민정치 활성화를 위한 정치개혁과제―』(1998.10.14.), 9~31면 ; 이상수, "국민회의의 정치제도 개혁방안", 한국공법학회 제78회 학술발표회, 『정치·행정개혁을 위한 입법과제』(1998.11.21.), 7~23면 ; 정연주, "국회의원 선거법의 개정방향", 앞의 자료집, 24~47면 ; 정만희, "정당법 및 정치자금법의 개정방향", 앞의 자료집, 48~74면 ; 이경주, "김대중 정부 1년에 대한 규범적 평가―정치개혁의 문제점과 원점―", 민주주의법학연구회 편, 『한국사회의 법과 민주주의(Ⅱ)―김대중

부여당인 국민회의의 개혁방안만을 가지고 보아도 선거제도와 관련하여서는 국회의원정수의 축소, 비례대표제의 강화 및 1인 2표제, 비례대표에서의 여성할당제 도입, 선거연령의 하향조정, 선거운동제한의 완화, 투표참여의 촉진방안 등이 논의되었고, 정당 및 정치자금과 관련해서는 지구당 운영의 개선, 당비확보를 통한 정당재정구조의 개선, 공천제도의 개선, 정당 설립요건의 완화, 공무원의 부분적인 정당가입허용, 개인과 법인의 후원회 기부한도액 인하, 불법정치자금 수수에 대한 처벌강화 등이 제시되었다. 하지만 법개정의 결과는 국회의원정수의 축소(26개 지구당 감소), 여성할당제의 도입, 시민단체 선거운동의 부분적 허용, 정당 유급사무직원 수의 소폭제한(중앙당 150인, 당지부 5인), 당비납부자와 자원봉사자에 국한된 공직후보자·당직자 선거권의 부여 등에 그쳐서 개혁의 시늉만을 보였다. 또한 국회의원선거 기탁금을 1천만 원에서 2천만 원으로 상향조정하는 등 개악된 부분도 발견된다. 그나마 이 정도의 법개정이 가능했던 것도 나눠먹기식의 담합으로 나온 여야의 합의안에 대한 국민적 저항의 결과이다. 지난 1월 15일의 여야 합의안은 정치개혁의 요구를 외면하고, 오히려 지역구의원의 수를 늘리고 정당 국고보조금을 1.5배로 증액하며 선거사범에 대한 공소시효를 6개월에서 4개월로 단축하는 등 국민을 경악시키기에 충분하였다.[2]

　　10여년에 걸친 민주화과정 속에서 대통령직선제를 쟁취하여 국민의 정부선택권을 형식적으로나마 회복하였고 정권의 문민화를 이루었으며 이어서 수평적 정권교체가 실현되는 등 적지 않은 성과가 있었던 것도 사실이다. 하지만 이러한 변화에도 불구하고 정치는 여전히 국민으로부터 멀리 떨어진 남의 이야기이며 국민대중이 정치에 접근할 수 있는 길은 현실적으로 마련되어 있지 않다. 국민대중이 정치에 적극적으로 참

　　정부 1년에 대한 규범적 평가—』, 관악사, 1999, 143~171면 등을 참조할 것.
　2)『한겨레신문』2000.1.17., 1, 3, 4면.

여할 통로가 봉쇄되어 자신이 제대로 대표되고 있다는 느낌을 받지 못한다면 이는 심각한 위기상황인 것이다.

우리사회는 짧은 시간에 빠른 속도로 다원화·개방화되어가고 있다. 하지만 우리의 정치권은 권위주의체제가 배경으로 하던 반공이데올로기에 입각한 분단체제를 여전히 극복하지 못하고 있으며 지역감정이라는 새로운 보호막을 만들어 그 속에 안주하여 왔다. 권위주의체제 하에서 여당과 야당의 대립은 권위주의국가 대 민주주의를 갈망하는 시민사회의 갈등구조를 대변하였다고 할 수 있다. 하지만 점진적 민주화 과정 속에서, 특히 최근의 정권교체 이후에 이러한 갈등구조는 매우 희미하게 되어 더 이상 큰 의미를 지니지 못한다. 국민의 눈에는 여야가 서로 대립하기보다는 공동의 이익을 위해 담합하는 모습이 부각되며 이로써 국민대중과 제도정치의 간격이 날로 벌어지는 현상이 나타나고 있다. 권위주의 하에서의 국가와 시민사회의 대립이 이제는 제도정치권과 시민사회의 대립으로 전환되고 있는 것이다. 국민과 정치권의 괴리를 극복하기 위하여 정치권의 체질을 사회의 현실을 제대로 반영하도록 개선하는 일은 시대의 중요한 과제가 아닐 수 없다.

이러한 상황 속에서 최근 주목할 만한 현상이 나타나고 있다. 한편으로는 진보정당이 결성되어 제도권진입을 시도하고 있다. 이번에 결성된 진보정당은 대중적인 기반을 지니고 있다는 점에서 이전의 진보정당 실험과는 다른 양상을 보일 가능성이 적지 않다. 새로운 정당이 제도정치권에의 진입에 성공한다면 권위주의정치의 잔재를 제대로 극복하지 못하고 여전히 냉전적 반공체제에 짓눌려있는 우리의 정치구조를 변화시키는 계기가 될 것이다. 다른 한편으로는 최근에 급격히 성장한 시민단체들이 낙천·낙선운동을 벌이면서 적극적으로 참정권을 행사하는 움직임이다. 이러한 낙천·낙선운동은 권위주의체제 하에서 고착되어 이제는 당연시되고 있는 탈정치화된 정치문화와 이를 뒷받침하는 제도의 아킬레스건을 건드리는 의미심장한 움직임이다. 이러한 두 가지의 움직임이 국민들의 관심을 끄는 것은 정치의 물이 고여서 썩은 냄새가 진동하기 때문이다.

이 글은 우리나라 정치관계법의 문제점과 개선방안을 정치체계 신진대사의 활성화라는 관점에서 생각하려 한다. 오늘날 우리사회에서 표출되고 있는 변화에의 요구는 어디서 오는 것일까. 막힌 곳을 정확히 찾아내어 뚫어주면 물꼬가 트이고 그 후에는 물의 흐름에 따라 물길이 형성될 수 있으므로 중요한 것은 어디부터 어떻게 막혔는지를 찾아내는 일이다. 따라서 이 글은 우리나라 정치체계의 동맥경화현상을 진단하고 그 원인을 찾은 후에 해결방향을 제시하는 차례를 지니게 될 것이다. 우리 헌정사에서 헌법이 프로그램적 성격을 극복하지 못하고 살아있는 법규범으로 기능하지 못하였다는 점은 정치관계법을 분석하는 데에도 어느 정도 적용된다는 생각이다. 정치관계법을 제대로 이해하려면 그 배경에 놓인 현실을 함께 보아야 한다. 하지만 정치관계법률들은 헌법보다는 더 구체적으로 현실의 정치질서를 규율해야 하므로 우리의 헌정사적 현실이 그대로 반영되는 경우도 적지 않을 것이다. 이 글은 헌법의 정신이 지향하는 민주적 정치질서가 어떠한 현실과 법규범에 의해서 왜곡되었는지를 밝히고 이를 헌법이 상정하는 방향으로 바로잡으려 할 것이다. 정치체계의 신진대사는 기존의 정치관계법에 남아있는 권위주의 시대의 잔재를 극복하고 이를 헌법정신에 맞게 정상화함으로써 비로소 출발점에 설 수 있기 때문이다.

이 글은 구체적인 제도개선방안을 포괄적으로 제시하는 것을 목표로 하지 않는다. 문제의 핵심을 찾아내어 그 원인을 분석하고 해결의 기본방향을 제시하려 한다는 점에서 완결된 구조의 제도개혁론이기 보다는 논의의 출발을 이루는 시론이 될 것이다.

II. 우리나라 정치체계의 문제점

1. 배제와 순치의 역사:
분단체제의 형성과 고착화에 따른 탈정치화

우리나라 정치체계가 지니는 문제의 뿌리는 해방공간과 한국전쟁을 겪으며 형성된 반공이데올로기에 입각한 분단체제와 이에 따른 시민사회의 탈정치화에서 찾아져야 한다고 본다. 우리의 분단체제는 국가기구에 의한 제도적이고 물리적인 억압을 넘어서 국민개개인에게 자기검열 기제를 내면화시켜왔다는 점에서 정상적인 민주주의가 기능하는 데에 커다란 장애요인이 되고 있다.[3]

이러한 분단체제가 형성되는 과정은 한마디로 배제와 순치의 역사였다. 이미 제헌국회의 구성이전인 미군정 하에서 냉전체제의 강화와 함께 좌익계열이 배제되었고, 단정수립의 과정에서 중도계열은 참여를 거부하였다. 한국의 국가는 해방공간에서의 혼돈상황과 제헌이후의 계속적인 위기상황, 그리고 이어지는 한국전쟁을 겪으며 형성되었다. 이는 동시에 분단체제와 갈등하는 정치세력은 배제되거나 순치를 강요당하는 과정이었다. 1948년 12월의 국가보안법 제정은 이러한 배제와 순

---

3) 서중석은 극우반공체제는 이미 해방직후부터 나타난 '테러의 습성화', '공권력의 테러화'현상과 함께 형성되기 시작하여 정부수립 후인 1949년의 6·6반민특위습 격테러사건, 국회프락치사건, 6·26김구암살, 6·5국민보도연맹 창설 등을 거치며 구축되었으며, 한국전쟁을 겪으면서 반공이데올로기가 뿌리를 내리고 국민대중에게 내면화되었다고 본다. 그가 특히 주목하는 것은 극우반공체제가 수많은 학살사건을 통하여 형성된 '기억의 공포'와 피해의식에 기반하였다는 점이고, 이는 반공체제에 순응하는 인간형을 만들었다고 한다(서중석, 『조봉암과 1950년대(하) —피해대중과 학살의 정치학—』, 역사비평사, 1999).

치의 메커니즘이 제도화되고 정착되는 대표적 사건이라 할 것이다. 국가가 시민사회 위에 군림하면서 억압하고 위협하는 모습의 원형은 이 과정에서 찾을 수 있을 듯하다. 이후 국가보안법은 국민의 기본권을 포괄적으로 배제하는 기제로 작용하였을 뿐만 아니라[4] 하나의 법률을 넘어서 국민의 모든 사고와 행동에 내면적 자기검열의 기준을 형성하고 강요하였다.

배제와 순치의 역사는 여기서 그치지 않았다. 1958년의 진보당사건이나 5·16 군사쿠데타 이후의 '정치활동정화법'의 제정, 그리고 5·17 군사쿠데타에 이은 '정치풍토쇄신을 위한 특별조치법'의 제정은 이러한 역사의 두드러진 부분에 불과하다. 배제와 순치의 역사 속에서 시민사회의 조직화, 정치화는 불온시되고 범죄시되었다. 시민사회는 원자화되고 탈정치화되어 주권자인 국민은 방관자로 남을 수밖에 없었다.

---

4) 국가보안법이 헌법 위에 군림하며 헌법이 보장한 기본권을 포괄적으로 배제하여 왔음을 보여주는 것은 역설적으로 1990년에 제정된 남북교류 및 협력에 관한 법률이다. 동법 제3조는 "남한과 북한과의 왕래·교역·협력사업 및 통신역무의 제공 등 남북교류와 협력을 목적으로 하는 행위에 관하여는 정당하다고 인정되는 범위안에서 다른 법률에 우선하여 이 법을 적용한다"고 하고 있다. 이는 이 법이 허용하는, 정당하다고 인정되는 남북교류와 협력을 목적으로 하는 행위들에 대해서는 국가보안법의 적용을 배제한다는 의미로 이해된다(박원순, 『국가보안법연구3』, 역사비평사, 1994, 133면 이하 참조). 이러한 행위들이 헌법이 기본권으로 보호하는 범위 내에 놓여 있음은 재론의 여지가 없다. 그렇다면 국가보안법은 북한과 관련되는 사안에 대해서는 헌법이 보장하는 기본권의 행사를 전면적으로 배제하였고, 그 중 일부가 남북교류 및 협력에 관한 법률에 의하여 창설되었다는 결과가 된다. 헌법은 간 데 없이 법률에 의하여 기본권이 전면적으로 배제되고, 다른 법률에 의하여 부분적으로 창설되는 것이 우리의 현실인 것이다. 기본권은 헌법이 보장하고 불가피한 경우에 법률에 의하여 제한되는 것이 입헌주의이다. 행위의 자유가 포괄적으로 배제된 상태에서 법률에 의하여 비로소 승인되고 허용된다면 이는 입헌주의적 의미에서의 권리가 아니라 전입헌주의적 특권인 것이다.

2. 정치사회에 대한 국가의 개입

배제와 순치의 주체는 국가권력이었다. 우리의 현대헌정사는 국민을 배제하고 순치시키는 관권개입의 역사라고 하여도 과언이 아닐 정도이다. 여기서는 이러한 과정을 구체적으로 서술하는 대신 '정치운동에 관한 법률'이라는 비교적 알려지지 않은 법률의 생애를 소개하려 한다.

이 법률은 1950년대 정치현실의 단면을 보여주고 있다. 국회에서 이 법률이 가결된 것은 발췌개헌이 이루어진 부산정치파동 직전인 1952년 4월 16일이었다. 당시의 국회는 1950년 제2대 국회의원선거에서 관권개입현상을 경험하였고[5], 제헌헌법의 간선제 대통령제를 직선제로 개헌하려는 이승만 정부와 격렬하게 대립하고 있었다.

정치운동에 관한 법률 제1조는 이 법의 목적을 "정치운동을 자유롭고 공정하고 평온하게 전개시킴으로써 민주정치의 실천을 보장"하는 것이라 하였다. 이 법의 내용은 우선 자유로운 선거운동을 위하여 선거운동종사자를 관권으로부터 보호하는 것이었다. 동법 제7조는 정치변동기[6]에 있어서 폭력에 의한 현행범이 아니면 정치운동종사자[7]를 체포 또는 구금할 수 없다고 규정하였다. 또한 이 법률은 이를 위반한 자들에 대한 처벌조항을 두었다. 제8조는 "경찰, 검찰 또는 군무의 직에 있

---

5) 유숙란, "선거의 권위주의적 운용과 역기능", 한배호 편, 『한국현대정치론I』, 나남, 1990, 373~394쪽, 380면 참조.

6) 이 법에서 정치변동기라고 함은 공무원선거기일 공고일로부터 선거일 후 1개월의 기간 또는 헌법개정안공고일로부터 그 의결 후 1개월의 기간이었으며, 대통령, 부통령 또는 지방자치단체의 장의 선거에 있어서는 그 임기 만료 전 2개월이었다(동법 제6조).

7) 이 법에서 정치운동종사자는 정당의 임원으로 공보처에 등록된 자, 공무원선거에 있어서의 입후보자와 그 운동원으로서 등록된 자, 국회 기타 지방의회의 의원을 의미하였다(동법 제5조).

는 공무원으로서 전조에 위반하여 정치운동종사자를 체포 또는 구금한 때에는 무기 또는 5년 이상의 징역에 처한다. 전항의 공무원으로서 정치변동기에 있어서 정치운동을 자기 또는 그 상관의 의사대로 할 목적으로 정치운동종사자를 협박하거나 금품공여 또는 관직이권약속 기타 방법으로 유혹한 때에는 3년 이상 10년 이하의 징역에 처한다"고 하였으며, 제9조는 공무원이 정치변동기에 있어서 국민의 의사발표를 강요하는 행위를 금지하였다. 그리고 제10조는 정치변동기에 있어서 정치운동종사자에 대하여 폭력을 행사한 자에 대한 처벌을 규정하였다. 또한 주목할 만한 점은 이 법률의 부칙조항인 제13조가 미군정법령 제55호 정당에 관한 규칙의 폐지를 선포하고 있다는 것이다.[8]

이 법률안은 관권이 직접적으로 또는 폭력배등을 동원하여 선거운동을 포함한 정치활동에 광범위하게 개입하던 당시의 상황 속에서 아직 권위주의적 국가체제에 완전히 편입되지 않았던 국회가 자구책을 마련한 것으로 이해할 수 있다. 하지만 이 법률안은 제1공화국 동안에 법률로 성립되지 못하였다. 국회에서 법률이 통과된 지 13일 후에 이승만정부는 거부권을 행사하여 법률안의 재의를 요구하였고 국회는 1953년 5월 30일 이 법률안을 원안대로 가결하였다. 하지만 이승만정부는 이후 이 법률의 공포를 거부하고 오히려 1960년 4월혁명으로 정권이 무너질 때까지 여섯 차례에 걸쳐서 정치운동에 관한 법률의 폐지에 관한 법률안을 제출하였다. 국회는 이 법률안이 재의결된 후에 정부가 그 공포를 거부하면서 1953년 6월 18일에 오히려 이 법률의 폐지안을 제출하자 다음과 같은 이유로 이를 환송하였다.

---

8) 후술하는 바처럼 이 법률은 자유당정권 하에서는 공포되지 않았고, 정당에 관한 규칙은 1958년 진보당 등록취소의 근거법령이 되었다(서중석, 『조봉암과 1950년대(상)—조봉암의 사회민주주의와 평화통일론—』, 역사비평사, 1999, 203쪽, 207면 이하 참조).

한 법률의 폐지에 관한 법률안은 그 폐지의 목적으로 법률의 현실적 구속력을 제거함을 목적으로 하는 것인 바, 법률은 그것이 국회의 의결을 얻은 후 공포시행됨으로써 그 현실적 구속력을 발생하게 되는 것이므로 한 법률의 폐지에 관한 법률이 제안됨에는 그 폐지대상이 되는 법률이 공포시행되어 있음을 전제로 하나 이 법률안은 그 폐지대상이 되는 법률안이 없으므로 국회에 상정할 수 없으며 또한 헌법 제40조는 법률의 내용확정에 관하여 대통령에게 이의권을 인정하여 1회에 한하여 법률의 성립을 저지할 수 있게 하였으나 이의된 법률안이 동조 제2항에 의한 국회의 의결을 얻음으로써 법률로 확정되고 정부는 동조 제4항에 의하여 지체없이 공포하여야 하는 바 이 법안은 헌법의 명문규정을 위반하는 기초위에 제안되었기 때문에 이를 환송한다.[9]

이 법률은 1960년 4월혁명으로 이승만정권이 물러난 후인 1960년 10월에 비로소 공포되었다. 당시의 국회는 이 법이 "이정권 당시 관권에 의하여 정치운동의 자유가 강압되고 폭력배가 횡행하여 정치운동의 자유를 보장하기 위하여 제정되었"[10]다고 하였다. 이 법률은 5·16군사쿠데타 후인 1963년 10월 25일 국가재건최고회의에 의하여 폐지되었다.

정치운동에 관한 법률을 둘러싼 이승만정부와 제2대 국회간의 공방을 통하여 우리는 당시에 이미 관권에 의한 선거개입이 광범위하게 벌어지고 있었으며 아직은 이승만정부의 통제에 저항하던 국회가 정치활동의 자유를 확보하기 위해 노력하였음을 알 수 있다. 또한 이승만정권은 이러한 저항을 제압하기 위하여 부산정치파동에서 보여준 것과 같은 물리력을 동원하였음은 물론 이 사례에서처럼 국회가 재의결한 법률의 공포를 거부하여[11] 헌법이 규정하고 있는 국회의 입법권을 완전

---

9) 국회사무처, 『대한민국 법률안 연혁집9』, 1992, 9068면.

10) 국회사무처, 앞의 책, 9074면.

11) 제헌헌법은 제40조 제4항에서 대통령은 국회에서 재의결된 법률을 지체없이 공포해야 한다고 규정하였을 뿐 대통령이 이를 5일 이내에 공포하지 않을 경우에는 국회의장이 공포한다는 현행헌법 제53조 제6항과 같은 규정은 두지 않았다.

히 무시하는 횡포를 거리낌없이 행하였음을 본다. 우리나라 정치관계법이 지니고 있는 문제의 뿌리를 찾기 위해서는 국가권력이 법 위에서 군림하면서 공권력을 자의적으로 행사하고 탈법적인 행위를 거리낌없이 행한 현실을 충분히 감안해야 한다. 우리나라에서 정치관계법은 정당과 사회단체를 포함하는 정치체계의 공정한 게임의 룰로서 출발하지 않았다. 권위주의적 국가권력이 배제와 순치를 통하여 사회를 지배하는 데에 대항하여 정치체계의 자율성을 확보하려는 시도는 위에서 본 바처럼 초헌법적으로 무시되었다. 우리나라의 정치관계법에는 이러한 역사적 경험이 다양한 형태로 반영되어 있으며 정치관계법의 개선은 정치의 권위주의적 관행의 극복과 함께 가능할 것이다.

3. 정당 없는 정당정치

헌법학에서 흔히 논의되는 정당국가론은 당연히 정당의 존재를 전제로 한다. 정당법은 제2조에서 정당을 "국민의 이익을 위하여 책임있는 정치적 주장이나 정책을 추진하고 공직선거의 후보자를 추천 또는 지지함으로써 국민의 정치적 의사형성에 참여함을 목적으로 하는 국민의 자발적 조직"이라고 정의하고 있다. 하지만 우리의 정당사에서 국민의 자발적 조직으로서의 정당을 찾기란 쉽지 않은 일이다. 정권이 바뀌면 정당이 바뀌고, 정당에 가입함과 동시에 공직선거에 공천되거나 심지어는 당대표에 취임하는 현실은 우리나라에 적어도 국민의 자발적 조직으로서의 정당은 존재하지 않음을 보여주고 있다. 그렇다면 이러한 현실은 어디서부터 유래하는 것일까? 우리나라의 정당체제가 형성되어 온 과정을 살펴보자.

제2대 국회까지만 하여도 정당은 정치체계에서 주도권을 행사하지 못하였다. 제헌국회와 제2대국회선거의 당선자 중에서 무소속의 비중이 전자의 경우에는 42.5%, 후자의 경우에는 무려 60%로 매우 높았으며 제1당의 의석점유율이 각각 24.6%와 11.4%에 지나지 않았던 사실이 이를 보여준다. 이러한 상황에 처음으로 변화를 준 것이 자유당의 등장이었다. 자유당은 1954년의 제3대 국회의원선거에서 전체의석의 56.2%를 점유하여 창당이후 처음으로 치른 국회의원선거에서 제1당으로서의 지위를 확고히 하였다. 이 선거에서 제1야당이었던 민국당(한민당의 후신)의 점유율은 7.4%에 불과하였고 무소속의 의석비율은 33.4%로 여전히 적지 않은 비중을 차지하였다. 무소속의원의 비율이 결정적으로 감소한 것은 1958년의 제4대 국회의원선거에서였다. 1955년에 창당된 민주당은 이 선거에서 33.9%의 의석을 획득하여 54.1%의 의석을 얻은 자유당과 함께 우리나라의 선거사상 처음으로 보수양당구조를 형성하였던 것이다.12)

　자유당과 민주당의 성격은 우리나라의 정당구조를 이해하는 데에 적지 않은 의미를 지닌다. 자유당은 이미 정치권력을 장악하고 있던 이승만대통령이 의회와의 갈등과정에서 정당을 적대시하거나 무시하던 기존의 태도를 바꾸어 위로부터 창당한 정당이었다. 자유당은 집권자의 지시에 의해서 관권을 개입시키고 관변단체에 소속되어있던 국민을 동원하여 만든 정당이다.13) 자유당의 관제동원정당으로서의 성격은 집권당인 여당의 모델을 형성하였다. 한편 민주당은 한민당에서 민국당으로 이어지던 보수야당세력이 사사오입개헌 후 야당붕괴의 위기에 봉착하여 만든 정당이었다. 민주당은 폭넓은 대중적 지지기반을 두고 있는 정

---

12) 유숙란, 앞의 글, 388면 이하의 통계 참조.

13) 자유당의 창당과정과 그 성격에 대해서는 유재일, "한국 정당체제의 형성과 변화(1950~1961)", 고려대 정치학 박사학위논문, 1996, 103면 이하 ; 윤용희, "자유당의 기구와 역할", 한배호 편, 앞의 책, 1990, 277~310면 등을 참조할 것.

당이라기보다는 명망가정당이었다.[14)]

이후 수 십 년간 우리나라의 정당구조는 관제동원정당의 성격을 지닌 만년집권당인 여당과 보수명망정치인의 느슨한 조직체로서 집권여당의 실정에 실망하고 분노하는 '바람'이 국민들 사이에 일어나기를 기다리는 '돛단배정당'인 야당으로 고착되었다.[15)] 이러한 정당구조는 80년대말 이후의 민주화과정 속에서도 근본적으로 개선되지 않고 있다. 권위주의를 대체한 지역정당구도 속에서 정당들은 국민의 자발적인 조직으로 새로 태어나는 대신에 지역동원정당의 모습으로 기득권 유지에 급급하고 있는 현실이다.

4. 금권부패정치

우리나라의 정당체제가 자리를 잡아간 것은 관제동원정당인 자유당이 형성되면서였다. 이는 이미 정당체제가 형성되는 초기부터 정당은 국민의 자발적인 조직이 아니라 국가 또는 제도정치권이 국민을 동원하는 수단이었음을 의미한다. 정당이 국민을 동원하려다 보니 돈이 많이 필요하게 된다. 당원수가 많을수록 정치자금이 많이 걷히는 것이 아니라 반대로 자금이 많이 지출되는 전도된 상황이 우리의 일상적인 현실이 되어버렸다. 많은 정치자금이 필요한 정치는 부패정치로 귀결된

---

14) 민주당의 창당과정과 성격에 대해서는 김태일, "민주당의 성격과 역할", 한배호 편, 앞의 책, 311~342면 ; 유재일, 앞의 논문, 134면 이하를 참조할 것.

15) 흔히 정당을 조직유형에 따라서 명망가정당과 대중정당으로, 정강정책에 따라서 세계관정당과 이익정당으로 분류하며, 대중적인 조직을 지니고 다양한 이해관계를 포섭하는 현대정당을 국민정당으로 부르지만 이는 우리나라의 정당을 이해하는 데에 별로 도움이 되지 않는다. 우리나라의 정당은 관제동원정당인 만년여당과 돛단배정당인 만년야당의 양당체제에서 서너개의 지역동원정당체제로 변해왔다고 보는 것이 현실을 제대로 설명한다고 본다.

다. 정치인은 정치자금을 마련하기 위해서 부정부패의 유혹에 약해지며 국민들은 어차피 부패한 정치인이 선거 때만이라도 축재한 돈을 나누기를 기대하는 악순환이 계속되는 것이다.

우리나라에서 얼마나 많은 정치자금이 소요되는가에 대한 정확한 통계수치는 있을 수 없다. 정치자금의 대부분이 불법적 내지 탈법적으로 조성되고 쓰여지기 때문이다. 통계수치로 잡히는 정치자금은 실제로 정치에 소요되는 액수의 빙산의 일각에 불과하지만 이를 통해 보더라도 우리나라의 정치가 고비용구조를 지니고 있음을 쉽게 알 수 있다. 1997년 우리나라 정당들의 총수입은 약 2117억 원이었다고 한다. 같은 해 독일 정당들의 총수입이 우리 돈으로 환산하면 약 4792억 원이었다. 독일의 인구가 한국의 두 배에 가깝다는 사실과 양국간의 국민소득의 차이를 감안할 때 우리의 정치가 얼마나 많은 돈을 필요로 하는 지를 쉽게 볼 수 있다. 같은 해 정당수입의 구성을 보면 독일정당들은 수입의 약 48%가 당비인데 반하여 우리의 경우는 14%에도 못 미치고 있다. 우리나라 정당들의 당비수입의 대부분이 정당간부의 특별당비에 의존하고 있는 점까지 감안한다면 정당수입의 구조가 크게 왜곡되어 있음을 쉽게 알 수 있다.[16]

고비용 정치구조의 근본적인 원인은 우리나라의 정당이 동원정당이기 때문이다. 동원정당으로서의 성격은 선거에 임박하면 더욱 강하게 나타난다. 선거 때가 되면 갑자기 당원배가운동이 실시되고 당원교육을 빙자한 온천관광이 특수를 누린다. 각 정당은 당원수가 수백만임을 선전하는데 주변에서 자기가 어떤 정당의 당원임을 떳떳이 밝히는 사람을 찾아보기는 어렵다.[17] 15대 총선 때 서울에서 당선된 어떤 의원이

---

16) 『한겨레신문』 1999.4.26., 8면 ; 『문화일보』 1999.4.27., 7면 참조.

17) 지난 1997년의 대통령선거 때에 당시 여당의 간부가 방송에서 삼백만 당원이라고 발언한 적이 있는데 이는 얼마나 많은 유권자들이 당원으로 동원되어왔는지

선거전후 사용한 2억 중 1억 6천만 원을 정당행사로 사용하였다는 사
실18)은 우리나라의 고비용정치가 동원정당의 구조와 밀접한 관련이 있
음을 보여준다.

　고비용 정치구조는 정치관계법의 개선만으로 해결될 수 있는 문제
는 아니다. 이는 우리사회에 만연한 뿌리깊은 부패구조의 청산과 함께
이루어 질 수 있는 문제이다. 이를 위해서는 이 글의 범위를 벗어나는
기업회계의 투명화, 자금거래의 투명화, 사법권의 정치적 중립성의 확
보 등이 아울러 논의되어야 한다. 하지만 정치자금의 지나친 수요의 원
인을 분석하고 이를 해결하는 방안을 제시하는 것 역시 우리사회의 부
패구조의 사슬을 끊는 중요한 논점임을 부정할 수 없다.

III. 문제의 법적 표현: 당근과 채찍

　지금까지 우리나라 정치의 문제를 배제와 순치의 역사, 과도한 국가
개입, 정당부재의 정당정치, 금권부패정치라는 관점에서 살펴보았다.
이러한 문제들은 역대 정치관계법에 직간접으로 반영되어 왔고 현재에
도 그 영향을 미치고 있다고 보인다. 이 글은 앞에서 밝힌 바처럼 우리
나라 정치관계법의 전반적인 개선방안을 제시함을 목표로 하지 않고
문제의 핵심과 그 뿌리를 발견하여 해결의 실마리를 찾으려고 한다. 우
리나라의 정치관계법의 핵심적인 문제는 우리 헌정사의 배제와 순치의
과정이 법적으로 반영되어 있다는 점이다. 정치관계법은 배제의 대상에

　　를 보여준다. 참고로 인구가 우리나라의 두 배에 가까운 독일에서 백년이상의 가
　　장 오래된 역사를 지니고 당원수가 가장 많은 정당인 사회민주당의 당원 수는
　　1994년 현재 약 85만 명이다(K. Niclauß, *Das Parteiensystem der Bundesrepublik
　　Deutschland*, Paderborn u.a. 1995, 66면).
18) 『조선일보』 1998.9.24., 2면.

게는 채찍을, 순치되려는 자에게는 당근을 준비하고 있다. 이러한 채찍과 당근은 앞에서 살핀 다른 문제점들과도 연결되어 있다. 그러면 우리의 정치관계법이 어떠한 채찍과 당근을 제도적으로 준비하고 있는지 살펴보자.

1. 채　찍

1) 정당활동의 과도한 제한

(1) 헌법상의 정당조항

우리나라 역대헌법에서 정당조항이 처음 도입된 것은 제2공화국헌법에서였다. 이 헌법은 제13조 제1항에서 언론·출판의 자유와 집회·결사의 자유의 보장을 규정하고, 제2항에서 "정당은 법률의 정하는 바에 의하여 국가의 보호를 받는다"고 규정한 후에 단서조항으로 정당해산제도를 언급하였다. 정당활동이 헌법이 보장하는 결사의 자유의 보호범위에 속하는 것을 감안할 때 우리나라헌법이 기본권조항에서 처음으로 정당에 대해 언급한 것은 의미있다.

이후 우리헌법은 제3공화국 이래 별개의 정당조항을 두어왔다. 제3공화국헌법 제7조는 제1항에서 정당설립의 자유와 복수정당제의 보장을 규정하고, 제2항에서 정당의 조직과 활동이 민주적이어야 하며 국민의 정치적 의사형성에 참여하는 데에 필요한 조직을 갖출 것을 규정하였으며, 제3항에서는 정당에 대한 국가의 보호와 위헌정당해산제도를 언급하였다. 이후 제5공화국헌법이 정당에 대한 국고보조의 가능성을 열어놓으면서 현행헌법과 같은 정당조항이 형성되었다.

현행헌법 제8조의 정당조항과 정당법을 해석함에 있어 출발점은 헌법 제8조 제1항의 "정당의 설립은 자유이다"라는 규정일 것이다. 여기서의 정당설립의 자유는 헌법 제21조가 규정하는 정치적 의사표현의 자유나 정치적 결사의 자유 및 제24조와 제25조가 보장하는 참정권과 함께 해석되어야 한다. 헌법이 정당을 제도적으로 보호한다는 것은 정당제도 그 자체를 위한 것이라기보다는 현대 민주주의 하에서 이러한 기본권을 보다 두텁게 보장하기 위한 목적·수단의 관계로 이해해야 하기 때문이다.

(2) 정당법제정의 배경과 정치적 기본권

우리나라에서 정당법이 처음으로 제정된 것은 1962년 12월 31일 국가재건최고회의에 의해서였다.[19] 이미 같은 해 3월 16일에 정치활동정화법이 제정되어 기존의 정·관·재계를 포괄하는 광범위한 정치규제가 시행되고 있었다.(동법 제3조 제1호부터 제7호 참조) 이 법에서 정치활동 금지대상의 범위에 드는 자가 정치활동을 하고자 할 때에는 정치정화위원회의 심사를 청구해야 했다.(동법 제3조) 이러한 심사를 청구하지 않거나 적격판정이 나지 않은 경우에는 1968년 8월 15일까지 정치적 행동을 할 수 없었다.(동법 제7조) 정당법의 제정은 이처럼 광범위한 정치활동'적격자' 심사과정과 함께 이루어졌다. 같은 해 12월 26일에 제정된 제3공화국 헌법은 고도의 정당국가를 지향하였다. 헌법은 국회의원 또는 대통령후보가 되려하는 자는 소속정당의 추천을 받아야

---

19) 정당법제정 이전의 정당에 관한 법령으로는 이미 언급한 바처럼 1946년 2월 23일 미군정법령 제55호로 제정된 '정당에 관한 규칙'이 있다(한국법제연구회편, 『미군정법령총람』, 169면 이하). 정치적 활동을 행할 목적으로 단체 또는 협회를 조직하여 어떤 형식으로나 정치적 활동에 종사하는 자로써 된 3인 이상의 각 단체는 정당으로서 등록할 것을 규정함으로 시작되는 이 규칙은 앞에서 언급한 정치운동에 관한 법률이 1960년에 공포됨으로써 동법의 부칙규정에 의하여 폐지되었다.

한다(제36조 제3항, 제64조 제3항)고 규정하여 무소속후보의 출마를 금지하고 실질적으로 정당의 정치독점을 보장하였다. 우리나라의 정당법은 정치활동정화법에 의해서 정치활동을 할 수 있는 자의 심사와 선별이 이루어지던 현실 속에서 고강도의 정당국가를 지향하는 헌법의 규정을 구체화하는 법률로서 탄생하였던 것이다.

(3) 정당법의 주요내용과 변천

여기서는 정당법의 내용 중 정당설립의 자유와 정당활동의 자유와 관련하여 정당의 설립요건과 정당활동의 자격제한을 살펴본다.

① 정당설립요건

정당을 통하지 않는 정치활동이 불가능한 상황 속에서 정당법은 매우 엄격한 정당설립요건을 규정하였다. 정당은 국회의원선거법에 의한 지역선거구총수의 3분의 1이상의 지구당을 가져야 하며 이러한 지구당은 서울시, 부산시와 각 도 중 5개 이상에 분산되어야 했다. 또한 각 지구당은 50인 이상의 당원을 가져야 했다. 이러한 설립요건은 1969년도에 개정된 정당법에서 오히려 강화되어 법정지구당수는 전체선거구의 2분의 1이상으로, 지구당의 법정당원수는 100인 이상으로 되었다. 유신헌법 하인 1972년의 개정법률에서는 각각 3분의 1과 50인 이상으로 원상복구되었으며 1980년의 개정에서는 다시 4분의 1과 30인으로 완화되었다. 이는 제3공화국의 집권세력이 양당제를 추구하였지만 유신정권과 제5공화국정권은 야당의 분열을 추구하였던 것과 상응한다.[20] 이후 법정지구당수는 계속 완화되어 현행 공직선거법은 전체지

---

20) 단 지구당분산요건은 1972년의 개정법률에서 3개 이상의 시도로 완화되었다가 80년도의 개정법률에서 다시 5개 이상으로 강화되었을 뿐만 아니라 하나의 시·도에 지구당총수의 4분의1이상을 둘 수 없다는 규정이 추가되었다. 이는 5공화

구당의 10분의 1로 규정하고 있다.

② 정당활동자격의 제한

1962년의 정당법은 창당발기인과 당원이 될 수 있는 자격을 국회의
원선거권을 가진 자로 규정하면서 "공무원·국영기업체 및 정부가 주
식의 과반수를 소유하는 기업체의 임원과 다른 법률에 의해서 정치활
동이 금지된 자"는 예외로 하였다. 이 규정에 의하여 정당활동이 금지
된 주된 직업군은 공무원과 국·공영기업체의 임원 이외에 교원과 언
론인이었다. 이후 1980년에 교원 중 대학교수의 정당활동이 인정되었
고 이후 1993년에 언론인의 정당활동이 허용되었다. 또한 정당법이 제
정된 이래 외국인에게는 정당활동의 자유가 인정되지 않고 있다.

(4) 정당활동 규제법으로서의 정당법

우리나라의 정당법이 헌법이 보장하는 국민의 정당설립 및 정당활
동의 자유를 제대로 실현해 왔는가는 의문이다. 우선 정당법의 제정시
점과 환경이 국민의 자유로운 정치활동을 폭넓게 제한하던 때였다. 또
한 앞에서 살핀 정당의 설립요건과 당원자격과 관련하여 역대 정당법
은 비교법적으로 보아 이해하기 어려울 정도로 강력한 규제조항을 두
어 왔다.

2) 선거운동의 과도한 규제

(1) 선거운동기간과 사전선거운동

공직선거법 제58조 1항은 선거운동을 "당선되게 하거나 당선되지 못

국 정권이 이른바 3김씨의 출신지역을 기반으로 하는 정당의 출현에 대비한 것
으로 파악된다.

하게 하기 위한 행위"라고 정의하면서 이어서 "선거에 관한 단순한 의견의 개진·의사의 표시·입후보와 선거운동을 위한 준비행위 또는 통상적인 정당활동은 선거운동으로 보지 아니한다"라고 하고 있다. 이 조문은 우리나라 선거법이 지니는 문제점을 보여주는 대표적인 사례이다.

공직선거법은 현실적으로 구별할 수 없는 것을 사물의 본성에 어긋나게 자의적으로 재단하여 구별하려 하고 있다. 도대체 '통상적인 정당활동'은 선거운동으로 보지 않는다면 정당은 통상적으로는 무엇을 하는 집단이란 말인가. 우리나라의 정당법 제2조는 정당을 "국민의 이익을 위하여 책임있는 정치적 주장이나 정책을 추진하고 공직선거의 후보자를 추천 또는 지지함으로써 국민의 정치적 의사형성에 참여함을 목적으로 하는 국민의 자발적 조직"이라고 규정하고 있다. 정당의 통상적인 활동은 어떤 식으로든 선거와 연계되어 있다. 그런데 우리의 선거법은 통상적인 정당활동과 선거운동을 구별하는 무리를 범하고 있다.[21] 이러한 구별의 어려움은 "선거에 관한 단순한 의견의 개진·의사의 표시"나 "입후보와 선거운동을 위한 준비행위"의 경우에도 별반 다를 바가 없다.

선거법이 이처럼 무리한 규정을 하는 이유는 선거운동기간에 관한 제59조에 의해서 설명된다. 동조는 선거운동은 당해 후보자의 등록이 끝난 때부터 선거일 전일까지에 한하여 할 수 있다고 규정하고 있다. 이를 앞의 제58조 제1항과 연결하면 공직선거법상의 선거운동이란 후보자의 등록이 끝난 때부터 선거일 전일까지의 기간동안에 한하여 당선되게 하거나 당선되지 못하게 하기 위한 행위를 말하는 것으로 된다.

---

21) 이러한 무리는 "선거와 관련있는 정당활동의 규제"를 정하고 있는 공직선거법 제9장(제137조~145조)으로 연결되고 있다. 이 장에서는 정강·정책의 신문광고, 정당기관지의 발행·배부, 당원단합대회, 당직자회의, 당원교육, 당원모집 등 통상의 정당활동에 속하는 행위들이 제한되고 있다.

제58조 제1항이 선거운동을 무리하게 정의하는 이유는 제59조의 선거운동기간에 있는 것이다. 즉 선거운동기간 이외의 이러한 행위들은 사전선거운동으로서 처벌받게 되어있다.(동법 제254조 제2항 및 제3항) 우리의 선거법은 선거운동은 선거운동기간에만 할 수 있게 해 놓았는데 선거운동이라는 것이 그 성질상 일상적인 정치활동과 구별되기 어렵기 때문에 이는 일상적인 정치활동을 사전선거운동이라는 명목 하에 규제할 위험을 다분히 내포하고 있다.

(2) 선거운동 규제의 뿌리 : 1958년의 반진보당 보수연합과 5·16군사쿠데타

이처럼 부자연스러운 사전선거운동이라는 개념은 어디서 유래하였을까? 우리나라의 초기의 선거법들은 자유선거의 원칙을 강조하면서 예외적으로 이를 제한하는 경향을 보였다. 1947년 3월 17일에 미군정법령 제175호로 제정된 국회의원선거법은 자유로운 선거운동을 강조하였을 뿐 특별한 제한규정을 두지 않았다. 미군정법령 제175호를 폐지하고 새로이 제정된 1950년 4월 12일의 국회의원선거법은 공무원의 선거운동, 관변단체 명의의 선거운동, 20세미만의 소년등에 대한 특수관계를 이용한 선거운동에 대한 제한규정을 도입하였고 1951년의 개정법률은 호별방문을 금지하고 선거인에게 답례할 목적의 축하연 또는 위로연을 금지하는 규정을 추가하였지만, 선거운동에 관한 법조항의 기본은 자유선거의 보장을 강조하고 이를 제한하는 조항을 예외적으로 둔 것이었다. 누구든지 의원후보자를 위하여 단순한 연설회를 자유로이 개최할 수 있다는 50년 선거법 제37조는 당시의 선거법이 선거운동을 바라보는 입장을 보여주는 예이다.

국회의원선거법에서 오늘날의 선거법과 같은 선거운동의 규제방식이 처음으로 나타나는 것은 1958년 1월 25일 민의원의원선거법이 제정되면서였다. 동법 제43조는 최초로 선거운동을 정의했고 제44조는 선거운동기간을 정하였으며 제45조는 선거사무장·선거운동원이 아닌 자의 선거운동의 금지를 규정하였다. 또한 이 선거법에서 처음으로 기탁금제도가 도입되었다.

이 선거법은 선거공영제, 정당참관인제 등 공명선거를 위한 제반장치를 마련하였지만 부정선거는 여전히 자행되었다. 공명선거의 실현을 위한 선거운동의 규제는 현실적인 관권의 개입과 금권·동원선거 앞에서 별 효과를 거두지 못하였던 것이다.[22] 하지만 1958년의 제4대 국회의원(민의원)선거에서 보수야당은 괄목할 만한 약진을 하였다. 이 선거에서 민주당은 1954년의 선거에서 민주국민당이 얻은 득표율의 4배가 넘는 34.2%를 얻어서 확고한 지위를 확보하였다. 또한 자유당과 민주당이 전체의석의 88%를 차지함으로써 우리나라 선거사상 처음으로 양당제를 이루었다.

이러한 선거결과는 이미 민의원의원선거법이 제정되는 과정에서 예견되었다. 이 선거법은 여야협상의 결과로 제정되었는데 이러한 협상이 타결될 수 있었던 가장 중요한 배경은 진보세력에 대한 보수세력의 결집이었다.[23] 1957년 10월 자유당의 이기붕, 민주당의 조병옥, 무소속의 장택상이 만나서 선거법의 국회처리에 대해서 서로 협조하기로 하였는

---

22) 이 선거에서 이기붕을 비롯한 자유당간부 9인이 무투표 당선되었는데 이들 당선자 중 타인의 후보등록을 방해했다는 이유로 피소된 사람이 있었으며 2인에 대해서는 법원이 선거무효판결을 내렸다. 또한 수많은 선거구에서 폭력사태, 릴레이식 투표, 피아노식 개표, 무더기 사전투표, 대리투표 등이 자행되어 부정선거는 극에 달하였다(대한민국국회, 『대한민국국회 50년사』, 1998, 241면 이하).

23) 고성국, "진보당의 이상과 한계", 한배호 편, 앞의 책, 343~372면, 355면 ; 서중석, 앞의 책, 204면 이하 ; 안철현, "제1~2공화국 정당정치의 전개과정과 특성", 안희수 편저, 『한국정당정치론』, 나남, 1995, 253~284면, 267면 이하 ; 유숙란, 앞의 글, 385면.

데 이 자리에서 "진보당에 대해서는 어떠한 조치를 강구할 필요가 있으며 최소한 1958년의 선거에는 참가하지 못하게 해야한다는 데에 일치했다"[24]고 한다. 이 선거법의 통과직후에 발생한 진보당사건과 이에 대한 보수야당인 민주당의 방관적 자세는 당시의 반진보당 보수연합의 분위기를 보여준다.

수십 년간 우리나라의 정당체계를 형성한 관제동원정당인 여당과 돗단배정당인 야당의 구조가 형성된 배경에는 진보세력을 배제하려는 여야의 공통된 의도가 있었고, 선거운동의 자유를 본질적으로 제한하는 선거법의 개정은 이에 적지 않은 역할을 하였던 것으로 평가된다. 진보당의 약진가능성 앞에서 보수정당들은 선거법을 배제와 순치의 도구로 사용하기 시작하였던 것이다. 즉 이제 선거는 법적으로 보장된, 순치된 자들만의 잔치로 되었다.

이러한 선거운동에 대한 규제의 강화경향은 5·16군사쿠데타 이후에 그 도를 더하였다. 국가재건최고회의에 의해 1963년 1월 16일에 제정된 국회의원선거법은 위의 선거운동 규제조항을 답습하면서 나아가 제33조에서 "선거운동은 이 법에 규정된 이외의 방법으로 이를 할 수 없다"고 선언하였다. 이는 언급한 국가보안법의 경우와 비슷하게 법률이 헌법상 보장된 기본권을 전면적으로 폐지하고 스스로 권리를 창설하는 초입헌주의적 현상이었다. 이 조문은 1994년에 기존의 대통령선거법, 국회의원선거법, 지방의회선거법을 통합한 현행 공직선거법이 제정될 때까지 존속하였다.

(3) 선거운동규제법으로서의 공직선거법

현행 공직선거법은 이전 국회의원선거법이 지녔던 선거운동에 대한

---

24) 박기출, 『한국정치사』, 민족통일연구원, 1971, 174면 이하(여기서는 김태일, 앞의 논문, 328면 이하에서 재인용 함).

초헌법적이고 포괄적인 규제를 개별적인 규제로 전환하였다. 동법 제58조 제2항은 "누구든지 자유롭게 선거운동을 할 수 있다"고 선언하면서 "그러나 이 법 또는 다른 법률에 의하여 금지 또는 제한되는 경우는 그러하지 아니하다"는 단서를 달고 있다. 하지만 이후의 조문들은 이러한 변화가 명목상의 것에 불과함을 보여준다. 앞에서 언급한 것처럼 여전히 선거운동기간을 두고 있어서 사전선거운동이라는 개념을 사용하고 있으며 구체적인 선거운동에 대한 규제조항이 약 70개, 이에 대한 벌칙조항도 30여개에 이르고 있다. 우리의 공직선거법은 선거운동규제법 또는 선거형법이라고 하여도 과언이 아닐 정도로 여전히 규제 중심의 사고방식에 기초하고 있다.[25]

2. 당 근

1) 규제중심의 정치관계법이 주는 반사적 특권

규제일변도의 정치관계법은 다른 한편으로는 당근을 약속하고 있다. 기성정치세력은 자신의 정당활동의 자유를 부분적으로 포기하는 대신 신진정치세력의 정치권진입을 봉쇄하는 이익을 얻는다. 예를 들어 현역 국회의원은 선거기간 중에 의정활동보고를 제한받지만 그의 경쟁자들은 그 외의 기간에는 사전선거운동의 금지에 의하여 손과 발 그리고 입이 모두 묶여 있다. 정당은 선거기간 중에 당원모집, 당원교육 등 정당

---

25) 1994년 공직선거법이 제정되면서 도입된 선거법 제87조는 단체의 선거운동을 전면적으로 금지하였는데 이는 규제중심 사고의 전형을 보여준다. 선거운동을 포함한 정치적인 의사표현은 개인적 차원에서 후보자로서, 선거운동원으로서도 할 수 있지만 단순한 유권자로서도 얼마든지 할 수 있는 것은 헌법이 보장하는 기본권이다. 이러한 기본권은 집단의 차원에서도 정당에게 뿐만이 아니라 단체에게도 당연히 보장된다.

활동의 제한을 받지만 무소속후보들은 평소의 정치활동에 커다란 제약을 받고있으며 그렇다고 하여 정당을 따로 만드는 것도 제도적으로 쉽지 않다.

유권자에게 참정권을 돌려주는 정치개혁이 쉽지 않은 것은 해결의 열쇠를 지니고 있는 기성정치인이 자신의 권리를 포기한 대가로 얻은 특권에 안주하고 있기 때문이다. 정치활동 및 선거운동에서 현역의원과 정당간부 등 기득권자가 지니는 이러한 특권적 지위는 국민을 향하지 않고 위를 바라보는 정치로 귀결된다.

2) 정치자금에 관한 법률의 역할

(1) 비리사건과 정경유착에 의한 정치자금 조달

우리나라의 정치가 구조적으로 돈이 많이 들고 이러한 금권정치는 필연적으로 광범위한 부패구조로 연결되고 있음은 앞에서 지적한 바와 같다. 우리나라 금권정치의 기본원인은 정당, 특히 집권정당이 국민의 자발적인 지지에 기반하지 않아서 국민을 동원할 수밖에 없었다는 데에서 찾을 수 있다. 이에 필요한 정치자금을 합법적으로 조달하는 것은 불가능하였다.[26] 국가경제의 발전정도가 미미하던 시절에는 국가기구가 재계의 정치헌금에 의존하지 않고 직접 불법적인 정치자금을 조달하는 측면이 강하였다. 1952년의 제2대 대통령선거가 중석불(重石佛)사건과, 1956년의 제3대 대통령선거가 국방부 원면사건과, 1960년의 3·15 부정선거가 산업금융채권 및 농업금융채권과, 그리고 1963년의 선거가 이른바 4대의혹사건 및 교포재산 반입사건과 연결되었다는 점은 이를 반증한다. 재계가 본격적으로 정치자금을 거두어 헌납한 것은

---

26) 제3공화국에서의 정치자금행태에 관해서는 윤용희, "선거와 정치과정", 한배호 편, 『한국현대정치론II』, 나남, 1996, 199~271면, 223면 이하.

1963년의 대통령선거 이후부터로 알려지고 있다. 이렇게 형성된 정경유착의 뿌리는 정당성이 결여된 군사통치하에서 깊어만 갔다.

이에 반하여 야당은 정치자금조달에 커다란 어려움을 겪어왔다. 국민의 자발적인 참여를 추구하지도, 추구할 수도 없었던 보수야당에게도 주된 정치자금 조달원은 기업이었다. 하지만 기업으로부터의 정치자금은 기업과 집권세력의 검은 거래를 견제하는 야당을 무마하는 정도에 그쳤을 뿐이다. 만연된 금권정치 속에서 야당의 자금난은 전국구의석을 후보순위에 따라 가격을 매겨서 파는 것이 관행화하는 정도에 이르렀다.27)

(2) 정치자금에 관한 법률: 순치된 야당에의 선물

정치자금에 관한 법률의 기능을 정확히 파악하려면 앞에서 살핀 정치자금조달의 현실에 대한 이해가 선행되어야 한다. 1965년에 이 법률이 처음으로 제정되면서 밝힌 입법목적은 정치자금의 수수를 양성화함으로써 이와 관련된 부정과 부패를 척결하여 정치적 정화에 도움이 되고자 하는 것이었다.28) 이 법률은 오늘날과는 달리 중앙선거관리위원회에 지정 또는 비지정으로 정치자금을 기탁하는 제도만을 두었는데 이 제도가 정치자금의 양성화에 특별한 기여를 하지 못한 것은 주지의 사실이다. 1966년부터 1971년까지 중앙선거관리위원회에 기탁된 액수의 총액이 약 2억 9천여 만 원이었는데 이 중 56.4%가 민주공화당에게, 42.9%가 신민당에게 배분되었다. 이 액수는 같은 기간동안에 소요된 정치자금의 빙산의 일각에도 못 미쳤으므로 기탁금제도는 여야간 정치자금의 현격한 격차에 대한 심리적 위안 이상의 의미를 지니지 못하였다.

---

27) 윤용희, 앞의 글, 227면 이하 참조.
28) 국회사무처, 『대한민국 법률안 연혁집9』, 9077면.

국가보위입법회의에 의하여 1980년 12월 31일에 전면 개정된 정치자금에 관한 법률은 당비, 후원회, 정당국고보조에 대한 규정을 새로이 도입하였다. 이 개정은 정치자금의 조달에 대한 다양한 방식을 제도화하였다는 데에 의미가 있었지만, 불법적인 정치자금의 관행은 여전하여 정치자금의 양성화라는 본래의 취지를 무색하게 하였다. 이 법은 동년 11월 5일에 제정된 정치풍토쇄신을 위한 특별조치법에 근거하여 "정치적 또는 사회적 부패나 혼란에 현저한 책임이 있는 자에 대한 정치활동을 규제"(동법 제1조)하고 이들에 대한 정치활동 적격심사가 이루어지는 속에서 제정되었다. 따라서 이 법은 정치활동 적격자로 판정받은 기성정치인들에게 정치자금조달의 숨통을 열어주는 역할을 하였다. 1980년에 개정된 정치자금에 관한 법률은 정치자금의 양성화라는 본래의 취지는 달성하지 못한 반면에 제5공화국의 탄생과정에서 순치되어 기존 부패구조의 주변에 안주하였던 정치세력에 대한 선물로 기능했던 측면이 있다.

(3) 기성정치세력의 담합으로서의 정당국고보조

권위주의체제가 극복되는 과정 속에서 정당에 대한 국고보조는 급격히 증가하였다. 1980년의 개정법률에서는 "예산의 범위 내에서"라고 하여 금액을 법률로 정하지 않았던 것을 1989년의 개정을 통하여 매년 유권자 일인당 4백 원으로 법정화하였고, 91년에는 이를 6백 원으로 증액했을 뿐 아니라 선거가 있는 연도에는 선거마다 3백 원씩 추가하도록 하였고, 1992년도에는 선거추가보조금을 6백 원으로 인상하였다. 또한 94년에는 국고보조금과 선거추가보조금이 각각 8백 원(단 정당의 후보 추천이 허용되는 지방의회의원 및 지방자치단체의 장의 동시선거의 경우에는 각 선거마다 600원)으로 상향조정되었다. 정당이 후보자를 추천

할 수 있는 5개의 선거 중 하나가 실시되는 해의 1인당 국고보조금 1,600원을 유권자 3천 2백만으로 곱하면 5백 12억에 이르는 적지 않은 금액이다.[29] 이처럼 정당 국고보조액이 천정부지로 치솟는 이유는 정치적 민주화에도 불구하고 정당들이 담합하여 현재의 금권정치구조에 안주하고 특권을 향유하고 있기 때문이다.

IV. 문제의 해결방안

1. 규제중심 사고의 극복 필요성

1) 규제중심 사고방식의 온존

우리나라 정치관계법이 국민의 정치활동을 장려하지 않고 규제중심으로 이루어진 뿌리는 권위주의적 지배체제가 시민사회의 정치화를 억제하려는 데에 있었음은 앞에서 밝힌 바이다. 여기서 드는 의문은 우리의 정치체제가 10여 년 동안 민주화과정을 거쳐왔음에도 불구하고 왜 이러한 규제중심의 법제도가 근간을 유지하고 있는가이다.

그 첫 번째 이유는 부패한 정치현실과 탈정치화 이데올로기의 교묘한 결합이 여전히 재생산되고 있다는 점이다. 탈정치화된 국민들은 정치의 주체가 아닌 관객으로 머물러서 부패한 정치를 규제하려는 관점을 내면화하였다. 하지만 부패한 정치를 개혁하려면 국민이 주체로서

---

29) 우리처럼 정당에 대한 국고보조제도를 지니고 있는 독일의 경우는 1994년의 개정 정당법에서 정당에 대한 국고보조가 매년 2억 3천만 마르크(약 120억 원)를 넘지 못하도록 절대적 상한을 정하였다(독일 정당법 제18조 제2항). 독일과 우리의 인구와 경제력의 차이를 감안한다면 우리의 경우 국고보조가 3배정도 많다고 볼 수 있다.

참여해야 하고 그 참여를 제약하는 제도들을 극복해야 한다. 최근 시민단체의 낙천·낙선운동은 이러한 정서가 변화하기 시작하는 징표이다.

　두 번째 이유는 권위주의시대의 여야의 대립구조가 이제는 담합구조로 변하고 있다는 점이다. 기성정당들은 정권획득을 위해서 여전히 경쟁하지만 공유하고 있는 정치적인 기득권을 유지하기 위하여 협력하고 있다. 규제중심의 정치관계법은 기성정치세력에게 반사적 특권을 부여하여 이들의 기득권유지에 도움이 된다.

　세 번째 이유는 권위주의체제 하에서 정치에 대한 관권의 개입과 이에 대응하던 관성이 상황의 변화에 적응하지 못하고 있는 점이다. 공명선거의 논리가 대표적인 예일 것이다. 정치과정에의 관권개입이 일상화되어 있던 시절에는 여야사이의 공정한 경쟁을 확보하는 것이 급선무였었다. 단 한번의 수평적 정권교체를 경험한 상황에서 공명선거의 중요성을 더 이상 강조할 필요가 없어졌다고 한다면 시기상조일 것이다. 하지만 공명선거의 의미를 처음부터 되씹어 볼 때가 되었다.

2) 규제중심 사고방식의 예

이러한 규제중심 사고방식의 전형적인 예를 들어보자.

(1) 선거관리위원회

선거관리위원회가 1998년 9월 23일에 발표한 정당법개정시안은 지구당운영의 고비용을 개선할 목적으로 지구당개편대회 등 정당행사 때 투표권이 있는 대의원을 제외한 일반당원의 참석을 금지할 것을 주장하였다고 한다.[30] 지구당운영의 고비용구조를 개선한다는 목표에는 누구든지 동의할 것이다. 하지만 이를 위해서 일반당원이 정당행사에 참

---

30) 『조선일보』 1998.9.24., 2면.

석하는 것을 금지한다면 정당구조를 동원형에서 참여형으로 개선하는 목표는 영원히 이루어지지 않을 것이다. 교통사고를 예방하기 위해서 자동차의 운행을 금지해야 하는가? 규제중심의 해결방안은 이미 꼬인 것을 같은 방향으로 한 번 더 꼬아서 제자리로 온 듯한 착각을 들게 하지만 실제로는 두 번 꼬인 결과를 가져온다. 문제를 해결하려면 반대 방향으로 풀어야 한다. 이것이 멀어 보이지만 사실은 가까운 길이다.

(2) 헌법재판소

정치관계법에 대한 헌법재판소 결정의 본격적인 분석은 다음으로 미루고 여기서는 선거의 자유와 공정에 대해 표명한 헌재의 입장을 살 피기로 한다. 단체의 선거운동을 금지한 공직선거법 제87조의 헌법소원 사건 결정에서 헌재는 "민주국가에 있어서 … 주권자인 국민이 선거에 참여하여 그 의사를 충분히 표현할 기회와 자유는 최대한 보장되어야 한다"고 하면서 이어서 "그러나 한편, 민주적 의회정치의 기초인 선거 는 동시에 공정하게 행하여지지 않으면 아니 된다"고 한다. 헌법재판소 는 선거의 자유와 공정이라는 두 이념의 조화를 논하면서 "민주주의가 정치문화에 확고한 뿌리를 내리고 공명선거가 잘 보장되어 있는 정치 선진국에서는 선거운동의 자유를 보다 많이 허용하여도 좋을 것이나, 민주주의의 역사가 짧고 그것이 정치문화에 확고한 뿌리를 박지 못한 채 자유롭고 공명한 선거보다는 부정·타락선거의 경험이 많은 정치후 진국에서는 선거의 공정성의 확보가 정치, 사회적으로 더 절실한 요청 이라 할 수 있을 것이다"라고 하여 우리나라의 현실에서는 공명선거에 우위를 두어야 함을 피력하고 있다.31)

---

31) 헌재 1995.5.25. 95헌마105, 헌판집 제7권 1집, 835면 이하. 이는 헌재의 일관된 입장으로 보인다(헌재 1997.3.27. 95헌가17, 헌판집 제9권 1집, 219면 이하 ; 헌 재 1997.11.27. 98헌바60, 헌판집 제9권 2집, 629면 이하 등 참조). 선거운동의

자유로운 선거운동을 포함하는 정치활동의 자유의 제한이 공명선거를 위한 노력과는 거리가 멀었던 우리의 현실에 대해서는 정치운동에 관한 법률이나 민의원의원선거법 등과 관련하여 이미 살펴보았다. 선거운동의 자유가 관권개입, 흑색선전, 금품살포 등 부정하고 타락한 선거운동을 포함하는 것도 아니다. 하지만 부정하고 타락한 방법이 아닌 정치적 의사표현은 다양하고 활발할수록 민주주의의 발전과 정착에 도움이 되며 이러한 의사표현은 개인적일 수도 집단적일 수도 있다.

자유선거와 공명선거는 공명선거를 위해서는 자유선거가 제한되어야 하는 경쟁관계에 있지 않다. 이는 자유로운 선거운동을 폭넓게 제한하면서도 공명선거를 이룩하지 못한 우리의 선거사가 역설적으로 보여주는 바이다. 공명선거는 평등선거의 다른 표현이다. 평등한 선거는 현역국회의원과 원외정치인, 정당소속후보와 무소속후보, 기성정치인과 정치신인, 기성정당후보와 신생정당후보들간의 기회의 균등을 의미하는데 선거운동의 지나친 규제는 필연적으로 이들간의 불평등을 야기하게 된다. 기존의 공명선거의 논리는 대다수가 처음부터 기회를 박탈당한 상태에서 소수자들간의 기회균등만을 의미할 뿐이다.

오히려 모든 국민이 자유로이 선거과정에 주체적으로 참여할 수 있는 공간이 열릴 때에 비로소 공명한 선거의 출발점이 마련된다는 점을 잊지 말아야 할 것이다. 자유선거의 제한을 대가로 공명선거를 추구하는 것은 제도정치와 시민사회의 괴리를 확대시키는 매우 위험한 일임을 알아야 한다.

자유에 대해서는 성낙인, 『선거법론』, 법문사, 1998, 249면 이하 참조.

2. 제도개선의 기본방향

정치개혁의 논의를 제도론적 관점뿐만이 아니라 기본권적인 관점에서 출발할 필요가 있다. 다시 말하자면 문제를 제도적 효율성의 관점에서만 볼 것이 아니라 원칙의 문제부터 시작하여 처음부터 다시 보자는 것이다. 흔히 입과 발은 풀고 돈은 묶자는 말이 있다. 이는 입과 발에 있어서는 자유의 원리를, 돈에 있어서는 평등의 원리을 강조하는 것이 된다. 이것이 현대 정치관계법이 지니는 기본추세라는 생각이다. 여기서는 앞에서의 논의와 관련하여 제도개선의 핵심적인 문제들을 지적하는데 그치려 한다.

1) 정당정치의 체질강화

정당개혁은 정치개혁의 핵심이다. 정당을 중심으로 정치가 이루어지는 현실 속에서 정당을 대체할 제도적인 대안이 존재하지 않기 때문이다. 정당개혁의 기본방향은 정당의 체질을 강화하여 정당을 정당답게 만드는 일이다.

(1) 정당가입자격 제한의 폐지

정당은 사람의 모임이며 정당개혁을 위해서는 정당에 좋은 사람들이 모이도록 해야 한다. 우리나라의 정당이 제구실을 못하는 중요한 이유는 정당에 주체적으로 참여하는 당원이 많지 않기 때문이다. 공무원과 교원은 평균적으로 보아 우리사회의 중요한 여론주도층이다. 이들의 정당활동이 엄격하게 금지되어 있는 상태에서는 당원의 수준향상을 기대하기 어렵다. 현재 우리나라 정당원의 직업구성을 보면 자영업자와 주부가 대다수인데 이는 과장하여 말하면 정당활동의 목적이, 정치적 유대를 통하여 사업상 도움을 받거나 정당비용으로 온천관광 등에 동원되는 데에 있음을 의미한다. 보다 공적인 업무에 종사하는 공무원과 교원들에게 정당활동이 가능해야 정당의 체질개선과 이에 따른 아래로부터의 정당의사결정이 가능해질 것이다. 공무원이나 교원이 업무상 정치적 중립을 지켜야 하는 것과 이들이 개인적으로 정당활동을 할 수 있는 것은 이들이 업무상 종교적인 중립을 지켜야하지만 종교생활을 할 수 있는 것과 근본적으로 다르지 않다.

국회의원 선거권자에게만 당원자격을 부여하여 미성년자인 국민과 외국인의 당원자격을 제한하는 것도 생각해 볼 문제이다. 정당의 활동은 선거에 직간접적으로 연결되지만 그렇다고 해서 선거권자만이 정당활동을 할 수 있다는 논리는 성립하지 않는다. 미성년자의 정당가입여부는 기본적으로 본인 및 보호자와 정당이 스스로 정할 문제이다. 정당활동이 선거권자에게만 국한될 필요가 없으므로 외국인의 정당가입을 금지할 이유도 없다. 참고로 독일의 정당법 제2조 제3항은 구성원의 과반수 또는 지도부구성원의 과반수가 외국인인 정치적 결사는 정당이 아니라고 규정하고 있을 뿐이다.

정당활동의 자격제한을 대폭 완화하거나 폐지하는 문제는 정당의 체질강화와 직결되는 중요한 문제임을 인식할 필요가 있다.

(2) 정당설립요건의 완화

정당이 정당다워지려면 정당체계가 열려있어서 정당간의 경쟁이 강화되어야 한다. 정당법은 지나치게 까다로운 설립요건을 요구하고 있다. 우리 헌법 제8조 제2항이 정당은 국민의 정치적 의사형성에 참여하는 데에 필요한 조직을 갖추어야 한다고 규정하고 있으므로 정당법이 정당이라는 조직이 갖추어야 할 조직을 열거하고 요구할 수는 있을 것이다. 하지만 지구당의 수, 각 지구당의 당원수 등까지 정하는 것이 과연 정당설립의 자유와 합치되는 것인가는 의심스럽다. 정당법은 기본적으로 정당의 설립과 활동이 자유롭도록 도와주는 법률이어야 하며 최소한도의 등록요건만을 규정하는 것이 원칙일 것이다. 국민의 정치적 의사형성에 참여하는 데 반드시 거대정당조직이 필요한 것은 아니다. 기존의 정치세력과는 무관하게 처음 설립되는 정당이 거대조직을 지닐 수 없는 것은 당연하며 군소정당이라도 국민의 정치적 의사형성에 참여하여 여론의 지지를 받으면 거대정당으로 성장할 수 있는 것이다. 정당법이 이러한 가능성을 배제하는 기능을 한다면 이는 정당법제정의 헌법적 취지라고 볼 수 없다.

또한 정당법이 전국정당만을 인정하고 지역정당을 배제하는 것은 바람직하지 않다. 정당이 반드시 전국적인 차원에서 국민의 정치적 의사형성에 참여할 필요는 없다. 현재 우리나라의 대표적인 정당들이 형식적으로는 전국적인 조직을 갖추고 있지만 내용적으로 지역정당인 것은 주지의 사실이다. 그러다 보니 이들 정당의 기반인 지역의 정치는 이들 정당들에 의하여 독점되고 지역정치는 견제와 균형을 상실하게 되었다. 정당법 상으로 명실상부한 지방정당의 설립가능성이 열려야 하는 것은 헌법정신에도 보다 합치할 뿐만이 아니라 지역정치에서의 일당독주를 견제한다는 현실적인 의미도 있을 것이다.

(3) 당내민주주의의 강화

공직선거 후보자나 당직자의 선출 등에 있어서 당내민주주의를 강화하는 제도적 장치가 마련되어야 한다. 하지만 당내민주주의는 정당구조가 참여형으로 전환되고 정당간에 치열한 경쟁이 확보되어야 가능하며 이러한 전제가 없는 상태에서 법적 강제만으로 이루어지기는 어렵다는 점을 강조하고 싶다.

2) 선거운동의 규제완화

선거운동기간이라는 개념을 폐지하는 등 국민의 선거참여를 제한하는 법규정을 폐지 또는 완화하여야 한다. 국가권력이나 이에 종속적인 집단의 정치과정에의 개입, 근거없는 비방이나 허위사실유포, 금전살포 등에 대해서는 그 자체로 철저한 제한과 처벌이 이루어져야 하지만 이를 빙자한 부당한 기본권제한은 시민사회의 자율적인 정치화를 막는 제도이다.

또한 공직선거법 제60조가 광범위하게 규정하고 있는 선거운동금지 대상자를 앞에서 언급한 정당활동자격자의 제한폐지를 감안하여 폐지 또는 완화해야 할 것이다. 아울러 정당은 국민의 정치적 의사형성에 참여하는 여러 형태의 조직들 중의 하나라는 점을 강조하고 싶다. 정당이 다른 단체와 구별되는 것은 공직선거에 직접 후보자를 냄으로써 가장 집약적인 정치활동을 한다는 점이다. 정당들의 정치활동이 보다 폭넓게 인정됨과 동시에 시민단체와 같은 정당 이외의 결사들도—선거운동을 포함하여—정치활동의 자유를 향유해야 한다.

3) 정치자금의 통제강화

국민과 정당의 정치적 자유가 강화되어야 함과 동시에 정치자금에 대한 통제가 강화되어야 한다. 근본적인 해결책은 검은 돈의 원천을 봉쇄하는 길이다. 그리고 정치자금에 관한 법률에 의하지 않는 불법적인 정치자금의 수수에 대해서는 철저한 수사와 처벌이 이루어져야 한다.

정당에 대한 국고보조는 그 용도가 구체적으로 적시되어야 하고 이의 지출에 대한 철저한 감사가 제도화되어야 한다. 또한 정당이 지나치게 국고보조에 의존하면 정당이 국민으로부터 멀어지게 되어 정당의 체질을 약화시킨다. 정당의 국고보조를 당비나 후원회비 등 정당이 스스로 확보한 재원과 연동시키는 방안을 고려할 필요가 있다. 또한 현재 유권자 총수를 기준으로 정해지는 국고보조액을 정당들의 총득표수를 기준으로 바꾸어야 한다고 본다. 헌법 제8조 제3항이 정당에 대한 국고보조를 할 수 있다고 규정하고 있으므로 이는 안 줄 수도 있다는 의미이다. 정당에 대한 국고보조의 여부와 그 정도는 정당이 국민의 민주적 의사형성에 기여하는 정도에 따라 결정될 문제이다. 적어도 정당국고보조의 액수는 정당들의 자구노력과 그 성과에 비례해서 정해져야 할 것이다.

후원회 등을 통한 기부금에 대해서는 소액다수의 원칙이 실현되어야 한다. 평균적인 국민이 커다란 부담없이 지불할 수 있는 정도를 넘어서 정당에 실질적인 영향력을 미치는 액수를 상한선으로 하고 고액기부자의 명단과 기부액을 공개하도록 해야 할 것이다.

정치자금의 투명화와 민주화가 정치개혁의 핵심임을 잊지 말아야 한다.

V. 맺음말

시민사회에서 바람이 일면 돛을 올려주는 정당에게 갈채와 지지를 보내던 시절이 있었다. 워낙 어려운 시절임을 잘 알았기에 국민들은 돛을 올려주는 것만으로도 고마워했었다. 이제 상황은 많이 변하였다. 그럼에도 불구하고 정당들은 국민에게 다가가려는 노력을 하지 않고 권위주의적 지배 속에서 형성된 제도와 행태에 안주하고 있다.

이 글은 정치관계법과 관련하여 국민과 정치사회가 멀어지게 된 원인을 규명하고 문제해결의 실마리를 찾고자 하였다. 과거의 권위주의지배체제는 시민사회를 탈정치화하려 하였고 우리나라 정치관계법의 주요 내용들은 이러한 시도와 무관하지 않음이 밝혀졌다. 이러한 제도적 틀은 반세기에 걸쳐서 형성되어 왔고 부분적으로는 우리사회에서 너무나 당연한 것으로 받아들여지고 있다. 이제 법제도의 위헌적 왜곡의 뿌리가 밝혀졌으니 이러한 제도를 보는 관점을 교정하는 일이 남았다. 바람직한 정치는 자유롭고 깨끗한 정치이며 자유로운 정치 없이 깨끗한 정치는 이루어질 수 없다. 이상이 아니라 현실이 그렇다는 것이다. 정치관계법 개정의 기본방향은 자유롭고 깨끗한 정치가 제도화됨으로써 정치가 어디에도 있어 마치 없는 것으로 느끼게 하는 것임을 강조하고 싶다.

헌법의 관점에서 본 정치개혁
─정당개혁을 중심으로─

Ⅰ. 머리말

1. 정치개혁의 내용과 평가

1998년 김대중 정부가 들어선 후 정치개혁에 대한 수많은 논의가 있었다. IMF 경제위기 속에서 국민의 주된 관심은 경제를 향하고 있었지만 이러한 경제위기를 불러 온 주된 원인이 정경유착에 있다는 생각이 널리 퍼져 있었으므로 정치개혁의 논의도 활발하게 이루어 졌다고 볼 수 있다.[1] 당시의 여당인 국민회의가 제시한 개혁방안을 보면 선거제도와 관련해서는 국회의원정수의 축소, 비례대표제의 강화 및 1인 2표제, 비례대표에서의 여성할당제 도입, 선거연령의 하향조정, 선거운동제한의 완화, 투표참여의 촉진방안 등이 논의되었고, 정당 및 정치자금과 관련해서는 지구당 운영의 개선, 당비확보를 통한 정당재정구조의 개선, 공천제도의 개선, 정당 설립요건의 완화, 공무원의 부분적인 정당가입 허용, 개인과 법인의 후원회 기부한도액 인하, 불법정치자금 수수에 대

---

[1] 김대중 정부 초기의 정치개혁에 대한 당시의 논의와 이러한 논의들이 입법화되는 과정에 대한 비판적 평가와 문제제기로는 앞의 "정치체계의 신진대사와 정치관계법" 및 이 글 주1)의 문헌들을 참조할 것.

한 처벌강화 등이 제시되었다.

하지만 2000년 1월 15일에 발표된 정치개혁의 여야합의안은 지역구 의원의 수를 늘리고 정당 국고보조금을 1.5배로 증액하며 선거사범에 대한 공소시효를 6개월에서 4개월로 단축하는 것을 골자로 하고 있었다. 이 합의안은 여론의 저항에 부딪혔고 철회될 수밖에 없었다. 이러한 우여곡절을 겪은 후 국회의원정수의 축소(26개 지역구 감소), 여성할당제의 도입(비례대표선거에서 30% 이상), 시민단체 선거운동의 부분적 허용, 정당 유급사무직원 수의 제한(중앙당 150인, 당지부 5인, 지구당 폐지), 당비납부자와 자원봉사자에 국한된 공직후보자·당직자 선거권의 부여 등을 내용으로 하는 법개정이 이루어졌다. 하지만 국회의원선거 기탁금을 1천만 원에서 2천만 원으로 상향조정하는 등 개악된 부분도 있었다. 이는 헌법재판소의 위헌결정[2]에 의해 반환조건의 완화와 함께 기탁금이 1,500만 원으로 하향 조정되었다. 하지만 이 액수 역시 헌법재판소의 결정이 요구하는 "평균적인 일반국민의 경제력으로 … 손쉽게 조달할 수 있는 금액"[3]이라고 인정하기는 어려우며, 동시에 정치개혁의 어려움과 방향을 시사하는 대목이기도 하다.[4]

2002년에 지방선거를 준비하는 과정에서 다시 한 번 정치관계법의 정비작업이 있었다. 국회의원선거에서의 기탁금 변화에 상응하여 시·도의회의원 선거의 기탁금을 400만 원에서 300만 원으로, 자치구·

---

2) 헌재 2001.7.29. 2000헌마91등, 헌판집 13-2, 77면 이하.

3) 헌재, 앞의 결정, 89면.

4) 정치개혁을 당사자인 정치권에만 맡기는 것이 지니는 한계는 이제 명백해진 듯하다. 정치관계법과 관련해서는 헌법재판소가 입법형성의 재량을 보다 철저하게 통제하는 것이 요구되고, 입법의 차원에서도 선거구획정위원회(공직선거법 제24조)의 경우에서처럼 제3자의 참여를 가능하게 하는 방안이 본격적으로 논의되어야 할 것이다. 같은 의견으로는 이성환, "선거관계법에 대한 헌법재판소 결정의 문제점", 헌법실무연구회편, 『헌법실무연구1』, 박영사, 2000, 321~339면, 327면.

시·군의 장 선거의 기탁금을 1,500만 원에서 1,000만 원으로 하향조정하고 기탁금 반환조건도 국회의원선거에 맞추었다. 또한 위의 헌법재판소 결정에 의해 시·도의회 의원선거에서 지역구 후보자와 비례대표 후보자에게 각각 1표씩을 투표하는 1인 2표제가 도입되었다. 그리고 비례대표선거구 시·도의회의원선거후보자 중 50% 이상을 여성으로 추천하도록 하면서, 후보자명단순위에 따라 2인마다 여성 1인이 포함되도록 하여야 함을 규정함으로써 실질적인 보장책을 강구하였다. 또한 지역구 시·도의회의원선거 후보자 중 여성을 30% 이상 추천한 정당에게 국고보조금을 추가로 지급할 수 있게 한 것도 눈에 띈다. 비판을 받는 대표적인 내용으로는 2000년도의 개정에서 지구당의 유급사무원을 폐지한 것을 2인까지 둘 수 있도록 부활한 점이다.

전체적으로 보아 제도개선의 성과가 양적으로나 질적으로 기대에 못 미치고 있음을 부정하기 어려울 것이다. 정치개혁의 필요성을 절감하고 학문적으로나 실천적으로 이를 위해 노력했던 사람들은 무력감을 느낄 수도 있다. 하지만 성과가 전혀 없는 것은 아니다. 더욱이 오래 전에 한 헌법학자가 지적한 문제5)가 비록 한 세대가 흐른 후이지만 헌법재판소에 의해 받아들여지고 이것이 법률의 개정으로 연결되는 모습을 보면서 더디더라도 한 걸음씩 나아가는 힘을 얻게 되는 것도 사실이다.

---

5) 기존의 전국구 비례대표제가 직접선거의 원칙에 위반되는 문제는 이미 김철수, "국회의원 선거제도 개혁의 법적 제문제", 『성곡논총』 제2집(1971.11), 293~373면 ; 김철수, "전국구 비례대표제의 문제점과 개선방안", 『선거관리』 4(2) (1971.11.), 7~16면, 11면 이하에서 지적된 바 있다. 헌재, 앞의 결정, 95면 이하와 성낙인, "전국선거구 비례대표국회의원 선거제도의 문제점과 개선방안", 최송화교수 화갑기념 『현대공법학의 과제』, 박영사, 2002, 125~154면 참조.

2. 논의의 관점과 방식

적어도 김영삼 정부가 들어선 이후부터 정치개혁은 신정부 개혁정책의 화두로 등장하여 왔다. 개혁은 그 자체로 선이었고 이에 반하는 방향은 구악을 대표하는 것으로 인식되어 온 듯하다. 하지만 개혁이라는 단어는 사전적으로 "정치체제나 사회제도 등을 합법적·점진적으로 새롭게 고쳐 나감"이라는 절차적 의미를 지닐 뿐이고 그 자체로는 선악을 판별할 수 있는 실체적인 내용을 포함하고 있지 않다. 개혁은 개선이 될 수도 있지만 개악이 될 수도 있는 것이다.

정치개혁의 의지로 이루어진 제도개혁이 개선이 아니라 개악이었다는 비판을 받게 된 전형적인 경우로 김영삼 정부하인 1994년에 제정된 공직선거법 제87조의 단체의 선거운동금지를 들 수 있을 것이다. 이 조항은 권위주의정권 하에서 온갖 종류의 관변단체들이 선거에 개입하여 공정한 선거를 해친 경험을 배경으로 이를 근본적으로 막으려는 취지에서 당시 야당의 요구를 받아들인 것으로 알려져 있다.[6] 헌법재판소는 이 조항을 합헌이라고 보았지만 이 결정에 대해 적지 않은 비판이 있어 왔다. 또한 이 조항은 헌법재판소의 합헌결정에도 불구하고 1998년에 개정되어 노동조합의 경우에는 선거운동을 허용하는 예외조항이 신설되었다. 이 개정조항에 대해서도 노동조합에게만 선거운동을 허용하는 것은 다른 단체, 특히 시민단체의 평등권을 침해하는 것이라는 헌법소원이 제기되었다. 헌법재판소는 다시 이 개정조항이 합헌이라고 결정하였다.[7] 하지만 이 단서조항은 2000년도에 다시 개정되어 노동조합 뿐 아니라 공직선거법 제81조 제1항의 규정에 의해 후보자 등을 초청하여

---

6) 공직선거법 제87조의 입법배경에 대해서는 헌재 1995.5.25. 95헌마105, 헌판집 7-1, 833면 이하 참조.

7) 헌재 1999.11.25. 98헌마141, 헌판집 11-2, 614면 이하.

대담·토론회를 개최할 수 있는 단체에게도 확대되었다.

　이러한 일련의 과정은 우리나라의 정치질서가 권위주의를 극복하면서 정부와 여당을 한 축으로 하고 시민사회의 민주화열망을 대변하는 야당을 다른 축으로 하는 기존의 구조에 여야를 포괄하는 기성정당과 이들의 정치독점을 비판하고 견제하는 시민사회의 조직체들간의 긴장관계가 추가되었음을 의미한다. 기존의 관점에서는 선거의 공정성을 해치는 구악을 개선하려는 개혁입법이 새로운 관점에서는 국민의 정치참여를 가로막는 개악으로도 보일 수 있다는 전형적인 예라고 할 수 있다.

　김영삼 정권 이후 정치개혁에 대한 논의가 본격적으로 이루어진 이래 수많은 개혁의 과제가 나열되어 왔다. 하지만 그 핵심적인 내용들은 새로운 정권이 들어섰어도 여전히 해결되지 않고 있다. 이는 이제는 정치개혁이 정권담당자의 일방적인 노력만으로는 가능하지 않으며 정치권전체의 합의와 국민의 동의 속에서만 이루어질 수 있는 시대가 왔음을 보여주고 있다. 따라서 차기정부의 정치개혁과제 역시 기존의 논의와의 연속선상에서 도출될 수 있다는 생각이다. 기존의 논의방식에서 우선적으로 개선할 점은 정치개혁과제를 백화점식으로 나열하는 행태라고 생각된다. 정치권이나 시민단체들에서 제기하고 있는 정치개혁과제를 자세히 들여다보면 과제들 사이에 상호 모순되는 내용이 발견되기도 한다. 또한 개혁의 방향 역시 지나치게 정치공학적인 효율성에 치우친 경향이 있다고 보인다. 정치개혁의 과제를 보는 관점을 세우고 개혁과제의 중요도에 따라서 선후를 매겨서 얽힌 실타래를 풀어나갈 필요성이 느껴진다.

　이 글에서는 국민의 정치적 기본권의 실현이라는 관점에서 문제를 바라보고 해결책을 제시하는 관점을 택하려 한다. 이것이 현실에 기반하지 않고 문제를 너무 이상적으로 본다는 식의 문제제기에는 동의할

수 없다. 정치적 기본권을 포함한 모든 기본권은 어느 날 갑자기 헌법
에 의해 주어진 것이 아니고 그 뒤에는 오랜 시간을 거친 수많은 사람
의 피와 땀이 숨어있는 인류역사의 결과물이기 때문이다. 중요한 매듭
이 되는 문제를 지적하여 그 부분을 해결하고 나머지 부분은 기본권의
주체들에 의해 자율적으로 규율될 수 있다면 가장 바람직할 것이다. 이
러한 이유에서 논의되고 있는 개혁의 과제들을 나열하는 방식은 피하
려 한다. 이 글은 정치개혁에 있어 먼저 풀어야 할 매듭을 정당의 문제
로 보고 정당개혁을 위한 핵심적인 문제를 제기하려 한다.

3. 정치개혁의 핵심으로서의 정당개혁

헤르만 헬러(H.Heller)는 민주주의를 "통일체로서의 국민의 다양성
으로서의 국민에 대한 지배"8)라고 정의한 바 있다. 이러한 정의가 의미
하는 바는 한편으로는 민주주의 역시 지배의 한 형태이므로 민주주의
에서도 지배와 피지배의 구별이 불가피하다는 점이다. 하지만 다른 한
편으로 민주주의에서는 국민주권원리에 따라서 모든 국가권력이 국민
으로부터 나오므로 지배의 구조가 아래로부터 위로 구성되어야 함을
포함하고 있다. 주권을 국민에게 부여하는 것이 단지 법적 의제의 차원
에 머무르지 않고 현실적인 권력분배의 구성원리로 되기 위해서는 정
치적인 권력구조가 아래로부터 위로 형성되는 것이 실질적으로 보장되
어야만 한다.

사회에서 다양한 형태로 존재하는 국민의 의사를 통일된 국가의 의
사로 모으기 위해서는 양자를 연결하는 조직체가 필수적이다. 현대산업
사회의 대중민주주의에서 다양한 형태의 조직체들이 개별적으로 산재

---

8) H. Heller, Souveränität, in: Heller, *Gesammelte Schriften Bd.2*, Leiden 1971,
   31~202면, 99면.

된 국민의 의사를 수렴하는 역할을 수행하고 있다. 이들 중 정당은 국민의 의사를 수렴하는 데에 그치지 않고 직접 국가기관을 구성하는 것을 목적으로 한다는 점에서 다른 조직체와 구별된다. 사회에 깊이 뿌리를 내려서 사회구성원의 다양한 의사를 정확하게 파악하고 이를 국가의 정책결정으로 수렴할 수 있는 민주적인 정당들이 존재하는가의 여부는 한 나라의 민주주의의 성패를 좌우하는 문제이다.

정당이 현대정치의 중심역할을 하고 있고 또 그럴 수밖에 없다는 것은—원하든 원치 않든—받아들일 수밖에 없는 것이 현실이다. 이러한 현실 속에서 정당개혁 없는 정치개혁은 생각하기 어렵다. 정치개혁의 핵심이자 시작과 끝은 정당개혁이라는 생각은 적지 않은 논의를 통해 공감대를 넓혀오고 있는 듯하다. 이는 튼튼한 정당체계를 갖추는 것이야말로 민주헌정국가를 유지하고 발전시키는 기본전제가 된다고 보기 때문일 것이다. 이러한 맥락에서 정당체계에 대해 제기되는 비판론은 이를 부정하는 것이 아니라 그 불가피성을 전제로 정당의 체질강화를 추구하게 된다. 따라서 이러한 비판론은 기본적으로 보수적인 성격을 지닐 수밖에 없다. 여기서 보수적이라 함은 물론 집권당이나 기성정당들의 관점에서가 아니라 민주헌정질서의 유지와 강화라는 관점에서일 것이다.

II. 우리나라 정당의 현황

1. 당원의 규모와 구성: 동원형 정당구조

정당이 사회 속에 다양하게 퍼져있는 국민의 의사를 제대로 수렴하기 위해서는 성별, 연령별, 직업별 등의 관점에서 여러 계층의 국민이 자발적인 동기로 적극적으로 참여하는 것이 바람직할 것이다. 우리나라 의 기성정당들은 적어도 양적으로는 이러한 필요성에 부응하고 있다고 보인다. 2000년도를 기준으로 한 우리나라 정당들의 당원 수는 한나라 당 2,676,324명, 새천년민주당 1,736,158명, 자민련 1,503,451명이며 기 타 군소정당의 당원 수까지 포함하면 전체 당원 수는 6,110,978명에 이 른다. 이는 인구수대비 12.73%, 선거인수대비 18.25%에 이르는 수치이 다.9) 이는 우리나라의 유권자 중 거의 다섯 명 중 한 명이 정당에 가입 하고 있음을 의미한다.

하지만 이러한 수치가 우리나라 국민이 자발적이고 적극적인 정당 활동을 하고 있다는 지표라고 볼 수는 없다. 정당활동의 적극성을 보여 주는 중요한 기준인 당비납부현황을 살펴보자. 2000년도에 우리나라 국민 중 당원으로 등록되어 있는 사람이 6백만이 넘는다는 것은 앞에서 살핀 바와 같다. 그런데 이들 중 당비 납부자의 수는 25,383명에 불과하 다.10) 각 정당별 당원 천 명당 당비납부자 수는 한나라당 4.1인, 새천년 민주당 4.1인, 자민련 2.9인이다. 정당법이 규정하는 "국민의 자발적인 조직"으로서의 정당과는 거리가 먼 것이 현실이다.11) 하지만 당비를 납 부하는 당원의 수가 이렇게 적은 것을 감안한다면 이들 3개 정당의 정 당수입에서 당비가 차지하는 비율은 낮다고 할 수 없다. 중앙당과 당지

---

9) 중앙선거관리위원회, 『2000년도 정당의 활동개황 및 회계보고』, 2001, 18면 이하.
   참고로 인구가 우리나라의 두 배에 가까운 독일에서 백년이상의 가장 오래된 역 사를 지니고 당원수가 가장 많은 정당인 사회민주당의 당원 수는 1994년 현재 약 85만 명이다(K. Niclauß, *Das Parteiensystem der Bundesrepublik Deutschland*, Paderborn u.a., 1995, 66면).

10) 중앙선거관리위원회, 앞의 책, 31면.

11) 그나마 전체평균이 4.2인에 이르는 것은 신생정당인 민주노동당과 청년진보당에 서 각각 당원 천 명당 382.6명과 354.3명이 당비를 납부하고 있기 때문이다.

부의 경우는 전체 수입액의 약 8%, 지구당의 경우는 약 24%를 당비에 의존하고 있다. 이는 당비의 대부분이 일반당원에 의한 소액다수의 원칙에 의해서가 아니라 당간부들의 이른바 특별당비로 이루어져 있음을 보여준다. 우리나라의 기성정당들은 공직선거의 출마를 목표로 하면서 거액의 당비를 부담하는 소수의 간부당원과 이들에 의해 동원된 다수의 일반당원으로 구성되어 있음을 알 수 있다.

선거가 있고 정권이 바뀔 때마다 정당의 이합집산이 심하고 이러한 정당체계의 변화가 이른바 보스중심으로 이루어지는 근본적인 이유는 이러한 정당구조의 취약성에서 나온다고 보인다. 정당체계가 안정되어 있지 못하면 정치질서 자체가 불안할 수밖에 없으며 이것이 민주적 헌정질서의 지속적인 발전에 커다란 장애요인임을 우리는 정권교체기마다 되풀이해서 경험하고 있다.

2. 동원형 정당구조의 형성과 전개

대한민국이 건국된 후 몇 년 동안은 정당체계가 갖추어지지 않았다. 제헌국회와 제2대 국회선거의 당선자 중에서 무소속의 비중이 전자의 경우에는 42.5%, 후자의 경우에는 무려 60%로 매우 높았으며 제1당의 의석점유율은 각각 24.6%와 11.4%에 불과하였다. 이러한 상황에 처음으로 변화를 준 것이 자유당의 등장이었다. 자유당은 1954년의 제3대 국회의원선거에서 전체의석의 56.2%를 점유하여 창당이후 처음으로 치른 국회의원선거에서 제1당으로서의 지위를 확고히 하였다.[12] 자유당은 이미 정치권력을 장악하고 있던 이승만대통령이 의회와의 갈등과

---

12) 유숙란, "선거의 권위주의적 운용과 역기능", 한배호 편, 『한국현대정치론I』, 나남, 1990, 373~394면, 388면 이하의 통계 참조.

정에서 정당을 적대시하거나 무시하던 기존의 태도를 바꾸어 위로부터
창당한 정당이었다. 자유당은 집권자의 지시에 의해서 관권을 개입시키
고 관변단체에 소속되어 있던 국민을 동원하여 만든 정당이다.13) 위의
제3대 국회의원선거에서 제1야당이었던 민국당(한민당의 후신)의 의석
점유율은 7.4%에 불과하였고 무소속의 의석비율은 33.4%로 여전히 적
지 않은 비중을 차지하였다. 무소속의원의 비율이 결정적으로 감소한
것은 1958년에 실시된 제4대 국회의원선거에서였다. 1955년에 창당된
민주당은 이 선거에서 33.9%의 의석을 획득하여 54.1%의 의석을 얻은
자유당과 함께 우리나라의 선거사상 처음으로 보수양당구조를 형성하
였던 것이다.

  자유당과 민주당의 성격은 우리나라의 정당구조를 이해하는 데 적
지 않은 의미를 지닌다. 자유당의 관제동원정당으로서의 성격은 권위주
의시대 집권여당의 모델을 형성하였다. 한편 민주당은 한민당에서 민국
당으로 이어지던 보수야당세력이 사사오입개헌 후 야당붕괴의 위기에
봉착하여 만든 정당이었다. 민주당은 폭넓은 대중조직에 기반을 두고
있는 정당이라기보다는 명망가정당이었다.14)

  관제동원정당으로서의 자유당의 성격은 5·16군사쿠데타 이후 민주
공화당에 의해 계승되었다. 민주공화당이 창당되던 1962년 2월 27일
당시 당원 수는 138,131명이었는데 이는 대통령선거일인 같은 해 10월
15일까지 1,568,006명으로 격증하였고, 제6대 대통령선거와 제7대 총선
거가 실시된 1967년에는 170만을 상회하여 유권자총수의 12.1%를 점
하였다.15) 우리나라의 헌정이 민주화되는 과정 속에서도 동원형 정당

---

13) 자유당의 창당과정과 그 성격에 대해서는 유재일, "한국 정당체제의 형성과 변
    화(1950~1961)", 고려대 정치학 박사학위논문, 1996, 103면 이하 ; 윤용희, "자
    유당의 기구와 역할", 한배호 편, 앞의 책, 277~310면 등을 참조할 것.
14) 민주당의 창당과정과 성격에 대해서는 김태일, "민주당의 성격과 역할", 한배호
    편, 앞의 책, 311~342면 ; 유재일, 앞의 논문, 134면 이하를 참조할 것.

구조는 극복되지 않고 오히려 제도권의 모든 정당으로 확산되었다.[16] 1991년도에는 인구수 대비 당원수가 7.98%였는데 1992년도에 23.79%로 폭증하였다.[17] 1992년도 우리나라 정당의 당원 수는 1천만 명을 상회했던 것이다. 당시 대통령선거를 앞두고 있는 상황에서 각 정당이 당세확장에 애썼지만 이러한 급격한 증가는 정주영 후보가 급조한 통일국민당의 당원 수에 힘입은 바 컸다. 당시 중앙선거관리위원회에 보고된 통일국민당의 당원 수는 4백 5십만을 넘었다. 하지만 13대 대통령선거에서 정후보는 당원 수에도 크게 못 미치는 3백 6십만 표 정도를 얻었을 뿐이었다.[18]

3. 동원형 정당구조의 문제점과 원인

정당들이 가능하면 많은 당원을 확보하려고 노력하는 것은 당연한 일이다. 그런데 우리나라 당원들의 대다수는 정당의 정강정책에 동의하여 자발적으로 참여한 것으로 보이지 않는 것이 문제이다. 우선은 공식통계를 기준으로 본 당원의 수가 지나치게 많다. 우리나라의 경우 2000년도 현재 선거권자 중 당원의 비율이 18.25%에 이르고 있다. 대중정당의 전통이 강한 유럽국가들 중 선거권자의 규모가 2천만 명 이상인 경우를 보면 프랑스 1.57%(1999년), 독일 2.93%(1999년), 이탈리아 4.05%(1998년), 스페인 3.42%(2000년), 영국 1.92%(1998년)의 수준에 머무르

---

15) 김용욱, "민주공화당의 위상과 당·정관계", 한배호 편, 『한국현대정치론Ⅱ』, 오름, 1996, 109~159면, 133면 이하.
16) 정치적 민주화에도 불구하고 정당이 지닌 현실적인 문제점은 오히려 악화되었다는 분석으로는 이현출, 『정당과 민주주의』, 오름, 1997, 특히 199면 이하 참조.
17) 중앙선거관리위원회, 『'99 정당의 활동개황 및 회계보고』, 2000, 18면.
18) 강명세, "한국정당의 변화: 카르텔정당의 '사회적 복귀'?", 10면(http://peoplepower 21.org/upload/issue/bdata/aw20506_Kang_0.doc).

고 있다.[19] 우리나라의 정당조직율은 유럽의 대규모 국가 중 가장 높은 이탈리아보다도 다섯 배에 가깝다.

이처럼 높은 정당조직율이 국민의 자발적 참여에 의해 이루어지지 않고 있음은 앞에서 본 당비납부자의 비율이 현격하게 낮은 것으로 잘 알 수 있다. 거대정당이 동원된 당원으로 구성되어 정당내부에 적극적으로 참여하는 비판적 대중이 존재하지 않는다면 정당은 헌법이 요구하는 국민과 국가의 매개역할을 수행할 수 없는 것이다. 당내민주주의를 아무리 법적으로 강제한다고 해도 이러한 정당구조에서는 제대로 실현되기를 기대하기 어렵다.

수만 명에 불과한 당간부와 수백만의 일반당원으로 이원화된 우리나라의 정당구조는 많은 문제를 지니고 있다. 15대 총선 때 서울에서 당선된 어떤 의원이 선거전후 사용한 2억 원 중 1억 6천만 원을 정당행사로 사용하였다는 언론보도[20]는 우리나라의 고비용정치가 동원정당의 구조와 밀접한 관련이 있음을 보여준다. 중앙선거관리위원회는 1998년 9월 23일에 발표한 정당법개정시안에서 지구당개편대회 등 정당행사 때 투표권이 있는 대의원을 제외한 일반당원의 참석을 금지할 것을 주장한 바 있다.[21] 이러한 제안의 목적은 지구당운영의 고비용구조를 개선하기 위한 것이었다. 동원형 정당구조의 현실을 구체적으로 파악하고 있는 선거관리위원회가 정치의 고비용구조를 개선하기 위해 내놓은 고육지책으로 보인다. 그러나 이러한 대증요법으로는 문제를 해결할 수 없다. 우리나라 정치비용 중 제도화되어 있는 부분은 빙산의 일각에 불과하므로 그 지출내역을 정확히 파악하기는 불가능하다. 하지만 정치자금의 상당부분이 동원형 정당의 조직을 운용하는데 사용되고 있음은

---

19) 강명세, 앞의 글, 6면 이하.
20) 『조선일보』 1998.9.24., 2면.
21) 『조선일보』 1998.9.24., 2면.

충분히 짐작할 수 있다.

최근 지구당차원에서 공직선거후보자를 당원직선으로 하려는 노력이 주목되고 있다. 그 한 예를 들어보자.

> 민주당에서는 16일(2000년 5월 16일: 필자), 전날 서울시의원 도봉 제4선거구 보궐선거 후보를 당원 투표로 선출한 도봉을 지구당(위원장 설훈)의 행사가 화제였다. 대체로 성공적이었다는 반응들이었다. 투표에 참여했던 당원들도 "자랑스럽다"고들 했다.
>
> 그러나 투표율이 예상보다 크게 저조했다는 점은 옥의 티였다. "원래 당원 수가 1만 2,600여 명이었고 참석자는 5,000~6,000여 명 될 것으로 봤습니다. 그런데 실제 참석자는 3,000여 명이었습니다. 이 가운데 투표 참가자 수는 1,900여 명이었습니다." 지구당 관계자의 얘기였다.
>
> 왜 이런 허수가 발생했을까. 설훈 의원은 "총선 직전 당원 배가 운동을 벌이면서 '허수 당원'이 상당수 증가했기 때문"이라고 설명했다. 그는 참석자중 1,100여 명이 투표하지 못한 데 대해서는 "당원 명부를 컴퓨터에 입력시키면서 이름을 잘못 적는 등 여러 오류가 있었기 때문"이라고 분석하면서 "당원 관리의 질을 향상시켜야겠다는 교훈을 얻었다"고 말했다.
>
> 투표 참가자가 특정 계층에 한정됐다는 점도 지적됐다. 오후 8시부터 3시간 동안 진행된 투표에 30~40대 주부, 60대 이상 노인, 자영업자가 주를 이뤄, 샐러리맨, 젊은 층의 정치기피증이 '상향식 공천'에서도 다시 한번 드러났다는 것.
>
> 설 의원은 "앞으로 당원 교육을 내실화하고, 이번에 확인된 장·단점을 망라한 보고서를 발간하겠다"고 말했다.[22]

우리나라 정당의 당원구성은 정당들조차 정확하게 파악하고 있지 못하고, 따라서 이에 대한 통계자료도 구할 수 없는 상황이다. 하지만 이 기사를 통해 짐작할 수 있는 것은 한편으로는 전체당원의 수에 비해

---

22) 『조선일보』 2000.5.16.

정당활동에 참여하는 당원의 비율이 매우 낮다는 사실이고, 다른 한편으로는 정당활동을 하는 계층이 주부, 노인, 자영업자에 국한되어 있다는 사실이다. 이러한 당원구조가 당내민주주의를 활성화하는데 장애요인이 되고 있음은 어렵지 않게 알 수 있다.

정당들이 많은 문제에도 불구하고 자발적인 참여의사를 지니지 않은 수많은 유권자들을 당원화하려는 의도는 무엇일까? 정치인의 목적은 일차적으로 공직선거에 출마하여 당선되는 것이다. 이들이 가능한 모든 수단을 동원하여 이러한 목적을 추구하는 것은 당연하다. 그런데 우리나라의 선거법은―뒤에서 자세히 살피게 될 사전선거운동의 금지 등을 통해―정치인과 일반국민의 접촉을 광범위하게 제한해 왔다. 그러나 정당원에 대한 접촉은 일반국민들과는 달리 통상적인 정당활동의 범위에 들어가므로 커다란 제재를 받지 않고 이루어지게 된다. 이것이 우리나라에서 동원형 정당구조가 존속되고 있는 중요한 원인이라고 할 수 있을 것이다.

국가동원 정당구조가 정치체계 전반으로 확산된 것은 중요한 변화를 의미한다. 권위주의시절에는 국가동원정당인 여당과 명망가정당의 성격을 지니는 야당으로 대표되는 국가와 사회가 상호 대립하는 구조였다면 이제는 이전의 여야당을 합친 정치체계가 형성되어 국민을 동원하는 구조가 된 것이다. 하지만 동원정당의 구조가 그대로 유지됨으로써 국가와 사회의 괴리가 이제는 정치체계와 시민사회의 괴리로 전환된 것이다.

오늘날 서구 입헌주의국가의 정치관계법 조항들은 19세기 말에서 20세기 초의 정당운동의 결과로 형성된 새로운 현실을 반영한 것이다. 우리사회의 민주화과정 속에서 정당이 중심에 있었다고 보기 어렵다. 정당운동을 통한 시민의 정치적 권리의 확대를 경험하지 못한 우리의 현실에서 정당을 입헌주의적 상식의 관점에서 정상화하는 것이 정당개

혁의 출발점이 될 것이다.[23]

III. 정당활동의 제한에 대한 헌법적 문제

1. 정당개혁의 출발점: 조직의 활성화

그렇다면 정당개혁은 어디서 시작해야 할까? 정당은 사람이 모인 조직체이다. 조직이 발전하려면 그 조직에 적극적이고 자발적으로 참여하는 사람이 많아야 한다. 특히 정당의 경우에는 국민의 정치적 의사형성에 기여할 수 있는 적극적인 국민(aktive Bürgerschaft)이 폭넓게 참여하는 것이 중요하다. 헌법 제8조 제2항은 정당은 국민의 정치적 의사형성에 참여하는 데 필요한 조직을 가져야 한다고 규정하고 있고 정당법 제2조는 이를 위해 정당은 국민의 자발적 조직이어야 함을 천명하고 있다. 이는 대표제 민주주의 하에서 국민주권이 유명무실해질 것을 우려해서 정당을 통해 국민의 정치적 의사가 아래로부터 위로 상향식으로 형성되도록 하기 위한 것이다.

헌법과 정당법이 상정하고 있는 정당의 구조가 가능하기 위해서는 직접적인 이해관계와 거리를 두고 적극적으로 정당활동에 참여하여 사회의 여론을 주도할 수 있는 계층이 폭넓게 참여하는 것이 매우 중요하다. 그럼에도 불구하고 사회의 취약계층이 다수를 이루는 동원형 정당구조가 현실임은 앞에서 살핀 바와 같다. 그 제도적, 정치문화적 원인과 해결방법을 생각해 보자.

---

23) 앞의 "독일헌법상 정당조항과 그 한국적 이식─비교법사회학적 접근"에서 이러한 관점에서 독일기본법상의 정당조항이 형성되고 우리나라에 이식되는 과정을 분석한 바 있다.

2. 공무원과 교사의 정당가입 금지

정당법 제6조는 공무원과 사립학교교사는 정당에 가입할 수 없도록 하고 있다. 공무원과 교사 등 특정 직업을 지닌 사람에게 정당가입 자체를 금지하는 것은 특별권력관계를 인정하지 않는 한 설명하기 어려운 문제이다. 이는 국가와 사회를 엄격하게 분리하여 국가는 전체의 이익을, 사회는 개별이익을 대표하며 통일성으로서의 국가는 다원성으로서의 사회와 엄격하게 분리되어 그 위에 군림한다는 반다원주의적 관헌국가 사상을 배경으로 한다.

독일의 경우 입헌군주제 하에서는 공무원의 정치활동이 광범위하게 제한되었다. 이러한 제한은 1918년 11월 혁명에 의해 제거되었다. 1918년 11월 12일의 인민전권위임위원회(Rat der Volksbeauftragten)의 포고령 제2조[24]는 "집회 및 시위의 자유는 어떠한 제한도 받지 않는다. 이는 공무원이나 국가노동자의 경우에도 마찬가지이다"라고 선언하였다. 바이마르헌법이 제정된 후 정당이 사회의 영역에 속한 조직체로서 활동하는 범위에서는 헌법 제124조의 결사의 자유가 정당활동의 자유의 헌법적 기초를 이루었다. 바이마르헌법 제130조 제1항에 "공무원은 전체의 봉사자이며, 한 정당의 봉사자가 아니다"라는 규정이 있었지만 이는 단지 공무원의 직무상의 의무와 정당원으로서의 의무간의 법적 관계를 해명하는 의미만을 지닌 것으로 이해되었다.[25]

일본의 경우[26]는 정당활동보다 정치적 성격의 강도가 높은 선거운동과 관련하여 선거관리업무에 종사하는 자, 재판관, 검찰관, 경찰관 등

---

24) RGBl. 1918, 1303.

25) Ch. Gusy, *Die Lehre vom Parteienstaat in der Weimarer Republik*, Baden-Baden 1993, 36면.

26) 중앙선거관리위원회, 『일본공직선거법령집』, 2001, 104면 이하.

특정의 공무원에게만 선거운동을 전면적으로 금지하고 있으며(공직선거법 제136조), 기타의 공무원은 공무원의 지위를 이용한 선거운동을 금지하고 있을 뿐이다(동법 제136조의2). 또한 교원의 경우도 교육자의 지위를 이용한 선거운동만이 금지될 뿐이다(동법 제137조). 입헌주의적 합리성에 기초한 비례의 원칙은 일차적 헌법해석인 입법에서부터 준수되어야 한다. 공무원이나 교사의 경우에도 직무(Amt)와 인격(Person)은 구별되어야 하며, 인격차원에서의 기본권행사가 직무에 의해서 지나치게 제한되어서는 안 될 것이다.[27]

3. 당원자격과 선거권의 동일시

또한 정당법 제6조는 발기인과 당원의 자격을 "국회의원선거권이 있는 자"에 국한하고 있다. 정당은 공직선거에 참여하여 국가권력을 장악하는 것을 목적으로 하지만 이것이 당원자격을 유권자에게로 국한시키는 것을 정당화할 수는 없다. 정당이 국가와 사회를 매개하는 역할을 하기 위해서는 정당내부에서 청소년층을 포함한 사회의 다양한 계층이 포함될 필요가 있다. 공직선거에 참여할 수 있는 여부와 정당원이 될 자격은 별개의 문제이다. 정당은 미래의 유권자들을 당원으로 가입시킬 권리가 있고 또한 이들이 성숙한 시민이 되도록 안내할 책무가 있다고 생각된다.

정당을 단순히 사회에 속하는 집단으로 이해하던 독일 입헌군주제 하에서는 18세미만의 청소년이 정치결사체에 가입하는 것이 금지되어 있었다(1908년 제정 제국결사법 제17조). 하지만 앞에서 언급한 1918년

---

27) 공무원의 직무와 표현행위의 제한 기준에 대해서는 박용상, 『표현의 자유』, 현암사, 2002, 239면 이하 참조.

의 인민전권위임위원회(Rat der Volksbeauftragten) 포고령 제2조에 의해 이러한 제한은 폐지되었다. 독일에서는 정당을 국가기관으로 보려는 라이프홀츠식의 정당국가론이 유행하던 시기에도 당원의 자격을 선거권과 동일시하는 입법이 없었음은 물론이다. 당원이 될 수 있는 자의 자격범위를 정하는 것은 기본적으로 각 정당이 자율적으로 결정할 문제이다. 물론 그 범위가 지나치게 자의적이어서 국민의 정당활동의 자유를 침해하는 경우에는 헌법적인 문제가 발생할 수 있을 것이다.[28]

정당법은 제6조에서 당원의 자격을 국회의원 선거권자로 제한하면서 나아가 제18조에서는 대한민국 국민이 아닌 자는 당원이 될 수 없다고 다시 한 번 강조하고 있다. 정당은 국가를 향하고 있지만 기본적으로 사회에 뿌리를 내리고 있는 조직이며 사회에는 대한민국 국민만이 생활하고 있지는 않다. 외국으로 이민 가서 그곳의 국적을 취득한 재외동포나 대한민국에서 생활하고 있는 외국인에게 정당의 문호를 개방하는 것도 고려해 볼 문제라고 보인다.[29]

4. 정당활동에 대한 사회적 규제

우리나라 정당에서 일반당원의 대다수가 자영업자와 주부라는 사실은 앞에서 언급한 바 있다. 양자의 공통점은 이들이 직업상 거대조직에 종속되어 있는 지위에 있지 않다는 점이다. 현대 산업사회에서 기업이 거대화하고 이에 따라서 생산직과 사무직에 종사하는 임금노동자의 비율이 늘어가지만 우리나라에서는 이들의 정당활동이 미진하다. 그 이유

---

28) 이에 대해서는 M. Morlok, Artikel 21, in: H. Dreier(Hg.), *Grundgesetz Kommentar Bd.II*, Tübingen 1998, Rn. 127 이하 참조.

29) 참고로 독일의 정당법 제2조 제3항은 구성원의 과반수 또는 지도부구성원의 과반수가 외국인인 정치적 결사는 정당이 아니라고 규정하고 있을 뿐이다.

는 정당활동이 기업체의 사규에 의해 금지되거나 또는 사실상 금기시되기 때문이다. 언론인의 경우를 예로 들어보자. 언론인은 1962년에 정당법이 제정되면서 창당발기인과 당원이 될 수 없는 자로 분류되었지만 1993년의 개정법률에 의해 정당활동의 자유가 인정되고 있다. 하지만 언론기업의 사규는 일반적으로 정치활동을 금지하고 있는 것으로 알려져 있다.

이는 언론기업에만 해당하는 것이 아니다. 일반 기업체의 사규에도 영리활동과 정치활동이 금지되어 있는 것이 일반적이다. 국가공무원법은 제64조에서 공무원의 영리행위를 금지하고 이어서 제65조에서 "공무원은 정당 기타 정치단체의 결성에 관여하거나 이에 가입할 수 없다"라고 하여 공무원의 정치활동을 금지하고 있다. 일반기업체의 사규에서 규정된 영리활동 및 정치활동의 금지가 국가공무원법에서 유래함을 쉽게 짐작할 수 있다. 우리나라에서 일반적으로 화이트칼라계층이라고 하는 사무직 노동자(Angestellte)들을 독일에서는 그 형성기에 "사적 공무원"(Privatbeamte)이라고도 불렀었다.[30] 산업화가 되면서 먼저 생산직 노동자가 형성되고 19세기말 이후 기업이 대형화하면서 이들을 관리하기 위해 사무직 노동자가 등장하였다. 이러한 새로운 계층들을 통제하기 위해 생산직 노동자에게는 군대의 규율이, 사무직 노동자에게 공무원관계에 준하는 규율이 적용되었던 것이다.

이들 "사적 공무원"들은 우리사회에서 정치적 기본권의 사각지대에

---

30) 독일에서 사무직 노동자의 형성에 대해서는 J. Kocka, Class formation, interest articulation, and public policy: the origins of the German white-collar class in the late nineteenth and early twentieth centuries, in: S. Berger (ed.), *Organizing interests in Western Europe* (Cambridge: Cambridge University Press, 1981), 63~81면 ; J. Kocka, Organisierter Kapitalismus oder Staatsmonopolistischer Kapitalismus? Begriffliche Vorbemerkungen, in: H. A. Winkler(Hg.), *Organisierter Kapitalismus*, Göttingen 1974, 19~35면 등 참조.

놓여있다고 보아도 과언이 아니다. 한 사회의 여론을 주도할 수 있는 핵심계층이 정당활동을 할 수 있는 가능성이 봉쇄되어 있는 현실은 정당체계의 발전에 커다란 장애요인이라고 보인다. 법적인 해결방법도 없지는 않겠지만 정치문화 차원에서 변화가 없이는 실제로 문제를 해결하기가 쉽지 않을 것이다. 공적인 영역에 속하는 피고용인들인 국가공무원들로부터 입법적으로 문제를 해결하는 것이 정당활동을 금기시하는 정치문화를 개선하여 정당구조를 정상화하는 출발점이라고 보인다. 지구당의 청소년모임이 주최하는 불우이웃돕기 자선바자회에서 동네 파출소장과 학교선생님, 그리고 회사에서 퇴근한 학부형이 자녀교육문제, 동네치안문제 등에 대해 환담을 나누는 것이 민주적 정당국가의 일상적인 모습인 것이다.

IV. 사전선거운동 금지의 문제

우리나라에서 동원형 정당구조가 유지되고 있는 중요한 원인으로 정당과 일반유권자의 일상적인 접촉을 엄격하게 통제하는 선거법상의 사전선거운동 금지를 들 수 있다. 정당들은 선거운동기간 이전에 일반유권자와는 접촉할 수 없지만 당원들과는 자유로운 접촉이 가능하다. 따라서 수백만의 당원을 지니고 있는 정당들은 사전선거운동의 금지를 사실상 무력화시키면서 동시에 신생정당에 속하거나 무소속인 정치지망생에 비해서 특권적인 지위를 향유하게 된다.

이러한 법구조 속에서 기성정당들이 누리는 특권은 고비용의 동원형 정당구조에 기반하고 있는 것이다. 선거법상 사전선거운동의 금지는 국민의 정치적 의사표현의 자유를 크게 제한하는 것에 그치지 않고 우리나라 고비용 정치구조의 주요원인인 동원형 정당구조를 존치시키는 원인이 되고 있는 것이다. 사전선거운동 금지에 대해서는 이미 적지 않은 논의가 있었다.[31] 여기서는 정당개혁과의 연관 속에서 논하려고 한다.

1. 선거운동기간과 사전선거운동 금지

1) 선거운동기간의 필요성

공직선거법 제59조는 "선거운동은 당해 후보자의 등록이 끝난 때부터 선거일 전일까지에 한하여 할 수 있다"라고 규정하고 있다. 선거운동의 기간을 정하는 것은 선거공영제를 취하고 있는 현실 속에서 국가기관인 선거관리위원회가 주관하는 선거의 기간을 정한다는 한도에서는 선거행정의 기술상의 문제로 볼 수 있다. 프랑스의 국회의원및지방의원선거법 제164조가 "선거운동은 선거일전 20일부터 시작된다"라고 규정하고 있는 것[32]은 선거관리행정의 필요성에 기인하는 것으로 이해될 수 있다.

2) 사전선거운동 금지와 정치적 표현의 자유의 제한

문제는 우리나라의 공직선거법 제58조 제1항이다. 이 조항은 선거운동을 "당선되게 하거나 당선되지 못하게 하기 위한 행위"라고 정의하

---

31) 이성환, 앞의 글, 332면 이하 ; 이욱한, "공직선거및선거부정방지법 제59조 및 제87조의 위헌성에 관한 연구", 『헌법판례연구2』, 박영사, 2000, 333~350면 ; 이욱한, "선거운동규제의 법리", 『공법연구』 제28집 제4호 제1권(2000.6), 101~114면 ; 임종훈, "선거운동의 자유와 현행선거법상 규제의 문제점", 『공법연구』 제29집 제4호(2001.6), 29~44면 등 참조.
32) 중앙선거관리위원회, 『프랑스선거법』, 1994, 130면.

고, 이어서 선거에 관한 단순한 의견개진 및 의사표시, 입후보와 선거운동을 위한 준비행위, 정당의 후보자 추천에 관한 단순한 지지·반대의 의견개진 및 의사표시, 통상적인 정당활동을 선거운동으로 보지 아니한다는 단서를 달고 있다. 공직선거법 제58조의 희비극은 "누구든지 자유롭게 선거운동을 할 수 있다"라는 동조 제2항 1문의 선언에 의해 고조된다. 이는 헌법이 보장하는 참정권과 정치적 표현의 자유를 확인하고 있다. 하지만 동조 제1항과 제59조를 연결하면 제58조 제1항 단서에서의 네 가지 행위유형을 제외하고는 선거운동기간을 제외한 전시기에 "당선되게 하거나 당선되지 못하게 하기 위한 행위"가 전면적으로 금지되게 된다.33) 이는 헌법상 보장되는 정치적 표현의 자유가 선거운동과 관련해서는 법률이 허용하는 범위에서 예외적으로 허용됨을 의미한다.34)

헌법재판소는 구대통령선거법 제34조의 사전선거운동 금지의 위헌 여부를 심판하면서 "미국·독일과 같은 나라에서는 선거운동의 기간에 대한 제한이 없는 반면, 프랑스·일본에서는 우리와 같이 선거운동기간을 제한하고 있다"라고 하면서 사전선거운동 금지를 정당화하였다.35) 하지만 외국의 선거법에서 선거운동기간을 규정하는 것과 그 이

---

33) 사전선거운동 금지조항이 선거법에 처음 도입된 것은 1958년 1월 민의원선거법이 제정되면서였다. 이 조항이 도입된 배경에 대한 자세한 내용은 앞의 "정치체계의 신진대사와 정치관계법" III.1.(2) 참조.

34) 우리 헌법재판소는 학원의설립·운영에관한법률 제3조가 "누구든지 과외교습을 하여서는 아니된다. 다만 다음 각호의 1에 해당하는 경우에는 그러하지 아니하다"라고 규정한 것을 "과외교습이 그 성질에 비추어 반사회적인 것이 아닐 뿐만 아니라 기본권으로써 보장되는 행위이므로 이를 원칙적으로 허용하되 '반사회성을 띤 예외적인 경우'에 한하여 금지하도록 하여야 할 것임에도, 이를 '원칙적으로 금지하고 예외적으로 허용하는 방식'의 '원칙과 예외'가 전도된 규율형식을 취하고 있다"고 비판한 바 있다(헌재 2000.4.27. 98헌가16, 98헌마429(병합), 헌판집 12-1, 465면). 선거운동의 자유의 제한은 정치적 표현의 자유의 제한의 문제이며 이는 과외교습의 경우보다 더 두텁게 보호되어야 하는 성질의 것이다.

전의 선거운동의 금지는 구별할 필요가 있다. 선거운동기간에 관한 조항 자체는 선거공영제에서 선거관리를 위한 행정상의 필요성에 기인하는 것이지 국민의 정치적 표현의 자유를 포괄적으로 제한하는 근거조항은 아니기 때문이다.[36]

2. 선거의 공정성

선거의 자유와 공정이 서로 상충하는 것인가 아니면 보완관계에 있는가라는 논란이 있다. 헌법재판소는 사전선거운동 금지와 관련하여 "우리나라는 … 아직껏 … 이상적인 선거풍토를 이루지 못하고 금권, 관권 및 폭력에 의한 선거, 과열선거가 항상 문제되어 왔다. 이러한 상황아래 위와 같은 폐해를 방지하고 공정한 선거를 실현하기 위하여 선거운동의 기간에 일정한 제한을 두는 것만으로는 위헌으로 단정할 수 없다"고 하고 있다.[37] 헌법재판소는 여기서는 선거의 자유와 공정을 상충하는 것으로 보고 공정을 우위에 두는 입장을 취하고 있다고 보인다. 하지만 헌법재판소는 같은 결정에서 선거운동을 할 수 있는 자를 "정당·후보자·선거사무장·선거연락소장·선거운동원 또는 연설원"만으로 제한한 구대통령선거법 제36조 제1항을 위헌이라고 하면서 선거운동의 자유와 공정은 반드시 상충관계에 있는 것만이 아니라 서로 보완하는 기능도 함께 가지고 있다고 보았다: "국민 일반의 선거에 관한

---

35) 헌재 1994.7.29. 93헌가4, 6(병합), 헌판집 6-2, 35면. 헌법재판소는 사전선거운동과 관련된 이후의 사안에서도 이 결정에서의 입장을 유지하고 있으므로 이 결정을 중심으로 분석하려 한다.

36) 일본의 경우에는 우리나라처럼 선거운동기간과 사전선거운동금지를 함께 규정하고 있다. 이에 대해서는 뒤의 "선거운동 규제입법의 연원－1925년 일본 보통선거법의 성립과 한국 분단체제에의 유입－"을 참조할 것.

37) 헌재, 앞의 결정, 35면.

자유로운 의견교환과 토론의 기회가 폭 넓게 보장될 때 오히려 금권 및 관권의 개입여지가 상대적으로 적어져 공명선거가 이룩될 수 있는 것"이며 "선거공정을 이루기 위한 선거규제의 요체는 선거운동 그 자체를 제한하는 데 있는 것이 아니라 선거자금의 규제, 금권 및 관권의 개입 차단, 언로의 개방을 통한 흑색선전·허위사실 유포의 차단, 후보자간의 무기대등의 확보 등에 있는 것이다."[38]

헌법재판소는 선거운동의 자유를 심사함에 있어 두 개의 기준을 마련해 두고 정책적 고려에 의해 결론을 먼저 내린 후 거기에 맞는 기준을 택하고 있다는 인상을 준다. 공정한 선거는 자유롭고 평등한 선거이다.[39] 문제가 되는 것은 선거의 자유와 평등이라는 두 원리를 어떻게 조화할 것인가이다. 평상시에는 선거운동의 자유를 우선시하고 선거일에 가까워질수록 선거운동의 평등을 강조하는 것이 기본방향이 되어야 한다고 본다.

사전선거운동의 금지가 기본권보장과 관련해서 지니는 문제점에도 불구하고 그 필요성이 주장되는 이유는 우리 현대헌정사의 경험 속에서 나오는 공명선거에 대한 간절한 열망일 것이다. 선거의 공정성에 대해서 생각해 보자. 공정한 선거란 일차적으로는 관권개입, 금품살포, 흑색선전 등이 없이 이루어지는 선거를 의미할 것이다. 이러한 행위는 선거운동기간이 시작되기 전이나 후를 가리지 않고 엄격하게 금지되고 또한 강력하게 처벌되어야 한다는 점에 이론이 있을 수 없다. 하지만 이러한 목적을 달성하기 위해서는 국민의 정치적 의사표현의 자유를 광범위하게 제한할 수밖에 없다는 주장은 현실적으로 그리고 법적으로 성립하기 어렵다.[40]

---

38) 헌재, 앞의 결정, 38면.
39) 같은 견해로는 이욱한, "선거운동규제의 법리", 106면 이하 참조.
40) 헌법재판소는 앞에서 언급한 학원의설립·운영에관한법률 제3조에 대한 결정에

3. 선거운동의 정의와 명확성의 원칙

헌법재판소는 선거운동의 정의가 지니는 애매성에 대해서 "이러한 입법의 애매성은 통상적인 해석방법에 의하여 해소될 수 있는 것인가가 문제이고 해석으로 선거운동과 단순한 의견개진 등 선거운동이 아닌 것과의 구별을 가능하게 하는 잣대를 제공할 수 있다면 위헌이라고 말할 수 없다"라고 하였다. 이어서 헌법재판소는 "선거운동이라 함은 특정 후보자의 당선 내지 이를 위한 득표에 필요한 모든 행위 또는 특정후보자의 낙선을 위한 모든 행위 중 당선 또는 낙선을 위한 것이라는 목적의사가 객관적으로 인정될 수 있는 능동적, 계획적 행위를 말하는 것"이라고 좁혀서 해석하고 있다. 하지만 헌법재판소가 한정합헌결정을 내린 것도 아니므로 이러한 해석이 법집행 과정에서 제대로 지켜지고 있는지는 의문이다.[41]

서 "입법자가 이와 같이 '통제가 쉬운가'하는 점만을 수단선택의 결정적인 기준으로 삼음으로써 학원과 교습소를 설립하지 않는 개인의 과외교습이 완전히 금지되었고, 그 결과 금지하는 행위의 범위가 넓어짐에 따라 국가가 법의 실효성을 유지하기 위하여 감시하고 적발해야 하는 불법과외교습의 범위 또한 확대되었다. 물론, 일반인에 의한 개인교습을 전면 금지하지 않으면 고액과외교습을 적발하기 위한 인력과 예산이 턱없이 부족한 상황에서 입법목적의 실효성을 거둘 수 없다는 주장이 있을 수 있다. 그러나 인력과 예산의 부족이 중요한 기본권의 무분별한 제한을 허용하는 정당한 이유가 될 수 없다. 뿐만 아니라 불법과외교습은 그 자체가 파악하기 어렵고, 법에 의하여 광범위하게 금지된 과외교습행위를 적발하기 위해서는 보다 많은 국가의 행정력이 투입되어야 한다는 것을 고려한다면, 법 제3조가 택한 입법수단은 입법목적을 달성하기 위하여 유일한 효율적인 수단이라고도 할 수 없는 것이다"라고 하였다(헌재 2000.4.27. 98헌가16, 98헌마429 (병합), 헌판집 12-1, 465면 이하). 이러한 논리는 사전선거운동의 금지와 이를 관철하는 어려움에도 그대로 적용된다고 생각된다.

41) 언론보도에 따르면 모 언론사 자유게시판에 "나는 이런 이유로 B 후보가 싫고, C 후보가 좋다"는 글을 올린 직장인이 선관위로부터 게시물 삭제 요청을 받았다. 그의 행동은 현행 선거법상 사전선거운동에 해당한다는 것인데 선관위 관계자의

또한 선거운동과 통상적인 정당활동의 구별이 가능한가도 문제가 된다. 공직선거법 제9장(동법 제137조~145조)은 "선거와 관련있는 정당활동의 규제"라는 제목 하에 선거가 임박한 시기의 정당활동을 제한하고 있다. 여기서 제한되는 행위들은 정강·정책의 신문광고, 정당기관지의 발행·배부, 당원집회, 당직자회의, 당원교육, 당원모집 등이다. 이러한 행위들은 평상시에는 통상의 정당활동으로 허용되지만 선거가 임박하면 "선거와 관련있는 정당활동"이 되는 것이다. 동일한 행위가 단지 시점에 따라 달리 정의되고 있다. 정당의 존립목적이 공직선거를 통해 국가의 정책결정에 직접 참여하려는 데에 있는 한 선거운동과 통상적 정당활동의 구별은 쉽지 않은 일이다.[42]

공직선거법 제59조 제1항은 선거운동을 "당선되게 하거나 당선되지 못하게 하기 위한 행위"라고 정의하고 있다. 이 정의는 대상과 기간을 규정하고 있지 않다. 대상은 공직선거의 후보자이어야겠지만 후보자등록 이전의 선거운동을 제한하려다 보니 후보자라고 정의할 수 없는 상황이다. 또한 선거운동기간이 시작하는 시점부터 과거로 언제까지인가를 정하는 것도 어려워 보인다. "히딩크를 대통령으로!"라는 붉은 악마 회원들의 구호가 사전선거운동 금지에 저촉되지의 여부도 법조문만으로는 파악하기 어렵다.

설명에 따르면 모든 사람들에게 공개되는 인터넷에 글을 게시하는 것은 공연성(公然性) 때문에 사전선거운동이 된다는 것이다(『한국일보』 2002.5.12).

42) 참고로 독일 연방헌법재판소는 정당의 국고보조에 대한 1992년의 결정에서 국고보조금을 직접적인 선거준비행위를 위해서만 지급할 수 있다는 기존의 입장을 변경한 바 있다. 그 이유는 선거준비행위와 정당의 일상활동의 분리는 국가의 의사형성과 국민의 의사형성의 분리를 의미하는데 이는 사리에 맞지 않는다는 것이었다(BVerfGE 85, 126, 285면 이하. 이 결정에 대해서는 앞의 "정당의 국고보조에 대한 독일 연방헌법재판소의 판례"를 참조할 것). 우리나라의 선거법은 선거운동과 통상적 정당활동을 구별하는 반면 정치자금에관한법률은 국고보조금과 관련하여 양자를 구별하지 않고 있다.

4. 선거운동의 제한과 후보자의 기회균등

헌법재판소는 구대통령선거법의 규정에 대한 결정에서 "후보자간의 무리한 경쟁의 장기화는 경비와 노력이 지나치게 들어 … 후보자간의 경제력 차이에 따른 불공평이 생기게 되고 아울러 막대한 선거비용을 마련할 수 없는 젊고 유능한 신참 후보자의 입후보의 기회를 빼앗는 결과를 가져올 수 있다"[43]고 보아 선거운동기간을 제한하는 것을 정당화한 이후 같은 입장을 유지해왔다. 하지만 이러한 판단이 현실을 반영하는 지에 대해서는 헌법재판소 자신도 혼란을 겪은 것으로 보인다. 헌법재판소는 같은 사건에서 동법 제36조 제1항이 극히 한정된 자들에게만 선거운동을 허용한 것은 선거운동의 자유에 대한 지나친 제한이라고 하면서 "선거운동에 대한 지나친 규제는 기득권자의 기득권을 옹호하는 반면, 지명도가 낮은 신참 후보자의 진출을 억제하는 부작용을 낳기 쉽"[44]다고 하였다.

선거운동의 규제는 "젊고 유능한 신참 후보자"에게는 유리하고 "지명도가 낮은 신참 후보자"에게는 불리하다는 것이다. 국회의원선거의 경우라면 양자 모두 현역 국회의원에 비해서는 불리할 것이고, 거대조직을 지닌 기성정당의 추천을 받은 신참 후보자는 군소정당 소속이나 무소속의 신참 후보자보다 유리할 것이다.

사전선거운동 금지가 있는 상황에서 선거기간개시 전날까지 현직 국회의원의 의정보고활동을 가능하게 하고 있는 공직선거법 제111조 제1항이 국회의원이 아닌 예비후보자의 평등권을 침해하는지의 여부에 대해서 최근의 헌법재판소 판례는 합헌결정을 내렸지만 이것이 평등권

---

43) 헌재, 앞의 결정, 35면.
44) 헌재, 앞의 결정, 39면.

을 침해한다는 재판관 4인의 소수의견이 주목을 끈다.45) 사전선거운동
금지라는 정치활동의 포괄적인 제한이 존재하는 상황에서 현직 국회의
원과 기타 정치지망생의 평등을 추구하려면 현직 국회의원의 의정활동
보고를 금지하는 수밖에 없을 것이다. 하지만 이는 부자유의 평등을 의
미하고 결과적으로 정치와 국민의 괴리를 심화시키게 될 것이다.

5. 이른바 국민참여경선과 사전선거운동 금지

사전선거운동 금지가 여론의 주목을 받은 것은 2000년도 4·13총선
에서 시민단체들이 낙천·낙선운동을 벌이면서였다. 최근에는 이른바
국민참여경선제와 관련하여 사전선거운동 금지가 다시 문제되었다.

정당이 공직선거후보자를 선출하는 데에는 여러 가지 방법이 있을
것이다. 당원들의 합의로 추대하는 방식과 경선을 실시하는 방식이 가
능할 것이고, 경선의 경우에도 대의원들이 전당대회에서 선출하는 방
식, 일반당원들이 참여하는 방식, 그리고 당원이 아닌 일반국민들에게
도 개방하는 방식 등이 있을 수 있을 것이다. 이러한 방법들 중 어떤
것을 택할 것인가는 그것이 민주주의원리에 반하지 않는 한 정당의 자
유에 속하는 문제이다. 반면에 이들 중 하나를 선택함에 있어 법적인
제한이 있다면 이는 정당의 자유와 관련하여 문제가 될 것이다.

차기 대통령선거의 후보자를 선출하기 위해서 민주당이 이른바 국
민참여경선제를 도입하였고 이것이 한나라당으로 이어졌다. 두 당 모두
백만 명 이상의 당원을 거느리고 있지만 앞에서 살핀 당원의 구성이나
참여의지의 측면에서 일반당원들을 통한 경선을 실시하기란 현실적으
로 어려움이 많았을 것이다. 이러한 상황에서 민주당은 국민참여경선을

---

45) 헌재 2001.8.30. 2000헌마121·202(병합), 판례집 13-2, 279면 이하.

실시하려 했고 이에 대해 중앙선거관리위원회는 일반국민을 당내 경선에 참여시키는 것은 사전선거운동 금지에 위반된다는 유권해석을 내렸다. 이에 따라서 경선에 참여하고자 하는 일반국민은 인터넷을 통해 우선 당원으로 가입하고 그 중 추첨을 하는 방안이 고안되었다. 하지만 인터넷을 통한 당원가입 역시 입당절차를 정한 정당법 제20조에 위배된다는 문제가 제기되었다. 양대 정당간에 정당법 개정을 위한 협의가 있었지만 대리 당원등록의 위험이 있다는 한나라당의 반대가 있었고[46] 결과적으로 정당법 제20조는 개정되지 않았다.[47]

이른바 국민참여경선은 법적으로는 국민참여형 '당원'경선이었다. 명실상부한 국민경선이 되기에는 사전선거운동 금지라는 걸림돌이 있었던 것이다. 이 경선에서 흥행에 성공한 민주당은 무려 190만이라는 국민경선 응모당원을 확보하게 되었다.[48] 기존의 당원 수에 더하면 민주당은 360만이 넘는 당원들을 상대로 "통상적인 정당활동"을 할 수 있게 되었다.

V. 맺음말

지금까지 우리나라 정치개혁의 출발점은 정당개혁에 있다는 관점에서 정당구조를 왜곡하는 현실적·법적 원인을 살펴보았다. 정당가입의 자유를 과도하게 제한하는 것은 자발적으로 정당에 참여하여 정당내부에서 비판적 대중의 역할을 수행할 잠재력이 있는 계층을 배제하고 있

---

46) 『조선일보』 2002.1.10.

47) 이러한 상황에서 선관위 내부에서도 인터넷 입당을 허용할 것인가에 대해 적지 않은 논란이 있었다고 한다(『조선일보』 2002.2.17).

48) 『한겨레21』, 2002.6.20., 29면.

다. 또한 공직선거법상의 사전선거운동 금지는 기성정당의 지도자들이 유권자를 동원하려는 유혹에 빠지게 한다.

동원된 당원으로 이루어진 정당에서 당내민주주의는 기대하기 어렵다. 또한 이러한 정당조직을 유지하기 위해서 정당지도부는 많은 정치자금을 동원해야 하고 이것은 우리나라 고비용정치의 중요한 원인이 되고 있다. 이처럼 왜곡된 정당구조를 가능하게 하는 정당법 및 공직선거법의 규정들을 입헌주의적 상식의 차원에서 정당화하기 어려운 것은 우리의 헌정사적 경험에 비추어 볼 때 결코 우연이 아니다. 이것이 공법학자들의 축제날에 헌법의 관점에서 정치개혁을 생각해보는 이유일 것이다.

선거운동 규제입법의 연원
-1925년 일본 보통선거법의 성립과 한국 분단체제에의 유입-

I. 머리말

1. 문제의 제기

우리는 때때로 어떤 재외동포가 오랜 기간 동안 퇴근 후 저녁마다 가가호호를 방문하면서 자신을 알리는 전단을 돌린 끝에 선거에서 당선되었다는 보도를 접한다. 이러한 기사에는 운동화가 여러 켤레 닳아 없어졌다는 내용도 뒤따르곤 한다. 그런데 우리나라에서 이러한 인간승리는 불가능하다. 공직선거법 제106조 제1항이 "누구든지 선거운동을 위하여 또는 선거기간 중 입당의 권유를 위하여 호별로 방문할 수 없다"고 규정하고 있기 때문이다.

공직선거법 제58조 제1항은 "이 법에서 '선거운동'이라 함은 당선되게 하거나 당선되지 못하게 하기 위한 행위를 말한다"라고 규정하고 있다. "당선되게 하다" 또는 "당선되지 못하게 하다"는 타동사임에 분명하다. 그런데 위의 조항에는 타동사에 따라야 할 목적어가 존재하지 않는다. 국어사전에 의하면 타동사는 "동사의 한 갈래. 그 자체만으로는 움직임을 나타낼 수 없고, 움직임의 대상인 목적어가 있어야 뜻을 이루는 단어"이다. 즉 타동사가 목적어를 지니지 못하면 뜻을 이루지 못하는 것이다. 선거운동을 정의하는 이 조항은 제59조의 선거운동기간과 합쳐서 사전선거운동의 금지를 구성하고 있으며 이를 어길 경우에는 처벌이 따른다. 범죄의 구성요건을 이루는 조항이 문법적으로 '뜻을 이루지 못하는' 문장인 것이다. '후보자'라는 목적어를 넣어서 뜻을 이루게 하지 못하는 이유는 후보자로 등록하기 이전의 정치활동을 사전선거운동으로 규제하고 있기 때문이다.

이처럼 선거운동의 자유를 제한하는 선거법규정이 국민의 정치적 자유와 본격적으로 충돌하게 된 것은 1990년대 이후이다.[1] 문제의 핵심은 사전선거운동의 금지였다. 2000년도에 이른바 낙천낙선운동이 시작되면서 사전선거운동을 금지하는 공직선거법의 조항이 문제되기 시작하였다. 특정인이 정당의 공천을 받는 것과 국회의원에 당선되는 것을 찬성하거나 반대하는 의사를 국민이 자유롭게 표현하는 것은 기본권으로 당연히 보장되어야 하며 이러한 의사를 적극적으로 개진하는 것은 민주시민으로서의 의무이기도 하다. 그런데 이러한 헌법상 권리의 행사와 시민적 의무의 수행이 실정법률에 의해 통제되는 것을 경험하면서 우리는 적지 않은 당혹감을 느끼지 않을 수 없었다. 낙천낙선운동은 관점에 따라 긍정적으로, 또는 비판적으로 바라보는 입장이 있을 수 있겠지만 선거과정에서 국민의 적극적인 참여는 정치적 입장을 떠나서 이제 돌이킬 수 없는 추세이다. 또한 지난 2002년의 대통령선거에서 각

---

1) 양건, "선거과정에서의 국민참여의 확대 ─선거운동의 자유와 그 한계를 중심으로─", 『공법연구』 제20집(1992.7), 17~46면은 1990년대 초반 시민사회의 성장과 규제중심의 선거법제가 충돌하는 모습을 보여주고 있다. 선거운동의 자유의 제한에 대한 전반적인 논의로는 성낙인, 『선거법론』, 법문사, 1998, 249면 이하 참조. 선거운동의 자유에 관한 자세한 참고문헌은 비교적 최근의 연구인 김래영, "선거운동의 자유와 한계에 관한 연구" 한양대학교 법학박사학위논문, 2003을 참조할 것.

정당들은 이른바 국민참여경선제도라는 것을 도입하였다. 하지만 각 정당의 대통령후보를 선출하는데 당원이 아닌 일반국민이 참여하는 것역시 사전선거운동을 금지하는 선거법조항과 충돌하였다. 이에 따라 각정당들은 경선에 참여하기를 원하는 국민들을 당원으로 가입시키는 고육지책을 쓸 수밖에 없었다. 이로써 사전선거운동 금지가 국민의 참여를 촉진해야 하는 민주적 선거제도와는 양립하기 어려운 제도라는 인상이 보다 강해졌다.[2]

2. 연구의 배경과 내용

우리나라의 선거법제정사에서 사전선거운동의 금지가 명문으로 규정되는 등 선거운동에 대한 포괄적인 규제 장치가 본격적으로 도입된것은 1958년의 민의원의원선거법과 참의원의원선거법이었다.[3] 그렇다면 이 제도는 당시에 우리나라에서 처음으로 고안된 것인가, 아니면 외국의 제도를 수용한 것인가라는 질문을 던지게 된다. 서구에서는 20세기 초까지도 제한선거가 일반적이었고 시민의 적극적인 참여와 투쟁으로 선거권이 점진적으로 확대되었음을 감안한다면 선거과정에서 정치적 표현의 자유를 포괄적으로 통제하는 입법은 낯설다. 독일의 경우에는 선거권이 제한되어 있던 상황에서 정치활동의 제한은 정당에 대한통제의 방식으로 이루어졌다. 1878년의 이른바 사회주의자법이 대표적인 예이다.

---

2) 이러한 문제는 앞의 "정치체계의 신진대사와 정치관계법", "헌법의 관점에서 본정치개혁 —정당개혁을 중심으로—" 등에서 이미 제기된 바 있다.

3) 참의원의원선거는 1958년에는 실시되지 않았고 참의원의원선거법상의 선거운동제한조항은 민의원의원선거법과 다르지 않으므로 이후에서는 후자의 선거법만논의하려 한다.

필자는 2003년 초에 학회발표차 일본을 방문했을 때 독일 바이마르 공화국에서 1918년 11월 혁명의 결과로 도입된 보통·평등 선거제도를 비판하던 헌법학자가 일본의 선거법제를 언급했던 기억을 더듬으며 일본법제사에 관련된 책을 구입하였다. 예상 또는 우려했던 바대로 1925년에 제정된 일본의 보통선거법[4]에 선거운동의 자유를 포괄적으로 제한하는 다양한 장치가 마련되어 있음을 발견하였다.[5] 이후 일본근현대 헌정사에서 선거운동의 규제에 대한 자료를 모으기 시작하였고 이제 하나의 논문을 쓸 정도가 되었다고 판단되어 이를 정리하고 분석하려 한다.

제2장에서는 일본의 이른바 다이쇼 데모크라시와 보통선거운동을 개괄하고 제3장에서는 1925년 제정 일본 보통선거법의 내용을 선거운동의 제한을 중심으로 살피려 한다. 제4장에서는 1945년 이후의 개정내용을 간략히 서술한 후 제5장에서는 우리나라의 분단체제 하에서 일본식의 규제중심 선거법제가 유입되는 모습을 분석한다. 제6장에서는 마지막으로 몇 가지 문제점을 지적하고 나아갈 방향을 모색하려 한다.

II. 이른바 다이쇼(大正) 데모크라시와 보통선거운동

1. 초기의 보통선거운동

19세기말에서 20세기 초까지 일본에서는 성인 남성 중 일정액 이상

---

4) 이 법의 공식명칭은 중의원의원선거법이지만 이 글에서는 보통선거법이라는 일반적인 용례를 사용하기로 한다.

5) 川口由彥, 『日本近代法制史』, 新世社, 1997, 349면.

의 세금을 납부하는 사람에게만 선거권을 인정하여 참정권이 극히 제한되어 있었다. 1889년 제정된 명치헌법은 절대주의적 천황권력의 일정부분을 양보하여 국민의 참정권을 인정하였다. 하지만 국민의 대표기관인 중의원의 권한이 매우 제한되어 있었을 뿐 아니라 중의원의원을 선출하는 선거권이 일부의 지주계층과 부르주아계층에 국한되어 있었다. 명치헌법 초기의 선거법은 선거권을 15엔 이상 납세한 사람에게만 부여하고 있었다. 이러한 선거자격의 기준은 1900년의 선거법개정에서 10엔으로 하향 조정되었다. 그 이유로는 청나라나 러시아 등과의 제국주의적 패권경쟁 속에서 유권자의 참여폭을 늘림으로써 국내 지배체제의 기반을 강화하려 했던 점이 지적되고 있다.[6] 하지만 제한선거 하에서 참정권은 국민의 극히 일부에게만 주어졌다. 통계에 따르면 1889년에는 전체 인구 중 유권자의 수가 1.1%에 불과하였다. 이는 1900년의 선거법 개정이후에 증가하였지만 1902년에는 2.2%였고, 1917년에도 2.6% 정도에 머물렀다.[7]

　일본에서 보통선거운동이 시작된 것은 산업화에 따라 노동쟁의가 발생하는 등 사회문제가 본격적으로 나타나던 청일전쟁 이후의 상황에서 이에 대한 해결책을 찾던 지식인그룹들로부터였다. 1897년 보통선거기성동맹회(普通選擧期成同盟會)의 결성은 납세자격을 완화하여 선거권을 확대하자는 요구를 넘어 보통선거권을 요구하는 운동의 시작이었다.[8] 1902년에는 선거권과 피선거권의 연령을 각각 20세와 25세로

---

6) 松尾尊兌, 『大正デモクラツの研究』, 靑木書店, 1966, 12면.

7) 杣 正夫, "選擧法(法体制再編期)", 鵜飼信成・福島正夫・川島武宜・辻淸明 편, 『講座 日本近代法發達史 4』, 勁草書房, 1958, 10면.

8) 보통선거기성동맹회의 탄생과 활동에 대해서는 松尾尊兌, 앞의 책, 14면 이하. 1892년에 보통선거동맹회라는 조직이 결성된 바 있지만 특별한 활동 없이 해산되었다(杣 正夫, 앞의 글, 202면 ; 한태호, 『근대일본정치문화사 Ⅱ』, 교학연구사, 1987, 454면).

하고 납세요건을 철폐하는 보통선거법안이 중의원에 제출되었다. 이후
수차례에 걸쳐 법안이 상정되다가 1911년에는 중의원을 통과하기도 했
지만 이 법안은 귀족원에서 부결되었다.[9] 초기의 보통선거운동은 자유
주의적인 자유민권운동의 단계에서 보통선거권을 천부인권으로 보는
입장에서 전개되었다. 하지만 이후 사회주의적 흐름이 가세하면서 보다
복잡한 양상을 띠게 된다.

2. 제1차 세계대전 이후의 보통선거운동

일본은 제1차 세계대전이 일어난 직후 영불 연합군 측에 가담했다.
하지만 승패와 무관하게 상당한 정도의 전쟁피해를 겪은 유럽의 국가
들과는 달리 일본은 적은 군사적 부담으로 최대의 수확을 거두었다. 제
1차 세계대전 중 유럽의 국가들이 아시아 시장에서 철수한 틈을 타서
일본의 상품이 동남아시아 시장에 진출하였고 일본의 경제력은 세계적
인 열강의 대열에 끼게 되었다. 러시아에서 사회주의혁명이 일어나자
일본은 미국, 영국, 프랑스 등과 함께 혁명적 분위기가 파급되는 것을
막고 러시아의 반혁명세력을 지원하기 위해 1918년 시베리아로 군대를
파견하였다. 그런데 시베리아파견군이 출발하는 날에 쌀소동이라고 불
리는 사건이 일어났다. 출병을 예상한 지주들이 쌀을 매점매석하고 그
로 인해 쌀값이 폭등하자 주부들이 쌀값의 인하를 요구하고 이것이 전
국적인 소요사태로 확산되었던 것이다.[10] 미곡상, 정미소, 고리대금업
자 등이 습격을 당하고 노동자와 소작인이 대우개선과 소작료인하를

---

9) 자세한 내용은 松尾尊兌, 앞의 책, 47면 이하 참조.
10) 이른바 쌀소동에 대해서는 遠山茂樹·藤原彰·今井淸一, 박영주 역, 『일본현
    대사』, 한울, 1988, 19면 이하 ; 신동준, 『근대일본론』, 지식산업사, 2004, 406면
    이하 참조.

요구하며 합세하였다. 이러한 소요사태는 군대가 동원되어 겨우 진압될 수 있었다. 이 사건은 일본의 지배계급에 커다란 충격을 주었고 1918년 9월말에 기존의 벌족내각 대신에 정우회(政友會)의 총재인 하라 다까시(原敬)를 수상으로 하는 정당내각이 들어서는 계기가 되었다. 이는 작위도 없고 중의원의 의석을 지닌 정당총재가 수상이 된 이른바 평민재상의 출현이었다.

이러한 상황에서 보통선거권을 요구하는 노동조합, 학자, 학생단체 등 대중의 목소리는 점차 커졌다. 1919년 3월 1일에는 5만 명이 모여서 보통선거권을 즉시 도입할 것을 요구하고 1만 명이 의회를 향해 행진하는 사건이 일어났다.[11] 이에 대해 당시의 집권당인 정우회는 일주일 후 납세자격을 10엔에서 3엔으로 하향조정함으로써 유권자의 수를 1백 46만 명에서 약 3백만 명으로 두 배가량 늘리면서 동시에 대선거구제를 소선거구제로 변경하였다.[12] 이러한 변화는 대중의 요구를 어느 정도 받아들인 것으로 보였지만 증가된 유권자의 대부분은 정우회를 지지하는 소지주와 자작농이었고 선거구도 정우회에 유리하게 획정되어 있었다. 1919년의 유권자증가에도 불구하고 일본의 관료와 정우회는 여전히 보통선거권의 도입에 소극적이었다.

다음 해인 1920년에도 보통선거운동은 계속되어 야당인 헌정회(憲政會)와 국민당(國民黨)이 중의원에 보통선거법안을 제출하기에 이르렀다. 하지만 정우회내각은 한편으로는 야당의 보통선거법안을 거부하면서 다른 한편으로는 이러한 분위기에 편승하여 관료와 군부를 압박함으로써 당세 확장에 힘을 기울였다.[13] 정우회는 보통선거법안을 의회의 신임과 연결하여 의회를 해산하고 총선거를 실시하였다. 선거결과는

---

11) 川口由彦, 앞의 책, 347면.
12) 신동준, 앞의 책, 425면.
13) 遠山茂樹·藤原彰·今井淸一, 앞의 책, 26면.

정우회의 압승이었고 소수인 야당이 보통선거법안을 통과시킬 수 있는 가능성은 봉쇄되었다.[14] 보통선거운동의 대중적 기반이던 노동운동에서는 이러한 상황에 실망하여 의회주의 및 정당정치에 반대하는 생디칼리즘이 확산되었다. 1921년에 이르면 보통선거운동을 전개하는 노동조합은 거의 없어졌으며 오히려 보통선거권을 부르주아적 제도라고 하며 이를 거부하는 노선을 택하게 되었다.[15]

3. 제2차 호헌운동과 정당정치의 성립

하라 수상은 근대 일본정치사에서 처음으로 의회의 다수의석을 기반으로 안정적인 집권을 했지만 대중이 바라던 개혁정치와는 거리를 두고 벌족세력과 담합하였다. 그가 1921년 11월 암살당하는 사건이 일어난 후 1922년부터는 관료내각이 부활하였다. 1924년 1월에는 대표적인 벌족인 기요우라(淸浦奎吾)를 수상으로 하는 반동적인 제3차 관료내각이 출범하였다. 이에 반발하여 기존에 대립하던 정우회와 헌정회가 힘을 합치고 이에 혁신구락부가 합세한 이른바 호헌3파가 정당내각을 요구하는 제2차 호헌운동을 일으켰다.[16] 보통선거제의 도입에 반대하던 정우회와 찬성하던 헌정회의 협력은 커다란 방해물이 제거되었음을 의미했다. 같은 해 5월의 선거에서는 헌정회가 제1당이 되는 등 호헌3파에 속한 정파들이 대승을 거두었다. 이것은 일본에서 1932년 군부파시즘이 대두할 때까지 유지된 정당정치의 시작을 의미하였고 같은 맥락에서 보통선거제도의 도입이 본격적으로 구체화되었다.

이들 호헌3파가 유달리 강조한 것은 "국민적 입장"이라는 표현이었

14) 杣 正夫, 앞의 글, 212면 이하.
15) 川口由彦, 앞의 책, 347면 ; 신동준, 앞의 책, 434면.
16) 遠山茂樹·藤原彰·今井淸一, 앞의 책, 29면.

다. 국민적 입장이라 함은 한편으로는 특권신분의 입장만을 대변하는 특권내각이 아니라 국민의 의사를 대변하는 국민적 내각의 출현을 선언한 것이었다. "국민적 입장"은 다른 한편으로는 노동운동이나 사회주의운동이 취하는 계급적 입장을 배제하는 것을 의미하였다. 따라서 이러한 "국민적 입장"에서는 정당세력이 절대주의적 천황제권력에게 보통선거법을 요구하지만 동시에 "계급적 입장"으로부터 자신을 보호하기 위해 천황제권력과 협조한다는 것이었다.[17] 이것이 1925년에 보통선거법과 함께 치안유지법이 제정되는 배경이었다. 당시 호헌3파 내각이 치안유지법을 제정한 배경에는 추밀원이 보통선거법의 제정과의 교환조건으로 요구했던 사정도 있었고 소련과의 국교를 맺어야 하는 상황에서 급진적인 사상의 확산을 막아야 하는 필요도 있었을 것이다.[18] 하지만 보다 근본적인 이유는 체제의 유지를 위해서는 포섭의 범위를 넓혀야 하는 것이 불가피한 상황에서 새로운 위험요소를 배제하는 데에 있었다.

4. 행정관료의 국가체제개편 구상과 보통선거법 및 치안유지법

정치영역에서의 움직임과는 별도로 일본에서 국내치안행정을 담당하던 내무성의 관료들 중에도 보통선거권의 도입을 추구하는 움직임이 있었다. 이들은 제1차 세계대전 이후 독일, 오스트리아, 러시아 등 유럽의 국가에서 군주제가 소멸하고 노동운동세력과 사회주의세력이 득세하는 것을 보면서 이를 천황제국가체제의 근본적인 위기로 인식하고

---

17) 柚 正夫, 앞의 글, 229면 이하.
18) 신동준, 앞의 책, 453면.

이를 극복할 수 있는 국가재편을 위한 제도적 방안을 모색하였다.[19)]

내무성의 관료들은 군주제가 혁명적으로 폐지되었던 유럽대륙의 국가들과는 달리 노동운동을 개량주의적으로 유도하면서 군주제를 유지하는 영국에 주목하게 되었다. 이들은 노동자와 소작농민들의 정치의식화를 봉쇄하기 위해서는 오히려 보통선거권을 도입하여 노동자와 농민의 에너지를 국가통합의 길로 이끄는 것이 최선이라는 결론에 도달하였다. 영국에서 보통선거권의 도입 후 노동자와 저소득층의 투표가 혁명적인 정당으로 가지 않고 개량주의적인 정당으로 가며 의회가 국민대표로서의 정통성을 지니게 되어 사회적 갈등이 많은 상황에서도 의회의 다수당이 국민의 총의를 실현하는 안정적인 지배를 하고 있다는 것이었다.[20)] 내무성의 관료들은 또한 시민적 자유의 확대가 불가피하다고 보았다. 그 대표적인 예가 집회 및 결사의 자유를 폭넓게 제한하던 치안경찰법의 개정 문제였는데 특히 군인, 경찰, 교사, 학생, 여성 및 미성년자 등이 정치결사에 가입하는 것을 금지한 치안경찰법 제5조를 삭제 또는 완화하는 것이 논의되었다.[21)] 당시 내무성의 관료들은 나아가 노동운동이 법적 절차를 따를 것을 요구하면서 노동법제를 정비하여 노동조합법을 제정하고, 노동운동을 혁명운동과 단절하기 위해 치안유지법을 제정하는 맥락에서 보통선거권의 도입을 구상하였다. 또한 농상무성의 관료들은 소작제도에서 발생하는 문제에 대처해야 하는 입장에서 비슷한 관점을 취하였다. 일본에서 보통선거권의 도입은 전세계적인 민주화라는 당시의 상황에서 정당정치의 불가피성을 인정한 관료집단이 주도한 국가체제 재편구상의 일환이기도 하였다.

---

19) 이에 대해서는 渡邊 治, "日本帝國主義の支配構造: 1920年代における天皇制國家秩序再編成の意義と限界", 安田 浩/源川眞希 편, 『明治憲法體制』, 東京堂出版, 2001, 320~337면 참조.
20) 川口由彦, 앞의 책, 347면 이하.
21) 渡邊 治, 앞의 글, 328면.

하지만 사법성의 관료들은 내무성관료들과는 다른 입장을 취했다. 이들은 내무관료의 유화책을 비판하면서 외래의 위험한 사상으로 국민들이 이완되는 것을 막기 위해서는 기존의 법을 엄격히 적용하고 또한 필요하다면 보다 강력한 입법을 해야 한다는 입장을 취하였다.22) 이러한 입장은 1925년 치안유지법의 제정으로 연결되었다. 사법성의 엄벌주의적 입장은 노동조합법의 제정에 철저하게 반대한 데에서 잘 나타난다. 사법성의 이러한 강경론이 보통선거권 도입을 찬성하는 것으로 연결되는 것은 매우 흥미롭다. 사법성의 관료들은 제1차 세계대전 이후 일본이 겪고 있는 위기의 원인이 정당정치에 있다고 생각했다. 정당은 단지 정권장악만을 목적으로 하며 민중의 이름을 도용하여 국민을 정치적으로 분열시킬 뿐 아니라 공적인 국가를 사유화하려 하며 선거를 부패시키고 국회를 마비시킨다는 식의 관점이었다. 따라서 위기를 극복하기 위해서는 정당정치를 넘어서 정당의 위에서 정당에 초연한 정치가 이루어져야 한다는 것이었다. 사법성의 관료들은 정당으로 인해 분열된 국민들을 국가를 중심으로 동원할 수 있는 거국일치의 국가체제를 만들기 위해서는 오히려 보통선거가 필요하다고 생각하였다.23) 사법성의 경우 내무성이나 농상무성과는 달리 의회와 정당세력을 약화시키는 거국체제를 구성하기 위한 수단으로서 보통선거권을 검토했던 것이다. 사법성의 구상은 국민개병제를 도입할 때 보통선거권이 불가피하다는 생각과도 연결되었다.24)

이처럼 일본에서의 보통선거권의 도입은 정당에 의한 계급협조와 정치통합이라는 내무성 및 농상무성의 관료와 정당을 배제하고 거국일치의 체제를 구축하려 했던 사법성의 관료들이 각각 지녔던 구상의 교

---

22) 渡邊 治, 앞의 글, 330면.
23) 渡邊 治, 앞의 글, 331면.
24) 川口由彦, 앞의 책, 348면.

차지점에 있었던 것이다. 이러한 배경 속에서 1922년부터 성립된 관료내각들은 보통선거법의 도입을 심각하게 고려하기 시작하였다. 관동대지진이라는 대재앙이 발생한 다음날인 1923년 9월 2일에 출범한 아마모토(山本)내각은 같은 해 10월 보통선거권을 도입한다는 기본원칙과 주요내용을 결정한 바 있다.[25] 그 내용은 1925년 제정된 보통선거법과 크게 다르지 않았다.

III. 1925년 일본 보통선거법에서의 선거운동의 제한

1. 1925년 보통선거법의 제정

1924년 9월에 여당인 호헌3파와 내무성간의 협의를 거쳐 보통선거법안의 골자가 도출되었다.[26] 이를 내무성, 사법성과 법제국에서 수정하여 1924년 12월 정부법안으로 확정하였다. 이 법안은 추밀원에 회부되었고[27] 1925년 2월에 이를 심의한 추밀원은 10여개의 항목에서 수정을 요구하였다. 수정요구의 배경에는 보통선거법의 도입이 급격한 체제의 변화로 연결될 것에 대한 두려움이 있었다. 추밀원은 또한 보통선거

---

25) 松尾尊兌, 『普通選擧制度成立史の硏究』, 岩波書店, 1989, 231면 이하, 264면 이하.

26) 보통선거법의 제정과정에 대해서는 柚 正夫, 앞의 글, 231면 이하 ; 渡邊 治, 앞의 글, 334면 이하 ; 松尾尊兌, 앞의 책, 305면 이하 등 참조.

27) 당시 일본헌법에 따르면 귀족원과 중의원의 양원으로 구성된(헌법 제33조) 제국의회가 법률의 제정에 "협찬"(協贊)할 권한을 지녔지만(제37조) 헌법 제56조는 "추밀고문은 추밀원관제가 정하는 바에 따라 천황의 자문에 응하여 중요한 국무를 심의한다"고 규정하였다.

법과 함께 치안유지법을 제정할 것을 요구하였다. 추밀원의 요구를 반영하여 새롭게 만들어진 정부의 보통선거법안은 중의원에서 다시 수정되고 이 중의원수정안은 다시 귀족원에서의 협의를 거쳤다. 이러한 과정 후인 1925년 3월 29일 보통선거법은 양원을 통과하고 5월 5일에 공포되었다. 한편 치안유지법은 1925년 2월 19일 의회에 상정되어 압도적인 다수로 중의원을 통과하고 3월 19일에 귀족원을 통과하였다. 치안유지법의 방패막이 보통선거법 제정의 전제조건이었던 것이다.

선거권의 범위에 대한 내무성의 생각은 납세요건과 재산요건을 철폐하여 넓은 범위에서 선거권을 인정하는 것이었다. 이후 여당과의 협의를 통해 나온 정부법안에서 납세요건과 재산요건의 철폐라는 원칙은 후퇴하여 공공의 부조를 받는 빈곤계층의 선거권은 배제되었다. 이는 이후 추밀원과 귀족원의 심사를 거치면서 공적 및 사적 부조를 받는 빈곤자로 확대되었다. 또한 선거자격의 요건으로 주소지에서의 장기거주를 요구하는 규정 역시 심의를 경과하면서 점차 강화되어 계절노동자와 같은 빈곤계층의 선거권이 배제되는 범위가 넓어졌다. 선거권과 피선거권의 연령과 관련해서는 내무성은 각각 20세와 25세로 하려했지만 추밀원의 심의를 거치면서 선거권 25세, 피선거권 30세로 상향 조정되었다.

25세 이상의 남성 보통선거권이 도입됨으로써 보통선거법 제정 이전인 1924년에 3백 30만(전체인구의 6%)이던 유권자가 보통선거가 최초로 시행된 1928년에는 1천 2백 40만(전체인구의 21%)으로 약 3.5배 정도 증가하였다.28)

---

28) 이는 당시 여성참정권을 도입했던 독일, 영국, 미국에서 각각 전체인구의 60%, 50%, 42%에게 참정권이 부여되었던 것과 비교할 때는 물론이고 여성참정권이 도입되지 않았던 프랑스와 이탈리아에서 전체인구의 27%와 34%가 참정권을 지녔던 것에 비해서도 낮은 수치였다. 그 원인은 빈곤계층에 대한 참정권배제의 폭이 컸기 때문이다(杣正夫, 앞의 글, 254면 이하).

2. 선거운동 규제조항의 내용

보통선거제의 도입으로 기성질서의 혼란이 올 것이라는 두려움은 치안유지법을 제정하는 것만으로 극복되지 않았다. 1925년 일본의 보통선거법은 남성보통선거권을 도입하면서 국민의 선거권을 대폭 확대함과 동시에 기존의 선거법에는 존재하지 않던 선거운동에 대한 각종 규제장치를 도입하였다. 그 내용은 입후보등록제와 이와 연결된 사전선거운동 금지, 기탁금제(보증금 공탁제), 선거운동원의 수와 자격의 제한, 선거비용제한, 호별방문금지, 선거운동책임자가 선거범죄를 범한 경우 당선을 무효로 하는 연좌제규정 등이었다.[29] 또한 보통선거법은 선거공영제를 도입하였는데 선거운동의 포괄적 규제와의 관련성은 주목할 필요가 있다.

1) 후보자등록제로부터 사전선거운동 금지의 도출 :
선거운동의 시간적 제한

1925년 일본 보통선거법 제18조 제4항은 총선거의 날짜를 칙령으로 정한다고 하면서 적어도 선거일 25일 이전에 이를 공포한다고 규정하였다. 또한 같은 법 제67조는 의원후보자가 되려는 자는 선거일이 공포

---

29) 이 글에서 참고한 보통선거법 해설집은 山內確三郎 감수, 『衆議院議員 普通選擧法註解』, 東京國文社, 大正14年 ; 小中公毅/潮 道佐, 『改正衆議院議員選擧法正解』, 法令審議會, 大正14年 ; 三宅正太郎/石原雅二郎/坂千秋, 『普通選擧法釋義』, 松華堂書店, 昭和2年 ; 坂千秋/三宅正太郎, 『普通選擧法要綱』, 昭和3年 ; 藤田敬治, 『改正 衆議院議員選擧法論』, 藤田敬治法律事務所, 昭和3年 ; 美濃部達吉, 『選擧法槪說』, 春秋社, 昭和4年 ; 司法省刑事局 편찬, 『衆議院議員選擧法輯覽』, 淸水書店, 昭和5年 ; 古井喜實, 『選擧法規』, 日本評論社, 昭和11年 ; 美濃部達吉, 『選擧法詳說』, 有斐閣, 昭和23年 등이다.

또는 고시된 날부터 선거일 7일전까지 후보자등록을 하도록 하였다. 1925년 보통선거법에는 사전선거운동을 금지하는 명문의 조항은 없었다. 후보자등록제로부터 등록이전의 선거운동 금지를 도출한다면 이는 선거관리 기술상의 필요에 따라 도입된 제도로부터 국민의 정치적 표현의 자유를 포괄적으로 제한하는 해석을 끌어내는 일이 된다. 그럼에도 불구하고 일본 정부부처들은 자의적인 행정해석을 통해 이를 금지하고 단속했던 것이다.30) 보통선거법이 제정된 후 일본정부는 선거운동을 개시하는 시점은 존재하지 않고 선거운동인지의 여부는 개별문제에 대하여 결정할 수밖에 없다는 입장이었다. 하지만 1927년 가을의 지방선거를 앞두고 입후보예정자들이 후보등록 이전에 선거운동을 개시하자 선거단속 업무가 번잡해진다는 이유로 내무성과 사법성 및 대심원(大審院)이 협의하여 방침을 변경하였다. 이에 따르면 입후보하려는 자와 그 밖의 이른바 제3자를 포함하여 누구도 선거운동을 할 수 없고 단지 입후보에 필요한 준비행위만이 허용된다는 것이었다. 이러한 방침의 변화와 함께 정부당국은 허용되는 입후보의 준비행위를 나열하였다.31)

행정부처와 최고법원이 협의하여 법률을 해석했다는 점과 법률의 명문조항이 없는 상태에서 기본권을 포괄적으로 제한하는 해석을 했다는 점은 당시 일본 입헌주의의 수준을 적나라하게 보여주고 있다. 이처럼 입헌주의헌법의 기본권제한 원리에 반하는 포괄적 금지와 예외적 허용의 법해석이 가능했던 것은 후술하는 바처럼 보통선거법이 선거운동의 인적 제한을 두고 있는 등 기본권보장의 관점에서 허용되기 어려운 명문의 조항들을 이미 지니고 있었기 때문일 것이다.

---

30) 杣 正夫, 앞의 글, 258면.
31) 昭和2년(1927) 8월 28일자 『東京日日新聞』. 여기서는 藤田敬治, 앞의 책, 319면 이하에 수록된 것을 재인용함.

사전선거운동 금지를 관철함에 있어 경계선상에 있는 수많은 경우가 나타났다. 후보자등록 이전에 입후보를 준비하는 행위를 허용한다고 하더라도 그 범위가 문제되었고 이는 선거단속을 담당하는 내무성과 사법성의 해석과 지침에 따를 수밖에 없었다. 구체적으로 입후보여부를 결정하기 위한 자료로서 유권자의 여론동향을 조사하는 것, 선거운동원으로 활동할 의사가 있는지 묻는 것, 정당이 자신의 후보자를 공표하는 행위 등이 허용될 수 있는가 등에 대한 문의와 이에 대한 내무성과 사법성의 유권해석이 있었다.[32] 보통선거법상 허용되는 선거운동인가에 대한 정당의 질의에 내무성과 사법성이 합의한 결정에 따르면 정당의 본부나 지부가 후보자를 공인 또는 단지 공표하는 행위는 선거운동이 아니지만 이에 그치지 않고 해당후보자의 당선에 기여하는 의미를 표시한다면 선거운동에 해당한다는 식이었다.

이후 일본에서 파시즘이 본격적으로 대두하던 1934년에 선거운동의 자유의 제한을 대폭 억제하는 보통선거법의 개정이 있었다. 이 때 제95조의2가 신설되었는데 여기서 입후보등록 이후가 아니면 선거운동을 할 수 없다는 사전선거운동 금지의 명문규정이 도입되었다.[33]

2) 선거운동원제도의 도입 : 선거운동의 인적 제한

전술한 바처럼 일본 보통선거법 제88조 이하에서는 선거사무장, 선거위원, 선거사무원을 두도록 했는데 이들은 반드시 경찰관서에 신고해야 했다. 또한 선거위원과 선거사무원의 수는 50인을 넘지 못하도록 하였다. 특히 주목할 내용은 연설과 추천장의 경우를 제외하고는 신고된

---

32) 藤田敬治, 앞의 책, 229면 이하, 323면 이하 참조, 이에 대한 보다 자세한 내용은 4백 면을 넘는 분량의 보통선거법에 대한 문답식 해설집인 司法省刑事局편찬, 『衆議院議員選擧法輯覽』을 참조할 것.

33) 古井喜實, 앞의 책, 125면.

50인의 선거운동원에게만 선거운동이 허용되었다는 점이다.

3) 호별방문 금지 등 선거운동 방법의 제한

보통선거법은 나아가 선거사무소를 후보자 1인당 7개로 제한하고 (동법 제90조) 호별방문과 "연속해서 개개인의 선거인과 면접하거나 전화에 의한 선거운동을 하는 것"도 금지하였다(제98조). 또한 동법 제100조는 내무대신에게 선거운동을 위해 배포 또는 게시되는 문서도화를 제한하는 명령을 발할 권한을 위임하였다.

4) 기탁금제도의 도입 : 피선거권의 물적 제한

좁은 의미의 선거운동의 자유에 해당하지는 않지만 기탁금제도의 도입도 함께 언급할 필요가 있다. 보통선거법 제68조는 중의원의원 후보자로 등록하기 위해서는 1인당 2천엔을 기탁하도록 하였다. 기탁금을 돌려받기 위해서는 유효투표수를 선거구의 의원정수로 나눈 수의 10분의 1이상을 득표해야 했다. 이처럼 적지 않은 액수의 기탁금을 요구함으로써 피선거권에 대해서는 사실상 보통선거권 도입의 효과를 줄일 수 있었다.

5) 그 밖의 특징

보통선거법은 선거운동의 비용을 제한하는 매우 자세한 규정을 두었다. 선거공영제의 도입은 이러한 제한들을 정당화하는 기능을 하였다. 또한 다양한 제한조항의 뒤에는 28개의 벌칙조항이 마련되었고 이의 위반은 연좌제를 포함하는 당선무효로 연결되었다.

3. 보통선거법과 선거운동규제에 대한 평가

일본에서 보통선거권의 도입은 천황을 둘러싸고 있는 관료의 지배를 완화하고 국민적 정당성을 지니는 정당과 의회가 통치체제에서 지니는 역할을 강화함으로써 1920년대초 전세계적인 민주화의 물결 속에서 근본적인 변화를 요구하는 목소리를 체제내화하려는 시도였다고 볼 수 있다. 하지만 이것이 관료적 지배의 종말을 의미하는 것은 물론 아니었다. 우선 관료집단들은 정당의 지도부와 밀접한 연결을 유지하면서 관료출신자들을 정당에 진출시켰다. 관료출신의 정치인들은 자신이 관료로서 작성했던 정책을 정당의 정강정책으로 관철시켰고 이로써 관료집단과 다수정당의 의사가 서로 모순되지 않는 유기적인 협조관계가 형성되었다. 또한 특히 1925년 보통선기법에 도입된 강력한 신거운동규제의 법규정을 수단으로 정당정치를 통제할 수 있는 체제를 구축했다는 점도 간과할 수 없다.[34] 선거운동규제의 법조항들은 통치의 주도권이 정당들에게 넘어가지 않도록 하는 방지책으로 기능했던 것이다. 이는 관료적 배경을 지닌 채 정당으로 진출한 정치인들의 이해에도 반하지 않았다. 특히 사전선거운동의 금지는 정치신인에 대해 기성정치인들의 기득권을 지켜주는 역할을 하였다.[35] 선거운동에 대한 관료적 통제수단을 확보하려 했던 주목적이 사회주의세력에 대한 규제에 있었다는 주장도 있지만 의회를 기반으로 하는 정당세력의 대두를 전반적으로 억제하려 했던 것이 천황제관료세력의 주된 의도였다고 보는 것이 보다 타당할 듯하다. 당시 체제에 근본적인 위협이 된다고 판단된 정치

---

34) 渡邊 治, 앞의 글, 336면. 내무성의 관료들은 정당정치의 정당성을 획득하려는 순수한 의도였다는 해석도 있지만 선거숙정을 통해 정당을 통제하려던 사법성관료의 생각과 결과적으로는 일치하였다(川口由彦, 앞의 책, 349면).
35) 枛 正夫, 앞의 글, 256면.

세력에 대해서는 선거운동의 제한과 같은 간접적인 방식이 아니라 치안경찰법이나 치안유지법 등을 통한 보다 직접적인 방식이 동원되었기 때문이다.36) 군부나 관료와 같은 천황제권력의 주체는 관권을 동원하여 선거를 관리하고 단속함으로써 정당을 저급한 존재로 보았고 정당을 감시하는 지위를 얻게 되었던 것이다.37)

일본의 대표적인 헌법학자인 미노베 다쓰키치(美濃部達吉)는 1929년에 출판된 저서에서 보통선거법에서의 선거운동 규제조항을 매우 비판적으로 보았다. 그는 매우 복잡한 단속규정의 문제로, 첫째 법망의 뒤에 숨어서 이루어지는 선거운동이 성행하게 되어 법의 권위가 떨어지고 국민이 법을 경시하는 생각을 지니게 될 우려가 있고, 둘째 이를 지키는지를 단속하려면 많은 경비가 소요되어 국고의 낭비가 있으며 이에 따라 경찰의 단속이 필요한 다른 부분을 소홀히 할 우려가 있고, 셋째 가장 문제되는 사항으로 야당에 대한 단속은 엄격하게 하고 여당에게는 관대함으로써 관권선거의 유혹을 일으키며, 넷째 후보자나 선거운동원이 서로 상대방을 모함하는 수단으로 악용될 수 있다는 점을 지적하였다.38)

---

36) 보통선거법이 제정된 후 노동자와 농민을 기반으로 하는 정당결성의 움직임이 구체화되면서 농민노동당이 결성되었는데 그 즉시 내무성은 치안경찰법을 동원하여 이 정당에게 결사금지처분을 내린바있다(渡邊 治, 앞의 글, 336면). 선거운동규제조항의 사회주의정당 진출 제한 기능이 두드러지는 것은 이러한 직접적인 통제수단이 더 이상 존재하지 않게 되는 제2차 세계대전 이후였다고 볼 수 있다.

37) 秫 正夫, 앞의 글, 269면.

38) 美濃部達吉, 『選擧法槪說』, 154면 이하. 미노베는 깨끗한 선거풍토의 조성이 바람직한 것은 물론이지만 이를 법률과 형벌로써 강제하는 것은 법률만능주의적 사고에 기초하는 바 성공할 수 없고 오히려 적지 않은 폐해를 가져올 위험이 있음을 지적하고 있다. 나아가 그는 총리대신이 의원들의 이해를 구하기 위해 이들을 연회에 초대하는 것은 공연히 행해지는데 후보자가 선거운동에 애쓰는 운동원에게 사례하는 것은 범죄가 되고, 또한 정당의 영수가 자본가로부터 거액의 선거자금을 받는 것은 범죄가 되지 않는데 후보자가 선거연설에서 철도의 조기준

4. 제1회 보통선거와 이른바 선거숙정운동

1) 제1회 보통선거에서의 관권동원

미노베가 보통선거법의 선거운동 제한규정을 비판적으로 본 배경에는 1928년에 실시된 제1회 보통선거가 있었다. 이 선거에 대비하여 내무대신은 지사, 경찰관을 교체하는 등 관권선거의 체제를 갖추었다. 내무성은 야당의 선거법위반행위는 철저하게 추적한 반면에 여당후보의 탈법선거를 묵인하는 단계를 넘어 그 방법을 가르쳤다.[39] 당시 여당인 정우회와 제1야당인 민정당(民政黨) 후보자의 선거법위반 상황을 비교하면 관권선거의 양태가 극명하게 나타난다. 정우회는 위반건수 63, 검거인수 164인인데 반하여 민정당은 위반건수 469, 검거인수 1701명이었다. 후보자 1인당 평균 위반건수는 정우회 0.16건, 민정당 1.30건이었다.[40] 깨끗한 선거를 지향했던 규제중심의 선거법규는 그 최초의 실험에서 극단적인 관권선거의 모습을 보였고 이는 정당정치에 대한 불신의 원인이 되었다.

2) 선거숙정운동과 1934년의 보통선거법 개정

이러한 정당정치의 타락상은 1930년에 실시된 제2회 보통선거에서도 계속되었다. 1929년부터 경제공황이 몰려오고 파시즘이 대두하면서

공을 위해 노력하겠다고 하는 것만으로도 범죄가 될 수 있다면 아무리 봐도 공정한 법이라고 하기 어렵다고 하고 있다.

39) 川口由彦, 앞의 책, 350면.

40) 杣 正夫, 앞의 글, 263면 이하. 민정당 후보의 평균 위반건수는 사회주의정당들과 비교해도 낮지 않았다. 야당에 대한 집중단속은 보수야당과 사회주의정당에 대해 차이가 없었던 것이다.

정당정치의 위기는 심화되었다. 이러한 상황에서 선거숙정운동(選擧肅正運動)이라는 움직임이 일어났다.[41] 정당정치의 위기 속에서 관료세력은 지방행정조직 단위로 선거숙정위원회를 조직하여 정당의 기반을 무너뜨리고 관료적 지배를 강화하려 하였다. 선거숙정운동은 비상시국 하에서의 이상적인 선거의 추진, 선거비용의 축소, 선거범죄의 근절 등을 명목으로 추진되었지만 이는 반정당적이고 반의회주의적인 본질을 지니고 있었다. 선거숙정위원회는 선거 때 뿐 아니라 일상적으로 활동하면서 정당정치의 부정적인 측면을 국민에게 각인시켰다. 이러한 분위기 속에서 1934년 보통선거법의 전면개정이 이루어졌다.[42] 이 개정에서는 선거운동에 대한 기존의 제한을 더욱 강화하였을 뿐 아니라 이미 언급한 바처럼 제95조의2를 신설하여 사전선거운동의 금지를 명문화하였다. 또한 제98조의2에서는 선거운동에서 이 조항이 허용하는 방식을 제외한 문서도화의 배포를 금지하여 포괄적 금지와 한정적 해제의 규율 방식을 추가하였다.

Ⅳ. 1945년 이후의 보통선거법 개정 : 규제중심 선거법 모델의 존치

제2차 세계대전이 끝나고 미군점령 하에서 일본의 선거법은 적지 않은 변화를 겪었다. 패전 후 관헌국가적 규제중심의 선거법에 대한 문제

---

41) 이에 대해서는 齊藤鳩彦, 『選擧運動抑壓法制の思想と構造』, 日本評論社, 1975, 71면 이하 ; 杣 正夫, 『日本選擧制度史 －普通選擧法から公職選擧法まて－』, 九州大學出版會, 1986, 179면 이하 ; 遠山茂樹·藤原彰·今井淸一, 앞의 책, 101면 이하 참조.
42) 이에 대한 자세한 내용은 齊藤鳩彦, 앞의 책, 92면 이하 ; 杣 正夫, 앞의 책, 99면 이하 참조.

가 제기되었고 이에 따라 내각은 1945년 11월 13일 남녀의 구별 없이 보통선거권을 부여하고 선거권과 피선거권을 20세와 25세로 하향 조정할 뿐 아니라 선거운동에 대한 인적·시간적 제한, 선거운동의 방법에 대한 각종 제한 및 이에 대한 처벌조항 등을 거의 전면적으로 철폐하는 개정법률안을 결의하였다.[43] 이 개정법률안에서 선거운동을 제한하는 내용으로 남은 것은 호별방문금지와 선거사무관련 공무원의 선거운동 제한 정도였다. 후자의 경우는 당연한 제한이므로 이는 호별방문금지를 제외한 전면적인 자유화였다.

하지만 내각의 전향적인 개정안은 1945년 12월 17일에 공포될 때까지 중의원의 심의에서 중요한 변화를 겪었다.[44] 한편으로는 내각의 법안대로 남녀보통선거권의 도입과 선거권 및 피선거권의 연령인하가 이루어졌다. 또한 선거운동의 자유와 관련하여 우선 선거사무장 및 선거위원 등 법정선거운동원 제도가 폐지되고 선거관리 관련자 등 일부의 선거운동만을 제한하도록 하여 이른바 제3자 선거운동의 자유가 인정되었다. 선거운동의 방법과 관련하여 개개인에 대한 연속적인 면접의 금지와 전화를 통한 선거운동의 금지도 폐지되었다.

하지만 정부의 원안에서 폐지하기로 했던 사전선거운동의 금지를 존치하기로 함으로써 규제중심 선거법제의 기본틀이 유지되었다. 이는 사전선거운동의 금지는 선거운동의 관리를 담당하는 정부 측의 이해보다 현역의원의 기득권보호와 보다 많은 연관성이 있음을 보여주는 대목이다. 또한 선거사무소에 대한 제한, 호별방문의 금지, 문서도화에 의한 선거운동의 제한 등 개별적 제한조항도 그 틀을 유지하였다. 선거운

---

43) 齊藤鳩彦, 앞의 책, 115면 이하 ; 杣 正夫, "選擧制度の改革", 東京大學社會科
　　學硏究所편, 『戰後改革 3. 政治過程』, 東京大學出版會, 1974, 91〜141면, 105
　　면 이하 ; 福永文夫 편, GHQ民政局資料「占領改革」2券『選擧法·政治資金
　　規正法』, 丸善株式會社, 平成9年(1997), vi면, 18면 이하 참조.
44) 齊藤鳩彦, 앞의 책, 123면 이하 ; 杣 正夫, 앞의 글, 113면 이하.

동의 자유를 중심으로 볼 때 이는 시간적 측면과 인적 측면에서의 정치적 기본권에 대한 포괄적 제한 중 후자의 제한은 해제되었지만 전자의 경우에는 그대로 남았음을 의미한다.

일본의 중의원선거법은 1950년에 다른 선거법들과 함께 공직선거법으로 통합되었다. 하지만 선거운동에 관한 폭넓은 규제는 유지되어 오늘에 이르고 있다.

V. 한국 분단체제에서 일본식 규제중심 선거법제의 유입[45)]

1. 이승만 정권에서의 선거법제와 선거운동의 포괄적 규제

1947년 3월 17일에 미군정법령 제175호로 제정된 국회의원선거법은 자유로운 선거운동을 강조하였을 뿐 특별한 제한규정을 두지 않았다. 이는 미군정법령 제175호를 폐지하고 1948년 12월 23일에 제정된 국회의원선거법에서도 크게 다르지 않았다. 이후 1950년 4월 12일에 새로이 제정된 국회의원선거법은 공무원의 선거운동, 관변단체 명의의 선거운동, 20세미만의 소년등에 대한 특수관계를 이용한 선거운동에 대한 제한규정을 도입하였고 1951년의 개정법률은 호별방문을 금지하고 선거인에게 답례할 목적의 축하연 또는 위로연을 금지하는 규정을 추가하였다. 호별방문의 금지와 같은 무리한 제한도 보이지만 선거운동에

---

45) 이 장의 내용은 앞의 "정치체계의 신진대사와 정치관계법" III.1.(2)의 내용을 수정·보완한 것이다.

관한 법조항의 기본은 자유선거의 보장을 강조하고 이를 제한하는 조
항을 예외적으로 둔 것이었다.46) 누구든지 의원후보자를 위하여 단순
한 연설회를 자유로이 개최할 수 있다는 1950년 선거법 제37조는 당시
의 선거법이 선거운동을 바라보는 입장을 보여주는 예이다.

　국회의원선거법에서 선거운동의 규제가 대폭 확대된 것은 1952년의
발췌개헌에서 헌법조문 상으로 참의원과 민의원제도가 도입된 후 1958
년 1월 25일자로 민의원의원선거법이 제정되면서였다.47) 동법 제43조
는 최초로 "당선을 얻거나 얻게 하거나 얻지 못하게 하기 위한 행위"라

───────────

46) 이에 대해 이미 미군정법령 175호로 제정된 국회의원선거법과 이를 개정한 1948
　　년 12월의 국회의원선거법 제27조가 후보자등록제를 도입했다는 점에서 이미 사
　　전선거운동의 금지가 도입되었다고 보는 견해가 있다(김래영, "개정 선거법의 문
　　제점과 개선방안 ―사전선거운동금지규정을 중심으로―" 한국공법학회 제122
　　회 학술발표회(2005.5.28.) 발표문, 136~173면, 159면). 이 견해는 동법 제29조
　　가 "등록한 의원후보자는 자유로히 그대로 선거에 관한 선전을 할 수 있음"이라
　　고 규정한 것을 논거로 제시하고 있다. 하지만 입후보등록제로부터 등록이전에는
　　선거운동을 할 수 없다는 해석이 당연히 도출되는 것은 아니다. 또한 동법 제29
　　조를 등록하기 전에는 선거운동을 할 수 없다는 식으로 반대해석할 수 있다면
　　등록한 의원후보자 외에는 누구도 선거운동을 할 수 없다는 해석도 가능해야 한
　　다. 하지만 이 선거법에는 선거운동의 포괄적 인적 제한이 존재하지 않았다. 이
　　조항은 오히려 의원후보자의 자유로운 선거운동을 강조한 취지로 이해해야 할
　　것이다.
　　앞에서 살핀 바처럼 1925년 일본 보통선거법의 후보등록제에서 사전선거운동의
　　금지를 도출한 것은 행정관청의 무리한 해석이었고 그나마 신고된 운동원에게만
　　선거운동이 허용되는 엄격한 인적 제한과 연결해서나 가능한 것이었다. 1934년
　　개정법에서 명문으로 사전선거운동의 금지를 규정한 것은 후보등록제로부터 사
　　전선거운동의 금지를 도출한 해석이 무리한 것이었음을 역설적으로 보여주고 있
　　다. 만약에 1958년 이전에 사전선거운동에 대한 단속이 있었다면 이는 행정관청
　　의 초법적인 행위였다고 보아야 한다.
47) 이 선거법이 국회에서 통과된 것은 1958년 1월 1일이었다. 후술하는 바처럼 선
　　거법안에 대한 언론계의 문제제기로 여야간의 협상이 어려움에 봉착하여 제3대
　　국회 마지막 날인 1957년 12월 31일까지 통과되지 못하자 회기를 24시간 연장
　　하여 1958년 새해 첫날밤 11시 35분에 통과되었다.

고 선거운동을 정의하고 제44조는 선거운동기간을 정하였다. 이는 일본에서 1934년에 보통선거법이 개정되면서 사전선거운동의 금지를 명문으로 규정한 것과 같은 맥락이었다. 민의원의원선거법 제45조는 선거사무장·선거운동원이 아닌 자의 선거운동의 금지를 규정하였다.[48] 또한 이 선거법에서 처음으로 기탁금제도가 도입되었다. 이로써 1925년 일본 보통선거법의 핵심적인 규제조항이 1934년에 개정된 형태로 우리나라 선거법에 전면적으로 도입되었다. 또한 이 선거법은 선거공영제, 정당참관인제 등 공명선거를 위한 제반장치를 마련하였지만 후술하는 바처럼 부정선거는 여전히 자행되었다.

1958년의 민의원의원선거법은 여야의 협상을 통해 제정되었다고 해서 당시 '협상선거법'이라고 불렸다. 비교적 순탄하게 진행되던 입법과정에서 문제가 발생한 것은 언론인들이 법률안 제72조와 제73조가 특정 후보자를 당선 또는 낙선시킬 목적으로 언론사의 경영 또는 편집을 담당하는 자가 이익을 제공받고 선거에 관한 보도 기타 평론을 게재할 수 없으며 허위의 사실을 보도할 수 없다고 규정한 것과 이에 관한 처벌조항(동법 제155조와 제167조)에 대해 격렬하게 반발하면서였다. 1957년 12월 14일자로 발표된 신문편집인협회의 성명서는 이들 조항의 삭제를 요구하면서 "언론자유는 선거기간 내에 더욱 활발하여야 할 것임에도 불구하고 막연히 후보자를 '당선 또는 낙선시킬 목적'으로 '보도 논평 할 수 없다'고 규정하려 함은 우리 헌법의 정신과 규정을 무시하여 민주주의의 국기를 파괴하는 것이 될 것이다. 이러한 언론자유 침

---

48) 이러한 선거운동을 할 수 있는 자에 대한 포괄적인 제한은 1994년 공직선거법이 제정되면서 개별적인 제한으로 전환되었다. 헌법재판소는 포괄적인 제한조항이 폐지된 후 이처럼 원칙적으로 전 국민에 대해 선거운동을 금지하고 신고된 극소수의 선거관계인들만이 선거운동을 할 수 있도록 하는 것은 국민의 참정권과 정치적 표현의 자유의 본질적인 내용을 침해한다고 보았다(헌재 1994.7.29. 93헌가4등).

해 밑에 선거를 실시하게 될 때에는 국민의 비판을 봉쇄한 암흑선거가 될 것을 두려워하는 바이다"라고 천명하였다.[49] 하지만 이 성명서는 사전선거운동 금지, 선거운동원의 제한 등 —이익의 제공과 무관한— 국민의 정치적 표현의 자유에 대한 제한에 대해서 침묵하였다. 당시 언론에서 문제를 제기하던 위의 조항들을 넘어 협상선거법의 문제를 근본적으로 제기한 것은 윤길중이었다.[50] 그는 —원고청탁의 취지에 따라서— 우선 당시 언론인들이 문제 삼던 법조항이 군국주의 하의 일본선거법에 있었음을 지적하고 비판한 후[51] 이 선거법 전반의 내용을 평가하였다[52]:

"선거의 불공정, 자유분위기의 파괴가 자행되는 것은 현행선거법의 불비에 있는 것보다 관권의 횡포에 있는 것이니 집권당인 자유당이 공명선거를 하여 이 나라 민주주의의 생광(生光)을 부어야 하겠다는 성의와 노력이 백가지 입법보다 선행하여야 할 것이다. 그리고 소위 야당인 민주당 역시 자파중심의 이해관계에 편중하지 말고 진정 공명선거법안 제기에 성의를 다하여야 할 것이었다."

"문제의 요점은 구체적 부정행위를 추구하여 막는 것도 중요하지만 전체 선거분위기 자유보장이 더욱 실질적 의미가 있는 것이다. 자유분위기 보장에 관한 것을 기본과제로 하고 출발하지 않고 말단적 문제를 중심적으로 삼아 주의를 딴 곳으로 집중시킨 것이 야당측의 실책인 것

---

49) 여기서는 "언론제한은 허용될 수 없는 죄악 —면목 없을 치욕을 초래한 3대국회—"『인물계』(1958.2), 4~7면, 7면에 수록된 내용에서 인용한 것임.

50) 윤길중, "협상선거법을 비판함 —언론제한조항을 중심으로 선거권·기탁금문제—",『인물계』(1958.2), 12~15면. 이 글 말미에 소개된 윤길중의 약력은 "함경남도 북청 태생. 당년 42세. 일본대학 법학졸(24세 時). 고문 행정, 사법 양과 합격. 조선변호사시험 합격. 헌법기초전문위원. 국회 법제조사국장. 2대 민의원(원주) 법사분위장(2선). 진보당 간사장. 현재 변호사 개업"이었다.

51) 윤길중, 앞의 글, 13면.

52) 윤길중, 앞의 글, 14면 이하. 철자와 띄어쓰기는 현대국어에 따름.

이며 이와 동조하여 온 언론계의 과오인 것이다.

　　지금 선거법협상안에 관하여 언론제한조항만 가지고 떠들썩하지만
… 더 기본적인 선거권문제, 기탁금문제, 선거운동자유에 관한 문제 등
현행법보다 불가한 점 내지 헌법정신에 위반하는 점이 많은 것을 간과
내지 묵과하고 있다.”[53]

　　“돈을 안 쓰게 한다면서 기탁금제를 창설하고 공명선거와 자유분위
기를 지향한다면서 선거권문제라든지 언론제한, 운동제한에 급급하고
있는 것도 나라와 대중의 진정한 소리와 단결을 두려워하는 보수세력
의 본질에서 빚어낸 결론이며 대중의 이익과 그 자각보다도 권력유지
나 권력쟁탈에만 주의를 집중시키고자 하는 보수성이 아직도 언론계의
지배적인 조류인 까닭에 협상선거법안에 대한 기본태도의 과오를 범하
고 마침내 그 자체의 발등에까지 불이 붙게 된 것이라 하겠다. 이러한
의미에서 언론조항 뿐만 아니라 최소한도 선거권문제와 기탁금제 폐지
를 아울러 고창함으로써 비교적 올바른 선거법의 제정을 희구하는 바
이다.”

　　1958년 5월의 민의원의원선거는 공명선거의 실현을 위한 선거운동
의 규제가 현실적인 관권의 개입과 금권·동원선거 앞에서 별 효과를
거두지 못함을 보여주었다. 이 선거에서 이기붕을 비롯한 자유당간부
9인이 무투표 당선되었는데 이들 당선자 중 타인의 후보등록을 방해했
다는 이유로 피소된 사람이 있었으며 2인에 대해서는 법원이 선거무효
판결을 내렸다. 또한 수많은 선거구에서 폭력사태가 발생하였고, 오늘
날에는 이름도 생소한 릴레이식 투표, 피아노식 개표, 무더기 사전투표,
대리투표 등이 자행되어 부정선거는 극에 달하였다.[54] 당연한 결과이
지만 선거 후에 지적된 문제 중 가장 첫 번째의 것은 선거운동이 사실

---

53) 여기서 선거권문제라고 함은 당시 선거권이 만21세부터 주어졌는데 병역의무가
　　만 20세인 것과 비교하여 불합리하다는 내용이었다.
54) 대한민국국회, 『대한민국국회 50년사』, 1998, 241면 이하.

상 불가능했다는 점이었다.[55] 하지만 다른 한편 1958년의 제4대 국회 의원(민의원의원)선거에서 보수야당은 괄목할 만한 약진을 하였다. 이 선거에서 민주당은 1954년 선거에서 민주국민당이 얻은 득표율의 4배 가 넘는 34.2%를 얻어서 확고한 지위를 확보하였다. 또한 자유당과 민 주당이 전체의석의 88%를 차지함으로써 우리나라 선거사상 처음으로 양당제를 이루었다.

이러한 선거결과는 이미 민의원의원선거법이 제정되는 과정에서 예 견되었다. 이 선거법은 여야협상의 결과였는데 이러한 협상이 타결될 수 있었던 중요한 배경은 1956년 대통령선거에서 조봉암의 선전에 대 한 보수세력의 결집이었다.[56] 1957년 10월 자유당의 이기붕, 민주당의 조병옥, 무소속의 장택상이 만나서 선거법의 국회처리에 대해서 서로 협조하기로 하였는데 이 자리에서 "진보당에 대해서는 어떠한 조치를 강구할 필요가 있으며 최소한 1958년의 선거에는 참가하지 못하게 해 야 한다는 데에 일치했다"[57]고 한다. 이 선거법의 통과직후에 발생한 진보당사건과 이에 대한 보수야당인 민주당의 방관적 자세는 당시의 반진보당 보수연합의 분위기를 보여준다.

이후 수십 년간 우리나라의 정당체계를 형성했던 권위주의적 동원 정당인 여당과 보수주의 간부정당인 야당의 양당구조가 태어난 배경에

---

55) 유승범, "협상선거법의 맹점 —제4대국회에서는 기필코 고쳐져야 한다—", 『신 태양』(1958.6), 29~35면, 29면 이하.

56) 고성국, "진보당의 이상과 한계", 한배호 편, 『한국현대정치론 I』, 나남, 1990, 343~372면, 355면 ; 서중석, 『조봉암과 1950년대(상) 조봉암의 사회민주주의와 평화통일론』, 역사비평사, 1999, 204면 이하 ; 안철현, "제1~2공화국 정당정치 의 전개과정과 특성", 안희수 편저, 『한국정당정치론』, 나남, 1995, 253~ 284 면, 267면 이하 ; 유숙란, "선거의 권위주의적 운용과 역기능", 한배호 편, 앞의 책, 373~394면, 385면.

57) 박기출, 한국정치사, 민족통일연구원, 1971, 174면 이하. 여기서는 김태일, "민주 당의 성격과 역할", 한배호 편, 앞의 책, 311~342면, 327면 이하에서 재인용.

는 새로운 세력의 진입을 막으려는 여야의 공통된 의도가 있었다. 선거
운동의 자유를 근본적으로 제한하는 선거법의 제정은 이러한 의도와
무관하지 않았다. 신진 정치세력의 약진가능성 앞에서 기성정당들은 선
거법을 배제와 순치의 도구로 사용했던 일본의 예에 주목했던 것이다.

2. 1963년 국회의원선거법과 선거운동의 전면적 규제

이러한 선거운동에 대한 규제의 강화경향은 5·16군사쿠데타 이후에
그 도를 더하였다. 국가재건최고회의에 의해 1963년 1월 16일에 제정
된 국회의원선거법은 위의 선거운동 규제조항을 답습하면서 나아가 제
33조에서 "선거운동은 이 법에 규정된 이외의 방법으로 이를 할 수 없
다"고 선언하였다. 이는 법률이 헌법상 보장된 기본권을 전면적으로 폐
지하고 스스로 권리를 제한적으로 창설하는 초입헌주의적 현상이었다.
이 조문은 1994년에 기존의 대통령선거법, 국회의원선거법, 지방의회의
원선거법을 통합한 현행 공직선거법이 제정될 때까지 존속하였다.

3. 현행 공직선거법과 포괄적 규제의 잔존

현행 공직선거법은 이전의 선거법들이 지녔던 선거운동에 대한 명
백히 위헌적인 전면적 규제를 개별적인 규제로 전환하였다. 동법 제58
조 제2항은 "누구든지 자유롭게 선거운동을 할 수 있다"고 선언하면서
"그러나 이 법 또는 다른 법률에 의하여 금지 또는 제한되는 경우는 그
러하지 아니하다"는 단서를 달고 있다. 하지만 이후의 조문들은 이러한
변화가 명목상의 것에 불과함을 보여준다. 여전히 선거운동기간 이전의
정치활동을 사전선거운동이라는 개념으로 포괄적으로 제한하고 있으며

구체적인 선거운동에 대한 수많은 규제조항을 두어 이에 대한 벌칙조항만도 30여개에 이르고 있다. 우리의 공직선거법은 선거운동규제법 또는 선거형법이라고 하여도 과언이 아닐 정도로 여전히 규제 중심의 사고방식에 기초하고 있다. "특별형법의 과잉현상"58)에 대한 문제제기는 공직선거법의 처벌조항에 대해서도 적용되어야 한다.

VI. 맺음말

2004년 17대 국회의원선거에서 국회의원으로 당선된 자 중 이후에 공직선거법 위반으로 기소되어 재판을 받은 국회의원은 모두 46명에 이른다. 이들 중 금품향응 제공이나 허위사실 유포 등의 사유에 해당하지 않고 단지 사전선거운동만이 문제된 경우는 21명이다.59) 국회의원 정수가 299인이므로 전체의원의 6분의 1에 가까운 수가 기소되었다. 또한 기소된 의원들이 모두 지역구의원이므로 243인의 지역구의원 정수를 기준으로 보면 문제는 더욱 심각하다. 이러한 상황을 보면서 과연 우리의 선거풍토가 세계적으로 유례를 찾을 수 없을 정도로 혼탁한 것인가를 묻게 된다.

더욱이 현행 공직선거법 제264조는 공직선거의 당선인이 선거법을 위반하여 징역 또는 100만원 이상의 벌금형을 선고받은 때에는 당선을 무효로 하고 있다. 이는 주권자인 국민의 결정이 선거법규의 위반여부 뿐 아니라 그 정도에 대한 법원의 판단에 따라서도 뒤바뀔 수 있음을 의미한다. 이러한 법조항이 과연 우리헌법의 체계에 합치하는 것인지에

---

58) 이에 대해서는 한인섭, 『권위주의 형사법을 넘어서』, 동성사, 2000, 307면 이하, 327면 이하 참조.

59) 이 수치는 김래영의 공법학회 발표 때에 별도로 배부한 자료를 기초로 한다.

대한 근본적인 문제를 제기할 필요가 있다.60) 국회는 권위주의시대에
서와는 달리 점차 국가 통치질서의 중심기관이 되고 있다. 또한 민주화
의 과정 속에서 군인, 행정관료 또는 사법관료 출신의 정치인들이 자신
의 출신 집단을 배경으로 정치적 영향력을 유지하는 것도 점차 어려워
지고 있는 현실이다. 이러한 상황에서 국회의원선거의 당선자들이 대거
재판정에 서야 한다면 헌정의 중요한 공백을 가져올 위험이 있다. 현행
통합선거법제 하에서 이러한 당선무효는 대통령당선자에게도 해당된
다. 정권의 향배가 벌금 100만원을 기준으로 결정된다면 그 정치적 부
담을 과연 사법부가 떠맡을 수 있을지 의문이다. 또한 만약에 내각제로
개헌한 상황에서 국회의원 당선자 중 다수의 의원직상실 여부가 이 기
준으로 결정되는 경우도 마찬가지일 것이다.

규제중심의 선거법제는 권위주의적 통치자와 그 주변의 관료들이
실질적인 지배권을 행사하고 국민의 대표기관은 단지 부차적인 지위에
있던 관헌국가적 모델의 잔재이다. 공명선거는 물론 포기할 수 없는 중
요한 가치이다. 하지만 잊어서 안 되는 것은 공명선거가 선거의 본질을
이루는 원리는 아니라는 점이다. 국민의 대표가 민의를 제대로 반영하
여 선출되는 과정을 최대한 보장하고 금품살포, 흑색선전, 선거방해,
관권개입 등 이를 방해하는 행위를 규제해야 한다.61) 기술적이고 수단

---

60) 선거법위반을 당선무효와 연결시키는 규정이 국민주권의 원리 및 권력분립의 원
  칙과 양립하기 어렵다는 견해로는 권영설, "선거소송의 문제점과 과제", 『저스티
  스』통권 제66호(2002.4.), 5~36면, 30면 이하; 권영설, "선거와 선거제도 —현
  행선거법제의 주요쟁점을 중심으로", 제3회 한국법률가대회 논문집(2002.10.),
  177~203면, 195면 이하 참조.
61) 이와 관련하여 우리나라 선거법상의 선거범죄를 두개의 유형으로 구별하여 이러
  한 경우는 형사범적 선거범죄이어서 경찰규제의 대상이지만 사전선거운동 금지,
  호별방문금지, 문서·도화의 배포나 연설회 등의 금지·제한은 행정범적 선거범
  죄라고 하면서, 후자의 경우에는 헌법적으로 용인되기 어려움에도 불구하고 양자
  를 동일선상에서 획일적으로 규제하는 것은 무리라는 견해로는 문광삼, "정치적

적인 의미를 지니는 공명선거의 원리가 기본권적으로 보장되는 유권자
와 공직선거후보자간의 자유로운 의사소통을 방해하는 역할을 한다면
본말이 전도된 것이다. 민주헌정국가에서 통치권력의 핵심은 국민이
선출한 기관이다. 헌법이 헌법대로 실현되는 한 이를 막을 수는 없다.
민주화는 정치공동체내에서 선발된 권력과 선출된 권력사이의 관계를
재조정할 것을 요구하기 마련이다. 이러한 변화가 불안하다면 그 과정
이 무리 없이 진행되는 방안을 찾아야 할 뿐이다. 규제중심의 선거법제
역시 궁극적으로는 이러한 관계재조정의 맥락 속에서 함께 변할 수밖
에 없다.

　　우리는 일본제국주의의 점령기간을 평가하고 정리할 때 주권을 상
실했던 사실에 주목하고 이러한 역사적 비극을 되풀이하지 않기 위해
노력해야 함을 강조하여 왔다. 이는 해방 60년을 맞이한 지금도 크게
다르지 않다고 보인다. 이러한 관점이 의미가 있다는 것에 대해 필자
역시 근본적으로 달리 생각하지는 않는다. 하지만 일본제국주의가 남긴
잔재를 제대로 청산하기 위해서는 우리의 주권을 침탈했던 시대의 일
본이 어떤 헌정체제를 지녔던가를 면밀하게 검토할 필요가 있다. 주권
이 침탈되었던 사실 자체 뿐 아니라 한민족공동체의 근대성의 형성에
적지 않은 영향을 미친 일본의 체제는 어떤 것이었던가를 살피는 것이
중요한 이유는 우리가 단지 독립된 주권국가에서 살기만을 원하는 것
이 아니라 우리의 국가가 국민이 주인인 민주헌정국가여야 하기 때문
이다. 우리는 1958년부터 1925년 일본에서 제정되어 1934년에 개악된
선거법제하에서 살았고, 1994년부터는 1945년 이래의 일본식 선거법제
하에서 살고 있다. 정치영역에서 역동적인 민주화를 겪고 있는 우리사
회에서 관헌국가적 규제중심의 일본 선거법모델이 맞는 옷인지 돌아볼
때이다. 또한 1958년에 규제중심 선거법제의 기본틀이 형성된 후 한반

자유권에 관한 연구", 서울대학교 법학박사학위논문, 1985, 229면 이하.

도와 주변에서 일어난 변화가 현행선거법에 충분히 반영되고 있는지[62]
도 진지하게 생각해 볼 때이다.

　이 글은 규제중심의 선거법제가 일본에서 형성되고 우리나라에 도
입되는 모습을 분석하는 데 중점을 두었고 마지막으로 이러한 선거법
제가 지니는 문제점을 지적하였다. 하지만 구체적인 개선방안을 만들어
내기 위해서는 보다 많은 연구가 필요할 것이다. 우선 일본의 선거법제
가 한국으로 유입되는 배경과 과정을 보다 세밀하게 살피고 이후 양국
에서 유사한 제도가 운영되는 공통점과 차이점을 살피는 것도 도움이
될 것이다. 제도개선안을 위해서는 비교법적 연구의 대상이 일본에만
국한되지 않는 것은 물론이다. 또한 현역 또는 비현역 등 입장이 다른
후보자, 유권자, 선거관리행정 담당자, 검찰, 법원 등 다양한 영역에서
바라보는 문제 상황에 대한 연구가 필요할 것이다. 이 연구는 선거제도
에서 선거운동에 대한 규제의 문제를 정치영역과 선거관리행정 그리고
사법부의 관계, 국가와 시민사회의 관계라는 넓은 관점에서 바라 볼 필
요성을 제기하는 선에서 마무리하려 한다.

---

62) 민의원의원선거법의 제정이 논의되던 1957년 12월 18일 이승만 대통령은 신문
기자회견에서 "지금 공산당이 중공, 이북, 일본 등지에서 백방으로 들어오려 하
고 있어 위험한 형편에 놓여있는 이때에 그냥 내놓고 막 자유라고 해서는 정부가
어떻게 할 수 없게 되므로 위험한 때에는 우리가 다 조심해야 한다는 것이며 어
느 나라에서나 위험한 때에는 자유라는 것을 생각해서 하게 되는 것이다. … 따
라서 공산당에서 돈을 가지고 들어와서 우리의 선거를 재정을 가지고 사람을 사
서 하려고 하는 것 등은 막아야 하며 또 위험한 때에 돈과 뇌물을 가지고 선거를
하게 한다는 것은 없게 해야 되므로 정부에서는 이런 것을 극히 주의해서 금하도
록 해야만 되는 것이다"라고 말한 바 있다(여기서는 "언론제한은 허용될 수 없는
죄악 —면목 없을 치욕을 초래한 3대국회—", 『인물계』(1958.2), 7면에 수록된
내용에서 인용한 것임).

참고문헌

제1부 국가와 대표

국가역할의 역사적 변천—근대국가의 미래와 관련하여—

1. 국내문헌

강정인, 『세계화, 정보화 그리고 민주주의』, 문학과지성사, 1998.
김경원·임현진 공편, 『세계화의 도전과 한국의 대응』, 나남, 1995.
김호기, 『한국의 현대성과 사회변동』, 나남, 1999.
마틴 카노이 등, 『정보화시대의 지구경제와 국가』, 일신사, 1998.
안병영·임혁백 공편, 『세계화와 신자유주의』, 나남, 2000.
임혁백, 『세계화시대의 민주주의』, 나남, 2000.
타나까 아끼히꼬, 『새로운 중세』, 지정, 2001.
하영선 편, 『탈근대 지구정치학』, 나남, 1993.
한국가족학회 편, 『현대가족과 사회』, 교육과학사, 1994.
한국여성개발원, 『열린사회와 가족』, 1994.
한국여성개발원, 『최근 가족해체 실태 및 복지대책』, 2000.
한나 아렌트, 『인간의 조건』, 한길사, 1996.
한배호 편, 『세계화와 민주주의』, 세종연구소, 1996.
한스 피터 마르틴·하랄드 슈만, 『세계화의 덫』, 영림카디널, 1997.

2. 외국문헌

H. Boldt, *Deutsche Verfassungsgeschichte Bd.1*, 2.Aufl., München 1990.
E.-W. Böckenförde, Die Schweiz—Vorbild für Europa?, in: Böckenförde, *Staat, Nation, Europa*, 2.Aufl., Frankfurt a. M. 2000, 25~33면.

D. Grimm, Der Wandel der Staatsaufgaben und die Krise des Rechtsstaats, in: Grimm(Hg.), *Wachsende Staatsaufgaben —sinkende Steuerungsfähigkeit des Rechts*, Baden-Baden 1990, 291~306면.

D. Grimm, Der Wandel der Staatsaufgaben und die Zukunft der Verfassung, in: Grimm(Hg.), *Staatsaufgaben*, Baden-Baden 1994, 613~646면.

D. Grimm, Staatsaufgaben—eine Bilanz, in: Grimm(Hg.), *Staatsaufgaben*, 771~785면.

P. Häberle, Sport als Thema neuerer verfassungsstaatlicher Verfassungen, in: Häberle, *Das Grundgesetz zwischen Verfassungsrecht und Verfassungspolitik*, Baden-Baden 1996, 715~749면.

G. Haverkate/H. Boldt, Staat und Souveränität, in: O. Brunner u.a.(Hg.), *Geschichtliche Grundbegriffe Bd.6*, Stuttgart 1990, 1~154면.

D. Held, Democracy, the Nation-State and the Global System, in: *Modernity vol. IV*, ed. M. Waters(London: Routledge, 1999), 411~445면.

F.-X. Kaufmann, Diskurse über Staatsaufgaben, in: D. Grimm(Hg.), *Staatsaufgaben*, 15~41면.

M. R. Lepsius, Beyond the Nation-State: The Multinational State as the Model for the European Community, in: *The State: Critical Concepts vol. 3*, ed. J. A. Hall(London: Routledge, 1994), 564~579면.

N. Luhmann, *Zweckbegriff und Systemrationalität*, Tübingen 1968.

W. Reinhard, *Geschichte der Staatsgewalt. Eine vergleichende Verfassungsgeschichte Europas von den Anfängen bis zur Gegenwart*, München 1999.

E. Schmitt, Zur Zäsurideologie der französischen Revolution, in: Bosl(Hg.), *Der moderne Parlamentarismus und seine Grundlage in der ständischen Repräsentation*, Berlin 1977, 195~240면.

H. Schulze—Fielitz, Staatsaufgabenentwicklung und Verfassung, in: Grimm (Hg.), *Wachsende Staatsaufgaben-sinkende Steuerungsfähigkeit des Rechts*, 11~47면.

M. Stolleis, Die Idee des souveränen Staates, in: R. Mußgnug(Hg.), *Entstehen und Wandel verfassungsrechtlichen Denkens*, Berlin 1996, 63~85면.

대표제개념의 헌법사

1. 국내문헌

권영성, 『헌법학원론』, 법문사, 1998.

김철수, 『헌법학개론』, 박영사, 1999.

르페브르, 『프랑스혁명사』, 을유문화사, 1994.

송석윤, "독일초기 입헌주의와 독일연합의정서 제13조", 『헌법학연구』 제9권 제1호(2003.5), 217~245면.

알베르 소부울, 『프랑스대혁명사(상)』, 두레, 1984.

이병훈, "대표원리와 의회주의의 기능", 고려대학교 법학박사학위논문, 1988.

정종섭, "대의제에 관한 비판적 연구", 연세대학교 법학박사학위 논문, 1989.

조병륜, "국민대표제의 연구", 서울대학교 법학박사학위논문, 1983.

조르주 뒤비, 『세 위계: 봉건제의 상상 세계』, 문학과 지성사, 1997.

프랑스와 퓌레 / 드니 리쉐, "프랑스혁명: 3부회의 소집으로로부터 열월 9일까지", 민석홍 엮음, 『프랑스혁명사론』, 까치, 1988, 159~200면.

허영, 『한국헌법론』, 박영사, 1999.

2. 외국문헌

A. H. Birch, *Representation* (London: Macmillan, 1972).

H. Boldt, *Deutsche Verfassungsgeschichte Bd.1*, 2.Aufl., München 1990.

H. Boldt(Hg.), *Reich und Länder. Texte zur deutschen Verfassungsgeschichte im 19. und 20. Jahrhundert*, München 1987.

K. Bosl, Repräsentierte und Repräsentierende. Vorformen und Traditionen des Parlamentarismus an der gesellschaftlichen Basis der deutschen Territorialstaaten vom 16. bis 18. Jahrhundert, in: K. Bosl(Hg.), *Der moderne Parlamentarismus und seine Grundlange in der ständischen Repräsentation*, Berlin 1977, 99~120면.

E.-W. Böckenförde, Demokratische Willensbildung und Repräsentation, in: Isensee/Kirchhof(Hg.), *Handbuch des Staatsrechts Bd.II*, Heidelberg 1987, 29~48면.

E. Fraenkel, Die repräsentative und plebiszitäre Komponente im demokratischen Verfassungsstaat, in: Fraenkel, *Deutschland und die westlichen Demokratien*, 2.Aufl., Frankfurt a. M. 1990, 153~203면.

D. Grimm, Repräsentation, in: Görres-Gesellschaft(Hg.), *Staatslexikon Bd.4*, 7.Aufl., Freiburg u.a. 1988, 878~882면.

H. Hofmann, *Repräsentation*, Berlin 1974.

J. Kimme, *Das Repräsentativsystem*, Berlin 1988.

R. Koselleck, Einleitung, in: O. Brunner u. a.(Hg.), *Geschichtliche Grundbegriffe Bd.1*, 4.Aufl., Stuttgart 1992, XIII-XXVII면.

G. Leibholz, *Wesen der Repräsentation*, Berlin/Leipzig 1929.

M. Mitterauer, Grundlage politischer Berechtigung im mittelalterlichen Ständewesen, in: K. Bosl(Hg.), *Der moderne Parlamentarismus und seine Grundlange in der ständischen Repräsentation*, Berlin 1977, 11~42면.

G. Oestreich, Ständestaat und Ständewesen im Werk Otto Hintzes, in: D. Gerhard(Hg.), *Ständische Vertretungen in Europa im 17. und 18. Jahrhundert*, 2.Aufl., Göttingen 1974, 56~71면.

H. F. Pitkin, *The Concept of Representation* (Berkley: University of California Press, 1967).

G. Radbruch, Die politischen Parteien im System des deutschen Verfassungsrechts, in: Anschütz/Thoma(Hg.), *Handbuch des deutschen Staatsrechts Bd.1*, Tübingen 1930, 285~294면.

H. Rausch, Repräsentation: Wort, Begriff, Kategorie, Prozeß, Theorie, in: K. Bosl(Hg.), *Der moderne Parlamentarismus und seine Grundlange in der ständischen Repräsentation*, Berlin 1977, 69~98면.

H. Reuss, Zur Geschichte der Repräsentativverfassung in Deutschland, in: H. Rausch(Hg.), *Zur Theorie der Repräsentation und Repräsentativverfassung*, Darmstadt 1968, 1~27면.

C. Schmitt, *Verfassungslehre*, Berlin 1928.

E. Schmitt, Zur Zäsurideologie der französischen Revolution, in: Bosl(Hg.), *Der moderne Parlamentarismus und seine Grundlange in der ständischen Repräsentation*, Berlin 1977, 195~240면.

C. Schönberger, *Das Parlament im Anstaltstaat*, Frankfurt a. M. 1997.

K. Stern, *Das Staatsrecht der Bundesrepublik Deutschland Bd. II*, München 1980.

H. J. Wolff, Die Repräsentation, in: H. Rausch(Hg.), *Zur Theorie der Repräsentation und Repräsentativverfassung*, Darmstadt 1968, 116~208면.

제2부 정당과 민주헌정

독일헌법상 정당조항과 그 한국적 이식

1. 국내문헌

공보부조사국, 『헌법개정과 국민투표』, 1962.

국회사무처, 『대한민국 법률안 연혁집 제9권』, 1992.

대한민국국회, 『헌법개정심의록 제1집』, 1967.

대한민국국회, 『헌법개정심의록 제2집』, 1967.

권영성, 『헌법학원론』, 법문사, 1998.

구병삭, "제3공화국 헌법", 한태연 등, 『한국헌법사(하)』, 한국정신문화연구원, 1991.

김경재, “서독의 정당과 선거”, 『법제월보』 1962.12., 18~43면.
김용욱, “민주공화당의 위상과 당·정관계”, 한배호(편), 『한국현대정치론 II』, 오름, 1996, 109~159면.
김정원, “군정과 제3공화국: 1961~1971”, 김성환 외, 『1960년대』, 거름, 1984, 150~207면.
김철수, 『헌법학개론』, 박영사, 2000.
김태일, “민주당의 성격과 역할”, 한배호 편, 『한국정치론I』, 311~342면.
내각책임제개헌안 기초위원회, “개헌안제안이유설명서”, 국회도서관, 『헌법개정회의록(제4대국회)』, 1968, 72~121면.
박일경, 『신헌법학원론』, 법경출판사, 1986.
박일경, “신생공화국과 정당”, 『고시계』 1962.6., 83~92면.
문홍주, “새 의회제도의 모습”, 『법정』 1962.7., 16~19면.
백상건, “정치의 근대화”, 『법제월보』 1962.12., 7~17면.
서병조, 『개헌시비』, 서울문예사, 1986.
송 우, 『한국헌법개정사』, 집문당, 1980.
송석윤, 『위기시대의 헌법학―바이마르헌법학이 본 정당과 단체』, 정우사, 2002.
안철현, “제1~2공화국 정당정치의 전개과정과 특성”, 안희수 편, 『한국정당정치론』, 나남, 1995, 253~284면.
윤용희, “자유당의 기구와 역할”, 한배호 편, 『한국정치론I』, 나남, 1990, 277~310면.
이석제, 『각하, 우리 혁명합시다』, 서적포, 1995.
이완범, “제3공화국헌법의 제정과정과 그 성격: ‘민정이양’과 ‘강력한 대통령제’”, 한국정치외교사학회·건국대학교사회과학연구소, 『한국헌정사심포지엄』 (2000.2.12.), 125~145면.
중앙선거관리위원회, 『대한민국정당사』, 1968.
최대권, 『헌법학―법사회학적 접근―』, 박영사, 1989.
최대권, “정치개혁을 위한 몇가지 생각(I)”, 『서울대 법학』 제33권 1호 (1992.3.), 156~180면.

한태연, "혁명정부의 헌법적 기초", 『법정』 제16권 8호(단기 4294. 8.), 8~9면.

한태연, 『국가재건비상조치법』, 법문사, 1961.

한태연, 『헌법학』, 법문사, 1983.

한태연, "제2공화국 헌법", 한태연 등, 『한국헌법사(하)』, 한국정신문화연구원 1991, 11~112면.

한태연, "민주주의와 정당국가(하)", 『고시연구』 1998.2., 102~115면.

한태연, "헌법과 정당", 『고시계』 1959.6., 145~149면.

"서독정당법초안", 『법제월보』 1962.12., 65~84면.

"정권이양시기에 관한 성명" (1961.8.12.), 국가재건최고회의 한국군사혁명사편찬위원회, 『한국군사혁명사 제1집(하)』, 1963.

"최고회의비사", 『월간중앙』 1965.5., 116~131면.

2. 외국문헌

Teruya Abe, Die Entwicklung des modernen Parlamentarismus in Japan, in: H. Coing u.a.(Hg.), *Die Japanisierung des westlichen Rechts*, Tübingen 1990, 11~25면.

L. J. Constantinesco, *Rechtsvergleichung Bd.II*, Köln u.a. 1972.

Deutscher Bundestag und Bundesarchiv(Hg.), *Der Parlamentarische Rat: 1948~1949; Akten und Protokolle Bd.3, Ausschuß für Zuständigkeitsabgrenzung*, Boppart am Rhein, 1986.

Deutscher Bundestag und Bundesarchiv(Hg.), *Der Parlamentarische Rat: 1948~1949; Akten und Protokolle Bd.9 Plenum*, München 1996.

K.-B. v. Doemming u.a., Entstehungsgeschichte der Artikel des Grundgesetzes, in: *AöR* 1951, 1면 이하, 202면 이하.

R. Grawert, Die nationalsozialistische Herrschaft, in: Isensee/Kirchhof(Hg.), *Handbuch des Staatsrechts Bd.I*, Heidelberg 1987, 143~172면.

D. Grimm, Historische Erfahrung mit Rechtsvergleichung-das frühe 19. Jahrhundrt in Deutschland, in: *Rabels Zeitschrift für ausländisches und internationales Privatrecht* 1986, 61~76면.

W. Hennis, Der »Parteienstaat« des Grundgesetzes, in: G. Hofmann/W.A. Perger(Hg.), *Die Kontroverse Weizsäckers Parteienkritik in der Diskussion*, Frankfurt a. M. 1992, 25~50면.

M. B. Hooker, *Legal Pluralism*(London: 1975).

R. Morsey, *Die Bundesrepublik Deutschland*, 4.Aufl., München 2000.

K. Niclauß, *Das Parteiensystem der Bundesrepublik Deutschland*, Paderborn 1995.

M. Rheinstein, *Einführung in die Rechtsvergleichung*, München 1987.

K. Scheiwe, Was ist ein funktionales Äquivalent in der Rechtsvergleichung?, in: *Kritische Vierteljahresschrift für Gesetzgebung und Rechtswissenschaft* 2000 (83. Jg.), 30~51면.

H.-P., Schneider(Hg.), *Das Grundgesetz Dokumentation seiner Entstehung Bd.9*, Frankfurt a. M., 1995.

W. Schreiber, *Handbuch des Wahlrechts zum Deutschen Bundestag*, 5.Aufl., Köln u.a., 1994.

A. B. Schwarz, *Das Schweizerische Zivilgesetzbuch in der Ausländischen Rechtsentwicklung*, Zürich 1950.

A. B. Schwarz, Rezeption und Assimilation ausländischer Rechte, in: A. B. Schwarz, *Rechtsgeschichte und Gegenwart*, Karlsruhe 1960.

D. Tsatsos u.a.(Hg.), *Parteienrecht im Europäischen Vergleich*, Baden-Baden 1990.

A. Watson, *Legal Transplants —An Approach to Comparative Law* (Edinburgh, 1974).

H. F. Zacher, Vorfragen zu den Methoden der Sozialrechtsvergleichung, in: H. F. Zacher(Hg.), *Methodische Probleme des Sozialrechtsvergleichs*, Berlin 1977, 21~74면.

K. Zweigert / H. Kötz, *Einführung in die Rechtsvergleichung*, 3.Aufl., Tübingen 1996.

정당재정의 헌법적 통제 ―독일의 경험을 중심으로―

1. 국내문헌

송석윤, 『위기시대의 헌법학 ―바이마르헌법학이 본 정당과 단체―』, 정우사, 2002.

2. 외국문헌

F. Boyken, *Die neue Parteienfinanzierung*, Baden-Baden 1998.

Deutscher Bundestag und Bundesarchiv(Hg.), *Der Parlamentarische Rat: 1948~1949 ; Akten und Protokolle Bd.9 Plenum*, München 1996.

E. R. Huber, *Deutsche Verfassungsgeschichte Bd.4*, Stuttgart u.a. 1969.

O. Kirchheimer, Der Wandel des westeuropäischen Parteiensystems, in: *PVS(Politische Vierteljahresschrift)* 1965(6), 20~41면.

E. Kolb, *Die Weimarer Republik*, München 1988.

P. Kulitz, *Unternehmerspenden an politische Parteien*, Berlin 1983.

J.-D. Kühne, Volksvertretung im monarchischen Konstitutionalismus (1814~1918), in: H.-P. Schneider/W. Zeh(Hg.), *Parlamentsrecht und Parlamentspraxis in der Bundesrepublik Deutschland*, Berlin/New York 1989, 49~101면.

Ch. Landfried, *Parteifinanzen und politische Macht*, Baden-Baden 1990.

R. Lewinsohn, *Das Geld in der Politik*, Berlin 1930.

L. P. Lochner, *Die Mächtigen und der Tyrann*, Darmstadt 1955.

P. Lösche, *Wovon leben die Parteien. Über das Geld in der Politik*, Frankfurt a. M. 1984.

Parlamentarischer Rat, *Verhandlungen des Hauptausschusses*, Bonn 1948/49.

M. Sell, Parteienfinanzierung in Deutschland, in: D. Th. Tsatsos(Hg.), *Parteienfinanzierung im europäischen Vergleich*, Baden-Baden 1992, 87~

148면.

G. Stricker, *Der Parteienfinanzierungsstaat*, Baden-Baden 1998.

R. Thoma, Staat(Allgemeine Staatslehre), in: L. Elster u.a.(Hg.), *Handwörterbuch der Staatswissenschaften Bd.7*, 4.Aufl., Jena 1926, 724~756면.

D. Th. Tsatsos, Parteien, Parteienfinanzierung und Verfassung, in: Tsatsos(Hg.), *Parteienfinanzierung im europäischen Vergleich*, Baden-Baden 1992, 13~18면.

H. Triepel, *Die Staatsverfassung und die politischen Parteien*, Berlin 1928.

M. Weber, *Wirtschaft und Gesellschaft, 1.Halbband*, Tübingen 1972.

정당의 국고보조에 대한 독일연방헌법재판소의 판례
─1992년 4월 9일자 결정을 중심으로─

1. 국내문헌

박승호, "정당에 대한 국고보조의 의의와 문제점", 『심천계희열박사화갑기념논문집』, 1995, 185~251면.

2. 외국문헌

H. H. v. Arnim, Demokratie vor neuen Herausforderungen, in: *ZRP* 1995, 340~352면.

J. Hecker, Die Parteienstaatslehre von Gerhard Leibholz in der wissenschaftlichen Diskussion, in: *Der Staat* 1995, 287~311면.

K. Hesse und G. E. Kafka, Die verfassungsrechtliche Stellung der politischen Parteien im modernen Staat, in: *VVDStRL* 17, 11~102면.

H. Hofmann, Die Neuregelung der staatlichen Parteienfinanzierung, in: *DÖV* 1994, 504~515면.

H. Hofmann, Die staatliche Teilfinanzierung der Parteien, in: *NJW* 1994,

691~696면.

S. M. Huber, Der Parteienstaat als Kern des politichen Systems — Wie tragfähig ist das Grundgesetz?, in: *JZ* 1994, 689~696면.

J. Ipsen, Globalzuschüsse statt Wahlkampfkostenerstattung, in: *JZ* 1992, 753~761면.

M. Sell, Parteienfinanzierung in Deutschland, in: D. Th. Tsatsos(Hg.), *Parteienfinanzierung im europäischen Vergleich*, Baden-Baden 1992, 87~148면.

D. Schmalz, *Staatsrecht*, 3. Aufl., Baden-Baden 1996.

M. Stolleis, H. Schäffer und R. A. Rhinow, Parteienstaatlichkeit — Krisensymptome des demokratischen Verfassungsstaats?, in: *VVDStRL* 44, 7~113면.

D. Th. Tsatsos, Zur Demokratisierung des Parteienstaates, in: *ZRP* 1993, 95~97면.

제3부 헌법과 정치개혁

정치체계의 신진대사와 정치관계법
—정치관계법의 헌법적 정상화를 위하여—

1. 국내문헌

고성국, "진보당의 이상과 한계", 한배호 편, 『한국현대정치론I』, 나남, 1990, 343~372면.

국회사무처, 『대한민국 법률안 연혁집 제9권』, 1992.

김용호, "정당의 민주적 개혁", 제7회 아태평화재단 국내학술회의, 『국민의 정부: 과제와 전망』, 1998.9.22., 3~23면.

김태일, "민주당의 성격과 역할", 한배호 편, 『한국현대정치론 I』, 나남, 1990, 311~342면.

대한민국국회, 『대한민국국회 50년사』, 1998.

박기출, 『한국정치사』, 민족통일연구원, 1971.

박원순, 『국가보안법연구 3』, 역사비평사, 1994.

서중석, 『조봉암과 1950년대(상)－조봉암의 사회민주주의와 평화통일론－』, 역사비평사, 1999.

서중석, 『조봉암과 1950년대(하)－피해대중과 학살의 정치학－』, 역사비평사, 1999.

성낙인, 『선거법론』, 법문사, 1998.

성낙인, "정치개혁의 방향과 과제", 새정치국민회의·자유민주연합 정치구조개혁위원회 공청회, 『정치구조개혁 어떻게 할 것인가?』, 1998.3.2., 9~40면.

손혁재, "김대중정부 정치개혁의 성과와 한계", 서울 YMCA 제386회 시민논단, 『정치개혁 이대로 좋은가?－시민정치 활성화를 위한 정치개혁 과제－』, 1998.10.14., 9~31면.

안철현, "제1~2공화국 정당정치의 전개과정과 특성", 안희수 편저, 『한국정당정치론』, 나남, 1995, 253~284면.

유숙란, "선거의 권위주의적 운용과 역기능", 한배호 편, 『한국현대정치론I』, 나남, 1990, 373~394면.

유재일, "한국 정당체제의 형성과 변화(1950~1961)", 고려대 정치학 박사학위논문, 1996.

윤용희, "선거와 정치과정", 한배호편, 『한국현대정치론II』, 나남, 1996, 199~271면.

윤용희, "자유당의 기구와 역할", 한배호 편, 『한국현대정치론I』, 나남, 1990, 277~310면.

이갑윤, "지역주의와 선거제도", 제7회 아태평화재단 국내학술회의, 『국민의 정부: 과제와 전망』, 1998.9.22., 25~50면.

이경주, "김대중 정부 1년에 대한 규범적 평가－정치개혁의 문제점과 원점－", 민주주의법학연구회 편, 『한국사회의 법과 민주주의(II)－김대중 정부 1년에 대한 규범적 평가－』, 관악사, 1999, 143~171면.

이상수, "국민회의의 정치제도 개혁방안", 한국공법학회 제78회 학술발표
　　회, 『정치·행정개혁을 위한 입법과제』, 1998.11.21., 7~23면.

정대화, "정당법 및 정당제도의 개혁방향", 민주노총·참여연대·한국정
　　당정치연구소, 『정치 법·제도 개선을 위한 대토론회』, 1998.7.23.,
　　5~15면.

정만희, "정당법 및 정치자금법의 개정방향", 한국공법학회 제78회 학술발
　　표회, 『정치·행정개혁을 위한 입법과제』, 1998.11.21., 48~74면.

정연주, "국회의원 선거법의 개정방향", 한국공법학회 제78회 학술발표회,
　　『정치·행정개혁을 위한 입법과제』, 1998.11.21., 24~47면.

허영구, "선거 법·제도 개선", 민주노총·참여연대·한국정당정치연구
　　소, 『정치 법·제도 개선을 위한 대토론회』, 1998.7.23., 33~37면.

2. 외국문헌

K. Niclauß, *Das Parteiensystem der Bundesrepublik Deutschland*, Paderborn u.a.
　　1995.

헌법의 관점에서 본 정치개혁 ─정당개혁을 중심으로─

1. 국내문헌

강명세, "한국정당의 변화: 카르텔정당의 '사회적 복귀'?", 10면(http://
　　peoplepower21.org/upload/issue /bdata/aw20506_Kang_0.doc).

김용욱, "민주공화당의 위상과 당·정관계", 한배호, 편, 『한국현대정치론
　　II』, 오름, 1996, 109~159면.

김철수, "국회의원 선거제도 개혁의 법적 제문제", 『성곡논총』 제2집(1971.
　　11), 293~373면.

김철수, "전국구 비례대표제의 문제점과 개선방안", 『선거관리』 4(2) (1971.
　　11.), 7~16면.

김태일, "민주당의 성격과 역할", 한배호 편, 『한국현대정치론I』, 나남, 1990, 311~342면.

박용상, 『표현의 자유』, 현암사, 2002.

성낙인, "전국선거구 비례대표국회의원 선거제도의 문제점과 개선방안", 최송화교수 화갑기념 『현대공법학의 과제』, 박영사, 2002, 125~154면.

유숙란, "선거의 권위주의적 운용과 역기능", 한배호 편, 『한국현대정치론I』, 나남, 1990, 373~394면.

유재일, "한국 정당체제의 형성과 변화(1950~1961)", 고려대 정치학 박사 학위논문, 1996.

윤용희, "자유당의 기구와 역할", 한배호 편, 『한국현대정치론I』, 나남, 1990, 277~310면.

이성환, "선거관계법에 대한 헌법재판소 결정의 문제점", 헌법실무연구회 편, 『헌법실무연구』 제1권, 박영사, 2000, 321~339면.

이욱한, "공직선거및선거부정방지법 제59조 및 제87조의 위헌성에 관한 연구", 『헌법판례연구2』, 박영사, 2000, 333~350면.

이욱한, "선거운동규제의 법리", 『공법연구』 제28집 제4호 제1권(2000.6), 101~114면.

이현출, 『정당과 민주주의』, 오름, 1997.

임종훈, "선거운동의 자유와 현행선거법상 규제의 문제점", 『공법연구』 제29집 제4호(2001.6), 29~44면.

중앙선거관리위원회, 『2000년도 정당의 활동개황 및 회계보고』, 2001.

중앙선거관리위원회, 『'99 정당의 활동개황 및 회계보고』, 2000.

중앙선거관리위원회, 『일본공직선거법령집』, 2001.

중앙선거관리위원회, 『프랑스선거법』, 1994.

2. 외국문헌

Ch. Gusy, *Die Lehre vom Parteienstaat in der Weimarer Republik*, Baden-Baden 1993.

H. Heller, Souveränität, in: Heller, *Gesammelte Schriften Bd. 2*, Leiden 1971,

31~202면.

J. Kocka, Class formation, interest articulation, and public policy: the origins of the German white-collar class in the late nineteenth and early twentieth centuries, in: S. Berger (ed.), *Organizing interests in Western Europe* (Cambridge: Cambridge University Press, 1981), 63~81면.

J. Kocka, Organisierter Kapitalismus oder Staatsmonopolistischer Kapitalismus? Begriffliche Vorbemerkungen, in: H. A. Winkler(Hg.), *Organisierter Kapitalismus*, Göttingen 1974, 19~35면.

M. Morlok, Artikel 21, in: H. Dreier(Hg.), *Grundgesetz Kommentar Bd.II*, Tübingen 1998.

K. Niclauß, *Das Parteiensystem der Bundesrepublik Deutschland*, Paderborn u.a., 1995.

선거운동 규제입법의 연원
― 1925년 일본 보통선거법의 성립과 한국 분단체제에의 유입 ―

1. 국내문헌

고성국, "진보당의 이상과 한계", 한배호 편, 『한국현대정치론 I』, 나남, 1990, 343~372면.

권영설, "선거소송의 문제점과 과제", 『저스티스』 통권 제66호(2002.4.), 5~36면.

권영설, "선거와 선거제도―현행선거법제의 주요쟁점을 중심으로", 제3회 한국법률가대회 논문집(2002.10.), 177~203면.

김래영, "개정 선거법의 문제점과 개선방안―사전선거운동금지규정을 중심으로―" 한국공법학회 제122회 학술발표회(2005.5.28.) 발표문, 136~173면.

김래영, "선거운동의 자유와 한계에 관한 연구", 한양대학교 법학박사학위 논문, 2003.

김태일, "민주당의 성격과 역할", 한배호 편, 『한국현대정치론 I』, 나남, 1990, 311~342면.

대한민국국회, 『대한민국국회 50년사』, 1998.

문광삼, "정치적 자유권에 관한 연구", 서울대학교 법학박사학위논문, 1985.

박기출, 『한국정치사』, 민족통일연구원, 1971.

서중석, 『조봉암과 1950년대(상)－조봉암의 사회민주주의와 평화통일론』, 역사비평사, 1999.

성낙인, 『선거법론』, 법문사, 1998.

신동준, 『근대일본론』, 지식산업사, 2004.

안철현, "제1~2공화국 정당정치의 전개과정과 특성", 안희수 편저, 『한국정당정치론』, 나남, 1995, 253~284면.

양건, "선거과정에서의 국민참여의 확대－선거운동의 자유와 그 한계를 중심으로－", 『공법연구』 제20집(1992.7), 17~46면.

유숙란, "선기의 권위주의적 운용과 역기능", 한배호 편, 『한국현내정치론 I』, 나남, 1990, 373~394면.

유승범, "협상선거법의 맹점－제4대국회에서는 기필코 고쳐져야 한다－", 『신태양』(1958.6), 29~35면.

윤길중, "협상선거법을 비판함－언론제한조항을 중심으로 선거권·기탁금 문제－", 『인물계』(1958.2), 12~15면.

한인섭, 『권위주의 형사법을 넘어서』, 동성사, 2000.

한태호, 『근대일본정치문화사 II』, 교학연구사, 1987.

遠山茂樹·藤原彰·今井淸一, 박영주 역, 『일본현대사』, 한울, 1988.

2. 외국문헌

川口由彦, 『日本近代法制史』, 新世社, 1997.

小中公毅/潮 道佐, 『改正衆議院議貝選擧法正解』, 法令審議會, 大正 14年.

齊藤鳩彦, 『選擧運動抑壓法制の思想と構造』, 日本評論社, 1975.

坂千秋/三宅正太郎, 『普通選擧法要綱』, 昭和3年.

司法省刑事局 편찬, 『衆議院議員選擧法輯覽』, 淸水書店, 昭和5年.

杣 正夫, "選擧法(法体制再編期)", 鵜飼信成・福島正夫・川島武宜・
　　辻淸明 편, 『講座 日本近代法發達史 4』, 勁草書房, 1958.

杣 正夫, 『日本選擧制度史－普通選擧法から公職選擧法まて－』, 九
　　州大學出版會, 1986.

杣 正夫, "選擧制度の改革", 東京大學社會科學硏究所편, 『戰後改革
　　3. 政治過程』, 東京大學出版會, 1974, 91～141면.

福永文夫 편, 『GHQ民政局資料 "占領改革" 2券 選擧法・政治資金規
　　正法』, 丸善株式會社, 平成9年(1997).

藤田敬治, 『改正 衆議院議員選擧法論, 藤田敬治法律事務所, 昭和3
　　年.古井喜實, 選擧法規』, 日本評論社, 昭和11年.

松尾尊兌, 『大正デモクラツの硏究』, 靑木書店, 1966.

松尾尊兌, 『普通選擧制度成立史の硏究』, 岩波書店, 1989.

美濃部達吉, 『選擧法槪說』, 春秋社, 昭和4年.

美濃部達吉; 『選擧法詳說』, 有斐閣, 昭和23年.

三宅正太郎/石原雅二郎/坂千秋, 『普通選擧法釋義』, 松華堂書店, 昭
　　和2年.

山內碓三郎 감수, 『衆議院議員 普通選擧法註解』, 東京國文社, 大正
　　14年.

渡邊 治, 「日本帝國主義の支配構造: 1920年代におけゐ天皇制國家秩
　　序再編成の意義と限界」, 安田 浩/源川眞希 편, 『明治憲法體制』,
　　東京堂出版, 2001, 320～337면.

색 인

수록된 글들의 본래 제목과 게재지

제1부 국가와 대표

∘ "국가역할의 역사적 변천 - 근대국가의 미래와 관련하여 - ", 법과사회 20호(2001.6.), 9~32면.
∘ "대표제개념의 헌법사적 연구", 헌법학연구 제6권 1호(2000.5.), 277~301면.

제2부 정당과 민주헌정

∘ "독일헌법상 정당조항과 그 한국적 이식 - 비교법사회학적 접근 - ", 서울대법학 제41권 3호(2000.12.), 115~146면.
∘ 정당재정의 헌법적 통제 - 독일의 경험을 중심으로 - , 성신법학 제2호 (2003.2.), 41~62면.
∘ "정당의 국고보조에 대한 독일연방헌법재판소의 판례", 김철수교수 정년기념 한국헌법학의 현황과 과제, 1998.11., 252~271면.

제3부 헌법과 정치개혁

∘ "정치체계의 신진대사와 정치관계법", 민주법학 17호(2000.2.), 13~42면.
∘ "헌법의 관점에서 본 정치개혁―정당개혁을 중심으로―", 공법연구 제
　31집 1호(2002.11.), 1~20면.
∘ "선거운동 규제입법의 연원", 서울대법학 제46권 4호(2005.12.), 28~53면.

송 석 윤

서울대학교 법과대학(법학사), 연세대학교 대학원 법학과(법학석사),
독일 빌레펠트(Bielefeld) 대학 법학박사(summa cum laude)
대전대학교, 성신여자대학교, 이화여자대학교 법학과 교수 역임
현재 서울대학교 법과대학 부교수

<주요 논저>

Politische Parteien und Verbände in der Verfassungsrechtslehre der Weimarer Republik
(Berlin: Duncker & Humblot, 1996), 『위기시대의 헌법학―바이마르 헌법학이 본
정당과 단체』, 『위임입법의 한계에 관한 연구』(공저), 『정당해산심판에 관한 연구』
(공저), "대표제개념의 헌법사적 연구", "독일헌법상 정당조항과 그 한국적 이식",
"국가역할의 역사적 변천", "헌법의 관점에서 본 정치개혁", "기본권으로서의 안전
권에 관한 시론적 연구", "프로이센 헌법갈등 연구", "선거운동 규제입법의 연원" 등

이 책자는 서울대학교 법학발전재단 법학연구소 기금의
2007년도 학술도서 출간비 지원을 받았음

헌법과 정치 값 15,000원

| 2007년 8월 20일 | 초판 인쇄 |
| 2007년 8월 30일 | 초판 발행 |

저　　자 : 송 석 윤
발 행 인 : 한 정 희
발 행 처 : 경인문화사
편　　집 : 김 경 주
서울특별시 마포구 마포동 324-3
전화 : 718-4831~2, 팩스 : 703-9711
이메일 : kyunginp@chol.com
홈페이지 : http://www.kyunginp.co.kr
: 한국학서적.kr
등록번호 : 제10-18호(1973. 11. 8)

ISBN : 978-89-499-0518-1　93360